本书是安徽省哲学社会科学规划重点项目
（AHSKZ2019D035）阶段性成果

淮河历史文化丛书 | 吴海涛　李良玉　主编

淮河流域民俗风情

张邦建　著

黄山书社

图书在版编目(CIP)数据

淮河流域民俗风情 / 吴海涛，李良玉主编；张邦建著．— 合肥：黄山书社，2019.12

（淮河历史文化丛书）

ISBN 978-7-5461-5514-2

Ⅰ．①淮…　Ⅱ．①吴…②李…③张…　Ⅲ．①淮河流域—风俗习惯　Ⅳ．① K892.45

中国版本图书馆 CIP 数据核字（2021）第 119857 号

淮河历史文化丛书·淮河流域民俗风情　　吴海涛　李良玉　主编
HUAIHE LISHI WENHUA CONGSHU HUAIHE LIUYU MINSU FENGQING　　张邦建　著

出 品 人　贾兴权
责任编辑　周振华
责任印制　李晓明　李　磊
装帧设计　观止堂_未　氓
出版发行　黄山书社(http://www.hspress.cn)
地址邮编　安徽省合肥市蜀山区翡翠路 1118 号出版传媒广场 7 层　230071
印　　刷　合肥锐达印务有限责任公司
版　　次　2022 年 4 月第 1 版
印　　次　2023 年 3 月第 2 次印刷
开　　本　700mm × 1000mm　1/16
字　　数　220 千字
印　　张　12.5
书　　号　ISBN 978-7-5461-5514-2
定　　价　50.00 元

服务热线　0551-63533706

销售热线　0551-63533761

官方直营书店(https://hsss.tmall.com)

总序

淮河，是我国中原腹地的一条古河流，自古就与黄河、长江、济水并称为“四渎”，在早期中国的地位举足轻重，在当代仍被列为我国七大江河之一。用“源远流长，博大精深，兼容并包，影响深远”来形容淮河文化，绝不为过。淮河流域在我国数千年的文明发展史上，始终占有极其重要的位置。淮河流域不但在地形、降水、气候上表现出明显的过渡性质，而且具有相对封闭又便于交流的地域形态，独流入海的淮河使得该流域成为一个相对完整的文化体系。淮河流域东部面向大海，西部深入中原腹地，涵盖中原文化区、海岱文化区，其南又有宁镇文化区，正处在东、西、南、北文化交汇之处，因此形成了十分复杂的古文化面貌，表现出特有的多元性、过渡性和开放性。淮河流域在5000多年的中华文明史中孕育了灿烂辉煌的文化遗产，这些丰富多彩的历史文化不仅代表了中华文明的卓越成就，还彰显了淮河流域在古代社会的重要地位，更对中华文明的形成产生了重要作用。

“说史自省，研古鉴今。”研究传统文化是为了更好地造就新文化、服务新文化，为今天大力发展社会主义精神文明服务。本套丛书以淮河流域历史文化为研究对象，以“淮河文化的历史溯源”“淮河历史文化的纵向传承与变迁”“淮河历史文化的横向内涵与外延”“淮河历史文化的自身特征”为四个子系统，运用“全息史观”理论，多角度、全方位系统考察淮河文化的历史发展与演变，探讨淮河流域历史文化的内涵、外延。同时，通过与其他区域文化的比较，细致研究淮河流域历史文化的特征。该研究可以进一步促进和深化淮河历史文化的研究，拓展我国区域社会历史文化研究的空间，丰富区域社会文化史研究的内容，进一步推动我国文化史研究向前发展。

学术界对淮河流域历史文化的研究取得了相当不错的成绩。然而，今天看来，淮河流域历史文化研究还存在一些比较薄弱的环节，主要表现在：其一，淮河历史文化整体性研究不足，研究深度有待提高，系统性的资料挖掘和整理还比较缺乏。其二，相对于经济史研究而言，淮河流域文化史研究有待加强。一方面，各个时期、各专题研究存在不平衡的现象；另一方面，就研究角度而言，对历史时期淮河流域治乱兴衰与文化传承间的关系研究涉及较少，对淮河流域文化传承与变迁的深层次原因等问题研究不够深入。其三，研究成果资鉴性不明显。淮河流域文化变迁史昭示着中国文明的兴衰。淮河流域文化传承与变迁是一个漫长过程，而影响这种变迁的因素又是至为复杂和不断变化的。在种种因素中寻找出某些有规律性的现象，总结经验教训，找出症结所在，并为该地区今后文化的可持续发展提供历史借鉴，是既有学术价值又有现实意义的课题。其四，影响不足。碎片化、个案化、学术化较强，使得关心、关注淮河流域的读者对其缺乏整体性、连贯性、易接受性的了解。

本套丛书共包括《淮河流域早期文明》等八本书，分别是：

《淮河流域早期文明》：淮河流域地处我国东部之中，气候温和，土地肥沃，雨量适中，物产丰富，人杰地灵，开发历史悠久，是我国经济、文化较早繁荣发达的地区之一，也是中华文明的早期起源地之一。沂源人、许昌人化石是我国较早的猿人化石。该流域也以发达的稻作农业和丰富的礼乐文化而著称于世，从史前到夏商周三代，都成为中华文明的重要源头之一。在中华文明的形成过程中，作为三大集团（华夏、东夷、苗蛮）之一的东夷集团扮演了不可或缺的角色。先秦时期东夷文化产生、发展、繁荣直至融入华夏文明的过程，其实质是与中原华夏文明及其周边诸文化之间相互交流、碰撞、融合的过程。春秋时期淮河流域就有了水利开发的历史，而且还取得了很大的成就。楚庄王时，孙叔敖在淮河流域兴修水利。吴王夫差开挖邗江，沟通江淮。邗沟连同后来修建的菏水、鸿沟运河，都是中国早期运河。淮河流域在先秦时期就处在政治、经济、文化的中心地位，史前时期的农业、手工业、家畜饲养以及历史遗存（如聚落、建筑）是其物质文化的重要基础；文字、音乐、思想等则是精神层面的典型表现。淮河流域还是中华思想的发源地。孕育于淮河流域的这些文化因素，不但起源时间早，而且发展程度较高，为早期中华文明的形成作出了重要贡献。

《淮河流域民俗风情》：淮河流域生产习俗是民众在长期的生产实践中

创造、享用的物质文化事象。生产习俗具有周期性、延续性、区域性特征。迎春活动隆重，农业的禁忌、祭祀多样。手工业尊崇行业祖师爷，师徒关系严格。商业开张敬财神、重禁忌，庙会活动兴盛，会馆与商会较多。淮河流域服饰官民有别，贫富悬殊。日常米面同食，以面食为主，日常菜肴贫富有差异，饮酒在饮食中占有重要地位。建房有禁忌，喜聚族而居。民众远行多择吉日、晴日，出行的禁忌风气较浓。淮河流域有幼儿诞生庆贺的习俗，满月、百天、周岁都要庆贺。给长者祝寿是中华民族尊老敬老的传统之一，民间甚为重视且气氛祥和。婚姻重礼仪，重视贞节观，下层民众的婚姻困难较多。丧葬讲究礼仪，贫富人家丧葬有差异。淮河流域对岁时节日极为重视，并形成自己的特色。初一吃素饺意为素素净净过年。正月十五吃元宵意谓和和美美。清明节给坟“添土”延续着怀念故人的思绪。端午节吃粽子、佩带香袋等既是对屈原的纪念，也是对饮食文化的沿袭。七夕节是我国传统节日中最具浪漫情调的。中秋节讲究团圆，体现了亲情最重。重阳节敬老、爱老成为全社会共识，传承了自古以来中华民族尊老的美德。淮河流域祈求城隍神保佑民众风调雨顺、安居乐业。宗族建立祠堂，希冀先祖护佑。淮河流域与水患、蝗灾、民生有关的神灵如龙王、刘猛将军、河（湖）神、风神等祭祀之风兴盛。祭祀名宦实际上是对正直、业绩突出官员的崇拜。民间信仰有诸多功利性、实用性。流域内崇武风气长期盛行，至近代尤为突出，传承至今。

《淮河流域名家大族》：一个家族如若保持数十年甚至数百年而不衰，与该家族重视家训、家风以及家谱有着极为密切的关系。正如钱穆先生指出的：“一个大门第，决非全赖于外在之权势与财力，而能保泰持盈达于数百年之久；更非清虚与奢汰，所能使闺门雍穆，子弟循谨，维护此门户于不衰。当时极重家教门风，孝弟妇德，皆从两汉儒学传来。”本书选取曲阜孔氏家族、龙亢桓氏家族、亳州曹氏家族、颍川钟氏家族、淮南廖氏家族、凤阳汤氏家族、寿县孙氏家族、淮安丁氏家族、太邱刘氏家族、颍州程氏家族等历史时期淮河流域较为具有代表性的十个家族，梳理其发展脉络，阐释其家训、家风，归纳其繁衍不衰的内在原因，研判其在社会历史发展中的作用。这不仅有助于人们了解这段历史，传承弘扬中华民族传统家庭美德，也可为当前社会主义精神文明建设提供有益的借鉴。

《淮河流域灾害与治理》：人和自然关系的和谐，经济发展和人口、资源、环境之间的互相适应，生产发展，生活幸福，生态美丽已经上升为国家战略。这些正是环境变迁史或灾害史关注和研究的重要内容。12世纪以前，淮河是独流入海的，尾闾也十分通畅，水旱灾害比较少，民间也流传着“走千走万，不如淮河两岸”的赞誉。12世纪以后，由于黄河夺淮的影响，淮河水系遭到巨大的破坏，下游入海河道逐渐变为地上河，无法排泄淮河洪水，许多支流发生了变迁或淤废，造成淮河流域经常河水泛滥，受灾严重，尤其是中下游地区。面对灾害，历代统治者虽然也采取过一些治理的措施，实施了一些应对之策，但未能扭转淮河对人民危害巨大的局面，灾害反而愈演愈烈，致使淮河成为一条名声在外的害河。新中国成立后，尽管淮河的灾害仍在持续，但在党中央治淮方针的指引下，数千万淮河儿女几十年如一日艰苦奋斗、团结治水，淮河的治理取得了举世瞩目的伟大成就。新中国在治理水灾方面已经走出了历史上经常出现的因灾致荒、由荒致乱、因乱而水利失修、因水利失修而易生灾害的怪圈。淮河既是中华民族多灾多难的缩影，同时也是中华民族团结奋斗、战天斗地大无畏精神的展现，更是新时代党和人民政府为民造福、改造自然的一座永恒的丰碑。

《淮河流域历史人物》：淮河流域是我国古代著名的帝王之乡，蚌埠怀远诞生了夏后帝启，江苏宿迁孕育了西楚霸王项羽，沛县是西汉开国皇帝刘邦的故乡，亳州为三国曹魏政权曹丕的发迹之所，凤阳则走出了布衣皇帝朱元璋。伴随着这些君主帝王而建功立业的文臣武将也如群星璀璨，如张良、萧何、韩信、英布、鲁肃、吕蒙、诸葛亮、李善长、徐达、常遇春等。淮河流域历史悠久，人文荟萃，开放、包容的社会环境，使各种思想文化在此交流碰撞、混生杂融，并不时迸发、孕育出影响中华文明进程、改写中国历史的深刻思想与睿智哲学。涡水流域是道家文化的肇兴地，道家的创始人老子、庄子都诞生于淮河流域的涡水蒙地。此外，这里还诞生了管子、曹操、华佗、嵇康等一代先哲。近代以来，淮河流域风云激荡，英雄人物辈出。晚清时期，捻军首领张乐行在雉河集起义抗清，军阀始祖苗沛霖割据淮上，盘踞一方。这里还涌现出一批朝廷重臣，诸如两广总督徐广缙、光绪帝师孙家鼐、清末名将马玉昆、长江水师提督程文炳、新疆巡抚袁大化。民国时期淮河流域也孕育出一批致力革命的仁人志士，比如同盟会元老柏文蔚、程恩普，开国元勋周恩来总理。作为将军摇篮的鄂豫皖苏区也横跨淮河流域，许世友、李德生、洪学智、皮定均等一百多位将军都是从这里走出来的。近代以来的淮河流域也是多姿多彩的，银行家周作民、实业家倪道杰、亦官亦商的孙多森、史学家萧一山、考古学家罗振玉、文学家蒋光慈、画家李可染、新闻学家戈公振，等等，他们都用精诚、睿智与努力书写着人生的传奇。

《淮河流域名城古镇》：本书选取淮河流域的安徽、江苏、河南、山东四省近 30 个历史名城古镇，分上、下两编，分别介绍。全书在充分调研的基础上，对这些名城古镇的建置沿革、水陆交通、城镇变迁、历史遗迹、历史名人、民风民俗、传统美食以及文化艺术等进行较为翔实的介绍。该研究可以丰富淮河流域名城古镇历史文化的研究，有利于读者了解淮河流域名城古镇深厚的历史文化，也为地方政府合理利用名城古镇丰富历史文化资源以及保护名城古镇文化的多样性与独特性提供理论参考。

《淮河流域战争风云》：淮河流域独特的社会经济条件，受到各类政治集团的关注，成为各类政治力量争相控制的地区，也成为中国历史上战争多发地。据统计，中国历史上较为著名的战役有两百余次，发生在淮河流域的约占四分之一。有些战役规模之大，影响之远，深刻改变了中国历史的发展，推动了王朝的更替。淮河流域战争多发频发的原因是多方面的，既有自然地理因素，也有社会阶级因素，同时也与淮河流域所处的战略经济地位密切相关。本书从四个方面介绍了淮河流域发生的著名战役战争，根据其影响、性质将其分为部落之战与诸侯争霸、王朝争战与南北相持、农民起义与农民战争、抗日烽火与解放战争，以点带面，以战役发生、经过为论述角度、节点，辅之背景及影响、意义、后果等，来考察这一时期战争的性质及历史地位。在此基础上，探讨淮河流域战争多发的因素及其战略地位与影响，给人们提供一个观察、了解、评价这一区域历史发展与历史地位的新角度，推动淮河流域历史研究向多视角、多维度纵深发展。

《淮河流域非物质文化遗产》：淮河流域的非物质文化遗产有着悠久的历史和深厚的文化底蕴，有民间文学、传统美术、传统技艺、戏剧曲艺、武术医药等多种文化类型。这些文化遗产不仅种类繁多，内涵丰富，还具有独特的地域特征。淮河流域的非物质文化，有自己的脉络，有自己古老的阵势，它与祖祖辈辈生活在淮河两岸人民的生活紧密结合，同我们血脉中的基因难以割舍，是与生俱来的原真性、原生性文化。非物质文化遗产和自然遗产、物质文化遗产一样具有突出意义和普遍价值。非物质文化是一种具有特殊价值的人类文化活动，以文化形式存在于人类的活动、表现之中。作为一种精神活动，非物质文化遗产如果没有人继承，就会随着掌握它的特定人群甚至特定个人的放弃、灭失而消亡。作为遗产，非物质文化必须有人继承才能得以传承。我们要保护、传承非物质文化遗产，让它成为我们民族文化的巨大资源。

本套丛书由吴海涛和李良玉教授策划，由阜阳师范大学历史文化与旅游学院历史学专业骨干教师分工编写。我们力求将知识性、学术性、通俗性、可读性融为一体，期望更多读者加深对淮河历史文化的了解。淮河历史源远流长，淮河文化博大精深，这是我们编写组短时间内无法完全涉及的。本丛书一定有诸多不足之处，敬请读者指正！

目录

第一章 生产习俗

生产习俗是淮河流域民众在长期的生产实践中创造、享用的物质文化事象，且世代遵守与沿袭，有的传承至今天。它包含农业习俗、手工业习俗和商业习俗。农业习俗是伴随农业活动而产生的文化现象，具有周期性、延续性、区域性特征。迎春活动隆重，农业的禁忌、祭祀多样。淮河流域是传统的农业区，农业习俗较为突出并占主要地位。手工业习俗是在工业作坊、房屋建造、手艺活动中产生的文化现象，尊崇行业祖师爷，师徒关系严格，习俗繁杂,地域特色凸显。农业与手工业的发展,生活的必需,物资交流的加速,催生商业的蓬勃生机，开张营业敬财神、重禁忌，庙会活动兴盛，会馆与商会较多，交易的语言、行为、禁忌等规矩渐次为民众接受并尽力遵守。

一、农业习俗

伴随着开垦荒地种植谷物满足生命需求而产生的诸多农业事象，世代传承，周而复始，推陈出新。淮河流域是传统的农业区，农业自古以来靠天吃饭，农民多祈盼神灵保佑生产能够丰收，农业习俗特点突出。

（一）迎春活动隆重

淮河流域兼有旱作和水作两种农业种植方式，旱作区为一麦一玉米，或一麦一芋（红芋），或一麦一豆，沿淮河两岸多种植水稻，一般一年两熟。种植的植物品种较多，谷类有小麦、大麦、荞麦、籼稻、晚稻、糯稻、黍、秫、稷、甘薯、玉米、芝麻、黄豆、黑豆、青豆、绿豆、赤豆、豇豆、蚕豆、扁豆等，其中以麦、稻为主食。经济植物有棉花、花生、油菜、芝麻等。

每年立春之日，淮河流域民众都要举行场面壮观的迎春仪式。明代通许县有鞭春之俗，“立春前一日，知县率僚属迎于东廓。次日，五鼓具朝服如制”[①]。清代阜阳县，“立春前一（二）日，城关各坊用金翠绮绣饰儿童装扮故事，加以帷幕，众舁之至县署候点阅，曰‘演春’”。第二天，彩仗鼓吹，“各官至东郊演武厅迎句芒、土牛入城，曰‘迎春’。老幼杂沓，竞观为乐”[②]，阜阳县民众老幼竞相观看。句芒又称勾芒、木帝，是管理农事之神，对句芒春神的祭祀，周朝时就有此习俗，那时设有东堂，年年举行迎春仪式，这种风俗一直延续到民国时期。农民视土牛形色以占卜水旱，以句芒鞋帽占卜忙闲。官员宴饮，次日选吉时用牛鞭抽打春牛。用黄泥制作的春牛一般由地方官府负责，苏北农村有的是村民制作。

蒙城县“立春，先日有司设土牛，以彩仗迎春；至日，祭芒神，试耕种。各家作春盘、春饼，饮春酒”[③]。蒙城县民众每家制作春盘、春饼，喝春酒。乾隆《颍州府志·舆地志·风俗》也载阜阳县立春日制作春盘、春饼：“至日，祭芒神，作春盘春饼。”

光绪《颍上县志》载“立春前一日，迎春教场，蹴鞠走马，士民竞观”，颍上县在教场举行蹴鞠活动，官民观看。顺治《亳州志》亦记载道：“立春先一日，郡长率僚属士民迎春于东郭外，县芒迎春牛，其衣笠麻绯及牛之头腹，青黄赤白黑诸色视本岁所建干支涂饰之。由北门至州仪门外。东设芒神位，西设春牛棚。次日早，取春牛鞭口弗祭。”春牛的头腹根据本年干支涂上青或黄或赤或白或黑色。民国时期，霍邱县“立春先一日，有司设芒神、土牛，以彩杖迎春东郊，其衣笠、麻及牛之头腹诸色视岁建干支所属涂饰之。于郊外拜迎至县堂左安设，堂上设宴，官属、师生饮春酒。至某时立春，有司率属祭芒神，以鞭击土牛，谓之‘鞭春’”。鞭春牛习俗起源较早，《周礼·月令》

① 嘉靖《通许县志》，《天一阁藏明代方志选刊续编》，上海书店出版社1990年版，第47页。

② 乾隆《阜阳县志》，丁世良、赵放主编：《中国地方志民俗资料汇编·华东卷（中）》，书目文献出版社1995年版，第983—984页。

③ 民国《蒙城县志》，丁世良、赵放主编：《中国地方志民俗资料汇编·华东卷（中）》，书目文献出版社1995年版，第987页。

云："出土牛以送寒气。"宋仁宗曾经颁布《土牛经》，这样鞭土牛之俗广为传布。"胥役多备土牛、芒神，鼓乐送各绅士，谓之'送春'，是日农民视土牛色辨雨"①，霍邱县官府准备一些土牛等送绅士，称为"送春"。农民视土牛颜色判断今年雨水多寡，旱涝发生的概率。

立春前，地方政府要事先制作好泥塑芒神和土牛。立春这一天，官员带着浩浩荡荡的迎春队伍来到东郊事先准备好的芒神亭和土牛台。黄泥制作的春牛牛身饰彩，头上插金花，鼓乐相迎，由四人抬起前行。泥牛所到之处，人们极为兴奋，争摸牛耳，认为可以得到福气。地方官员在东郊迎接春牛入城后，在先农坛祭芒神，鞭击土牛，谓之"鞭春"。仪式结束后，把泥牛打碎，民众争抢春牛土块，谓之"抢春"，以抢到牛头最为吉利。人们把抢到的春牛碎块放在自家的田地里，认为可保今年农业有好收成。有人出钱买到牛鞭，回家插在牛栏上，认为可避牲畜瘟疫。官府及民众食春饼、饮春酒，气氛热烈喜庆。

（二）祭祀社稷兴盛

土地神专司土地和农作物生长，与农事结合在一起，是乡村中的主要祭祀对象之一。它来源于上古的社神，对其崇拜可以追溯到夏商周三代，意在祈求大地保佑收成。明嘉靖《沈丘县志》卷二《坛壝》认为"社为五土之祇，稷为原隰之祇，能生五谷以其有功于民，故祀焉"。古代春秋两祭社，即所谓的"春祈秋报"，春社是向神祈求五谷丰登，秋社则是向神报告一年收成，酬谢其灵护佑。

社为土之主，《说文解字》："社，地主也。从示、土。"土地广阔因不可尽敬，故古代先民封土为社以报功。稷为五谷之长，谷物众多因不可遍祭，故古代先民立稷神以祭。古代基层社会组织宗族村社有社祭和蜡祭活动：社祭的对象是土地神，它保佑村社的平安，赐予他们丰收；蜡祭在农历十二月举行，对象是一切与农业生产密切相关的神。无论社祭还是蜡祭，都关系到农事，其活动都具有普遍性、全民性。乾隆《颍州府志》卷九《艺文志·文·明》："先王制为祀典，各祭其封内神祇，以伸其报。""若禾黍

① 《霍邱县志》，丁世良、赵放主编：《中国地方志民俗资料汇编·华东卷（中）》，第978—979页。

告成者，则山川社稷之灵归焉。”

乾隆《颍州府志·建置志》云：“每岁以春秋二仲月上戊日祭。”每年春秋二仲月（即农历二月、八月）上戊日（上旬的戊日）举行仪式祭祀社稷。宋真宗大中祥符年间，颁社稷坛制于天下：以石为主，形如钟，剡上而方，下植于坛；广丈有五尺，高尺有五寸。明代沈丘县社稷坛在沈丘县城西门外北，坛制“北向，台崇三尺四，出陛各三级，入祭由北台中近南”，“用石柱长二尺五寸，埋一尺八寸入土，悬七寸于外，顶用圆尖”[①]。河南通许县社稷坛“在县西北一里西冈之左，每春秋仲月上戊日各出木主行礼”[②]。颍州社稷坛在颍州城西门外半里，东来第一宫之南，有垣、树、斋官，有更衣、宰牲所。颍上县社稷坛在县城颍阳门外，西一里。太和县社稷坛在县城西门外。蒙城县社稷坛在县城西南城外。太康县社稷坛“西门，堤外。成化二十年知县徐镛因水患更堤内”[③]。亳州社稷坛在亳州城西门外。

（三）农业的禁忌、祭祀多样

乾隆《颍州府志·建置志》载：“每岁以春秋二仲月上巳日祭。”每年春秋二仲月（即农历二月、八月）上巳日（上旬的巳日）祭祀风云雷雨山川。嘉靖《沈丘县志》卷二《坛壝》认为“风云雷雨皆天地之功用，能生万物，而名山大川能出云雨，皆有功于民者，故祀焉”。明代沈丘县风云雷雨山川坛在县城南门外东，坛制“南向，崇三尺四，出陛，午五级，子卯酉各三级”[④]。午即南向，子即北向，卯即东向，酉即西向。嘉靖《通许县志》载河南通许县风云雷雨山川坛在县西廓外。嘉靖《太康县志》载太康县风云雷雨山川坛在县城南门外。颍州风云雷雨山川坛在城南门外半里，玄武庙之西。颍上县风云雷雨山川坛在县城外，南二里。亳州风云雷雨山川坛在亳州城南门外。太和风云雷雨山川坛在县城崇文门外。蒙城县风云雷雨山川坛在县城南门外。

---

① 嘉靖《沈丘县志》卷二《坛壝》，《天一阁藏明代方志选刊续编（58）》，上海书店出版社 1990 年版，第 1009 页。

② 嘉靖《通许县志》，《天一阁藏明代方志选刊续编（58）》，上海书店出版社 1990 年版，第 47 页。

③ 嘉靖《太康县志》，《天一阁藏明代方志选刊续编（58）》，上海书店出版社 1990 年版，第 320 页。

④ 嘉靖《沈丘县志》卷二《坛壝》，第 1010 页。

每年仲春（农历二月）亥日在先农坛举行仪式行耕籍礼。颍州先农坛在城东门外二里，大教场之西，籍田四亩九分。颍上县先农坛在县城东门外，下溜旁，“有籍田四亩九分”。亳州先农坛在亳州城东门外。太和县先农坛在县城北四里。蒙城县先农坛在县城东门外。乾隆《颍州府志·建置志》载：“每岁以仲春亥日行耕籍礼。”

蒙城县正月初一，男人们清早在井沿、打谷场、畜圈等地焚香，祈望六畜兴旺、五谷丰登。五河县正月初一，农民套上牲口犁几圈地，燃放鞭炮，象征新春开始。正月十五，固镇县把龙面灯放在麦囤上，鸡面灯放在鸡笼上，祈求谷物与家畜收获良好。新春后，农民动用耕牛、农具，需选吉日、晴日，焚香放炮，先刷垡子，叫作“破土”。每年农历二月初二和八月初一，到土地庙祭祀土地神，祈望丰收，佑助平安。发生蝗蝻、蟋蟀等严重虫灾，民众皆焚香祈祷灾害尽快结束。

八蜡原为周代农事完毕后，于农历十二月举行的祭祀名称，后演变为八位虫神：先蔷、司蔷、农神、邮表畷、猫虎、坊、水庸、昆虫。明代以降，统治者极为重视虫灾的预防和治理，并广建八蜡庙以抵御虫灾。淮河流域自然灾害频繁出现，史不绝书，而虫灾又是自然灾害之一，流域内八蜡庙绝大多数都是明代及以后修建的。嘉靖《通许县志》卷上《礼乐》载河南通许县八蜡庙在凤冈的晏公庙西，《风俗》篇载农历四月八日祭典八蜡庙。嘉靖《太康县志》载太康县八蜡庙在东八里。山东宁阳县八蜡庙万历元年（1573）知县尹校建，峄县八蜡庙万历六年（1578）知县李如金建，金乡县八蜡庙景泰六年（1455）主簿方伯辉建，鱼台县八蜡庙宣德八年（1433）主簿侯炎建。郓城县八蜡庙嘉靖十五年（1536）知县赵若唐建。古代之所以重视八蜡神，是为了让“昆虫毋作，草木归其泽”，祈祷虫害减少，农业生产能够获得丰收。

旧时，海州湾（今江苏连云港地区）每年渔船第一次出海，全庄男女敲锣打鼓到岸边送行，船老大率全体船员向龙王敬献整猪或猪头。苏北内河渔民祭神活动有盂兰会（又称鱼篮会）、龙王会、祖师会等，其中盛大的是每年十月初四的盂兰会，届时渔船云集，并搭起高台，邀请“神汉”，唱“鼓儿书”“跳马夫”（巫舞）。海州湾的渔民有对石头崇拜的原始遗风，每个村庄都有造型奇特的男女石像，这是先祖遗留下来的石干爸、石干妈。渔家生了男孩，一周岁生日时拜石干爸、石干妈，反映了渔民对变化无常的大海祈求平安稳固的心态。

二、手工业习俗

手工业为生产与生活制作多种农具、生活用具，满足生产和生活所需，进而产生了文化现象，手工业种类较多，习俗也较为烦琐。

（一）尊崇行业祖师爷

淮河流域的民众在各行各业都确立了各自的祖师爷、保护神，并对其进行供奉。如造车业供奉奚仲，养蚕业供奉嫘祖，木匠供奉鲁班，制炉业供奉老君，酿酒业供奉杜康，河工供奉大禹，制豆腐的供奉刘安，制酱业供奉姜子牙，商人团体则供奉关羽、五路财神等。清代亳州染商会馆供奉发明颜料的葛洪，会馆里塑有葛洪的神像。民众幻想得到本行业神灵的保护，通过超越自然的神圣力量来消除心理的落差，实现自己在现实生活中还没有实现的愿望。

清末民国时期，淮河流域有绸布、糖、国药、粮业、盐业、皮货、酱园、成衣、竹木、船行等手工业。亳州城有数百家作坊，大多为前店后坊，产销一体，主要集中在酿造、织染、粮油加工、金属加工、家具制造等。民国时期，在亳州城关估衣街、顺河街、大桥口、二桥口、新桥口分布着几十家铁匠铺，生产小农具、炊具、木匠用具等，较有名的有田老四的切菜刀、夏家的镰、王家的斧和刨等，销于安徽、山东、河南等地。民国初期，亳州药材种植总面积有万亩以上，带动了亳州中药材加工。亳州城内花子街集中了上百切片户，或代人加工，或自切自售。

淮河流域铁匠奉老子为祖师爷，每逢年节，都要焚香拜祖。新岁开炉时，要焚香放炮，禁坐铁砧，忌说“龙”“虎”。小炉匠俗称“硬八根”，与陌生同行相遇，通过“盘道”交友。

木、石、茅匠奉鲁班为祖师。蒙城县城工匠于初一、十五聚集鲁班庙拜师祭祖，协调本行业事务。大木工匠合房梁，忌根梢倒置。小木工匠生产家具多用杏、椿、榆树，有“桑不做门（丧门），楝（殓）不做床”之讳。造船有“头不用桑，脚不用槐”之讳，开工选吉日。石匠分为清水活与红水活（锻磨），以山为根本，年节要登山祭祖。旧时贫穷的人家建泥墙茅草房子需要茅匠，盖茅草屋一般选在秋天动工，泥巴泼上水撒上草，再用抓钩一遍又一遍地翻匀和熟做泥巴墙，房顶上盖上草，再用草绳子把草屋络起来固定住，要做到茅草屋不怕雨不怕风。茅匠重声誉，要求手脚干净，做活节约材料。

鲁班生日（有的以农历六月十三）这天，工匠们抬着鲁班雕塑上街游行，鼓号齐鸣，弘扬祖师爷重道精神，并大摆宴席。

理发业奉罗真为祖师。民国以前，淮河流域的民众皆蓄发，于是兴起整发美容的行业——“梳发”，即专为人梳头。梳发一方面可以清洁美容，另一方面可止痒。清代，男子把头顶四周的头发剃光，只留顶心上一小片头发，编结一只长辫，劳动时盘在头上。辛亥革命后，男子辫子被剪掉，变成短发了。理发业因受歧视，逐渐形成同业相怜的情感，加上有共同的祖师，更增强了凝聚力。清代，《净发须知》成书，执行机关是罗祖庙。谁领头建庙，谁就是庙首，也就是本地此行业的首领。凡本行业发生纷争和讼事，就由庙首依据《净发须知》处理。一般的方法是：在诉讼或调解前，先由当事原告在罗祖像前焚香摆供，接着庙首主持“盘道”，最后由庙首依据“盘道”情况，进行调解或裁定。谁能熟背熟用《净发须知》，谁赢的可能性就大[①]。

（二）师徒关系严格

淮河流域工匠拜师学徒要有承保人，徒弟进门，要举行仪式，先向本门祖师爷牌位焚香叩头，继而向师傅叩拜，呈上门帖，大致内容：立门生帖人×××，经×××说合，愿拜×××为师，言明×年出师。木匠学徒期一般为三年（如遇刁蛮师傅，有可能推迟一二年才出师），师傅只提供吃住，不给报酬，平时学徒要烧水做饭、扫地、洗衣、端茶端饭侍奉师傅，必须谨遵

① 李学栋口述、李子良记录整理:《从梳发、净发到剃头——理发业史话》，政协蒙城县文史资料研究委员会:《漆园古今》第2辑，1984年，第87页。

师命，不得违拗。期满，师傅赠一套工具，徒弟仍需尽一年义务以报师恩。正如民谚所云："三年满，四年圆，不到五年不使钱。"铁匠徒弟学艺时间也为三年，出师后也要跟师傅干一年，师傅会适当给徒弟一些报酬。

泥瓦匠学徒一般一年出师。中药业以孙思邈为祖师，学徒一般三年出师。民国初年，中药店除掌柜外，还有店员和学徒若干人。学徒进店要有保人，保证学徒学习认真，遵守店规。每年农历正月上旬，店主人与店员议定身价（工钱），学徒在学习期间没有工钱，三年出师后才能领到工钱，药店向店员和学徒提供伙食。但是，师傅大多留一手绝技而不传授给徒弟。时有民谚云："教会徒弟，饿死师傅。"

逢年过节，学徒或已出师的徒弟都会带着礼物拜谒师傅。师傅去世，徒弟要戴孝帽，腰缠麻绳，为师傅送终。同行相见，匠人称年龄稍长者为师兄。

三、商业习俗

人类的贸易活动起始于古代先民为开荒种地和简单的生活所需而交换物品，经长时段的历史的积淀，商品交易的言行、信仰、禁忌等渐次形成并为广大民众熟知和认可。

（一）开张营业敬财神、重禁忌

1. 行商和坐商较多

淮河流域地处交通要冲，过往商人较多，推动了商业的发展。如亳州为苏、鲁、豫、皖四省的物资集散地，"亳之地，为扬、豫水陆之冲，豪商富贾，比屋而居；高舸大艑，连樯而集"[①]。清代亳州有皮厂殿街、砚瓦池街、书铺街、白布街、帽铺街、席市街、猪市街、打铜巷、老花市、瓷器街、驴市街等，百物荟萃，商贾云集。明代，南北各地药商纷纷来到亳州，从事中药材经营，亳州成为全国中药材集散地。药商在城内建立会馆，在街上设店、栈、行、号等。民国时期，仅纸坊街、里仁街、老花市就有药栈近百家。药号交易量较大，直

① 乾隆《颍州府志》卷一〇《杂志·摭史·纪闻》。

接与沿海商号交易。药栈资本雄厚，直接向药农收购，自购自销。药行代客买卖，或充当经纪人，提取手续费，或囤积居奇。药店经销饮片，前堂行医，后堂作坊。民国初年，亳州城有数百家作坊，其中酱菜作坊十八家，染坊四十余家，制帽作坊四十余家，炮仗铺二十余家，铁匠铺一百余家，锡焊铺九家，首饰铺十家，秤铺六家①。

清康熙以后，湖南、湖北、江苏、浙江、山西、陕西等外省的行商和坐商纷至沓来，在阜阳开办了“侯大升号”“源盛利号”“庆昌永号”“协和号”“兴隆号”等一大批商行和货栈。民国时期，阜阳城商业多集中在鼓楼南北的主街上，京广布匹业、食品业、文具业集中在鼓楼以南，首饰业、杂货业多集中在鼓楼以北，商店门面一般为三至五间，拂晓开门，午夜下班，营业时间十五小时左右。小型商业及前店后厂的手工业有印刷、针织、丝织、鞋业、笔墨、煤炭、军服、竹木、鞭炮、酒油、梳篦、西药、金银首饰、铜铁器、鲜肉、杂货等行业，四百户，资金一百三十七万银元。服务行业有旅社、照相、理发、酒楼、茶社等②。

2. 开张营业敬财神、重禁忌

清末民国时期，店铺、行栈开业要选吉日，张灯结彩，焚香放炮。正月初四为财神生日，商家设香案以供财神，用“钱龙”（制钱贯以赤绳）压香案，旁贴“招财进宝”“日进斗金”等斗方。焚香、放炮、磕头接“五路财神”，中午宴请店员（如有被辞退者做首席）。正月初六或十六日，焚香放炮，开张营业。

每逢初一和十五，焚香敬财神。牛经纪（行主）肩搭一根长鞭，鱼、柴行主提一杆秤。油、面行门前挂秤，粮行（多设在集镇四周）门前篷下摆一簸箩，内放板斗。浴池、旅社门前挂灯，饭店门前挂鸡鱼，药店门前挂膏药幌子，修车铺挂车带，理发店门前摆脸盆架，挂刀布。为招揽生意，贩卖小百货的货郎担子（俗称“软八根”），摇拨浪鼓；卖香油的敲犁面；换棉油的敲梆子；卖糖的敲小锣；卖冰棒的摇竹节；卖药的摇串铃；卖老鼠药的敲

① 亳州市地方志编纂委员会：《亳州市志》，黄山书社 1996 年版，第 166—167 页。

② 梁义三：《百年来阜阳工商业概况》，政协安徽省文史资料研究委员会：《工商史迹》，安徽人民出版社 1987 年版，第 133 页。

竹节唱顺口溜；卖油条、麻花的拉长声音叫卖。

旧时，江苏盐城商人早晨出门，忌别人问其“何往”，问了也忌答，否则生意不好；做生意扁担忌人跨越，尤忌女人跨越。商船忌靠当巷码头，说是会触犯“巷神”。旧时，蒙城卖青菜的称“倒筐头”，贩粮食的称“倒口袋头”，贩牲畜的称“倒绠头”，通称“倒集头”。商人讳“舌”，“舌”与“折（shé）”同音，平日里称“舌头”为“赚头”，意为做生意能赚钱。

（二）庙会活动兴盛

庙会是以宗教庙宇为依托、在特定日期举行的，祭祀神灵、交易货物、娱乐身心的集会。旧时，随着寺庙、道观等宗教场所出现，各种祭祀活动有了固定的场所，并渐次延伸至宗教范围之外，具有商业性质的民众集会，庙会应运而生。

唐代，淮河流域就有了庙会这种形式的商业活动，如亳州咸恩寺、涡阳雁落寺已开展活动。宋元时期，佛教建筑有蒙城的慈恩寺、颍州的资福寺、颍上的清凉寺等。在迷信思想盛行的古代，寺院道观等成为人们求神问卜的去处。寺院道观为广度众生，往往利用神灵的诞辰、忌日等，定期举行各种活动，信徒前来祝祭，商贩也纷至沓来，推销蜡烛等商品，供应饮食，最后演变为定期的物资交流大会。

1. 庙会香火旺盛

庙会有宗教祭祀活动，即求神拜佛，庙会最初称为香火会。乾隆八年《宁阳县志》记载山东宁阳县四月八日浴佛日，“四乡妇女入城至宝相寺，焚祷如织”。康熙《泗水县志》卷一《方舆志·风俗》载山东泗水县民众“群聚为会，东祠泰山，南祠武当。岁晚务闲，百十为群，结社而往，谓之香社”。祭祀是传统社会中至关重要的大事，通过这一活动，人们完成了与神的沟通、交流，而敬神进香是庙会重要的活动。庙会安排在春季为多，很多赶会的人到寺院道观求签问卜、烧香还愿，并捐香火钱。而僧尼道士为吸引赶会的民众和信徒，往往大做法事，如坐坛、迎神送神仪式等活动。嘉靖时期，颍州知州李宜春记颍州城隍庙会活动时云："城隍尤切于民生，保障阴司人之善恶与人道幽明相为表里，岂不可以不祀乎？颍州城隍最有灵验，保障一郡百姓之安危。"[①] 城隍庙会中，城隍爷出巡是一件可以引起万人空巷的大事。

2. 贸易活动活跃

庙会本来是宗教活动形式之一，人们祭天祀神、斋僧拜佛。但随着经济和文化的发展，庙会与人们的社会生产和生活密切关联，人们也利用会期进行物资交流等。明代以来，为了开展贸易，各类集会增多。淮河流域代表性庙会有淮渎庙庙会、太昊庙庙会、中岳庙庙会、相国寺庙会、涂山庙会、渔民庙会、祭孔庙会、孟庙庙会等。山东郯城县有城乡庙会十六处，其中火神庙庙会、城隍庙庙会和大王庙庙会各一处，关圣庙庙会和冷雨庙庙会各二处，玉皇庙庙会、奶奶庙庙会和天齐庙庙会各三处。郓城县在城（关）庙会有五处，在四乡者多达四十一处。

阜阳的庙会因伴有集市贸易的习惯，故庙会的次数和名目比江南（江南庙会文娱活动多）多，农村的庙会比府、县的庙会多，但府、县的庙会比农村庙会的规模大。阜阳迎祥观农历二月二十九日庙会，城隍庙农历四月十九日庙会，祖师庙三月三日庙会，东岳庙农历三月二十八日庙会，五门楼农历一月一日庙会，白衣楼农历二月二十九日、六月十九日、九月十九日庙会。亳州的薛阁庙会、利辛的伍奢冢庙会、涡阳的龙山庙会、太和的旧县白果树庙会、界首的大黄庙会、颍上的城关庙会、临泉的瓦店集庙会、蒙城的鹤庵庙会每年都举行。亳州薛阁庙会，时间在农历二月十九日与九月十九日，相传是菩萨的两个生日。地点在亳州南郊薛阁塔，系建于乾隆中期，知州郑交泰以为亳州文风不盛，乃筑此塔以振文风，故又名文峰塔。初为五层，后州绅何天衢续建两层，变成七层。因靠近明代亳州名士薛蕙家庙薛家阁，故后人多称此塔为"薛阁塔"。

山东汶上县的土地庙会以骡马交易为主，赶会的客商北至东北各省，南到江淮，西及陕甘，东至沿海，届时骡马客商云集。郓城县的牲畜贸易兴盛，三月三日北关会，三月二十八日东关会，九月九日西关会，腊月八日南关会，均

① 嘉靖《颍州志》卷下，明嘉靖二十年刊本。

有牛马等牲畜交易。《民国时期社会调查丛编（宗教民俗卷）》中的《山东庙会调查集》记载：金乡县一年中有庙会一百四十多次，牲畜交易以城隍庙庙会为最盛，“盛时能上牲口一万余头。年景好了，能销三四千头”。济宁四乡仅春季庙会就有十七处，其中16处均有牲畜交易，总计会期六十八天。牲畜交易以寺堌堆庙会为最，“盛时牲口有一两万头，卖一二千头；最不济亦上一二千头，卖四五百头。十年衰旺平均，约上牲口三四千头，卖八九百头”。逢会时，百货杂陈，农具尤多。

3. 庙会会期长短不一

由于寺庙位置和等次及经济发展状况等的差异，各地庙会会期长短不一，有的一天，有的三天。蒙城有三月十八日的姜太公庙会，四月初八日的仓集庙庙会，二月初八的岳坊寺庙会，二月十九日的合庵庙庙会，九月初九的华祖庙庙会，三月初七的奶奶庙庙会，三月廿二的尖山庙会，三月十九的黄龙庙会，正月廿八的建福寺庙会，二月初八的普济寺庙会，九月初九的白云庵庙会，二月二十二的三义阁庙会，二月十九的康庙庙会，九月初九的玄通寺庙会，十月十五的三官庙庙会，十月初七的齐王庙庙会，四月初八的慈氏寺庙会。霍邱有二月初二的三流集火神庙会，二月初二的夏店马子涧桥观音庙庙会，二月十九日的黄家庙庙会，清明节的城隍庙庙会，三月十五日的马店庙会，三月二十八日的曹墩朱家大庙庙会、叶集柏树庙会，三月二十八日的河口东岳庙、冯瓴马神庙会，三月二十八日的高塘集火神庙庙会，四月初八的三元觉林寺庙会，四月初八的周集、白庙庙会，六月二十四的大顾店、白龙井庙会，十月十五的西大山奶奶庙庙会[①]。

山东菏泽市定陶区仿山庙会在农历三月二十七日举行。滕州染山伏羲庙“岁三月三日为醮会”，望冢寺（福胜院）“岁以三月二十六日设醮会”，东岳庙“三月二十八日设醮会”，灵芝寺“岁以四月八日醮会”。郯城县有正月初七火神庙庙会，三月十五日奶奶庙庙会，三月二十八日天齐庙庙会，五月十三日关圣庙庙会，五月二十八日城隍庙庙会。定陶仿山庙会三月二十七日开始，二十九日结束，历时三天。金乡县城隆庙会三月二十七日起，至

① 安徽文化史编纂工作委员会：《安徽文化史》（下），南京大学出版社2000年版，第2462页。

二十九日止，集会三天。河南淮阳“太昊陵庙会”，农历二月初二日起会一直至三月初三日散会，历时月余[①]。河南商丘火神庙庙会一年有三次。第一次是正月初七日，传说此日是火神阏伯的生日，直到二月初二散会，会期一个月左右，是一年中最大的朝拜活动。庙会期间，邻近的山东、安徽、江苏等省的民众纷纷涌向火神台，有的带着各种社火来表演，以娱火神。第二次是四月初四日，这是一个祭商星的日子，会期十天。第三次是六月二十三日，传说此日是火神阏伯去世的日子，会期十天。

4. 文化娱乐活动丰富多彩

随着庙会规模不断扩大，与会人数越来越多，特别是庙会上商品交易日趋频繁，文化娱乐活动也越来越丰富多彩。庙会上娱乐活动往往有专门人士即会首（或称会长、香首、社首）进行管理。会前，由会首负责民众捐助集资，即“醵金”，充唱戏、说书等文娱活动费用，以招徕民众。庙会期间举行各种形式的文化娱乐活动，如唱大戏、打花鼓、踩高跷、划旱船、耍花棍、变把戏等，深受人们的喜爱。民间肘歌、狮子灯、小车旱船等也到会表演。清代颍州诗人刘体仁描绘颍州东岳庙会热闹场面道：“分金台上看人高，跳索绿橦社鼓豪。”[②]分金台在东岳庙，跳索是类似于走钢丝的一种绳戏，绿橦是爬杆。临泉县庙会有梆子戏、民间小调表演，“较流行的舞蹈有龙舞、狮舞、轿舞、旱船、秧歌舞以及火叉、火伞、高跷、肘歌等二十余种”[③]。庙会的文化娱乐活动满足了人们寻求精神寄托、心灵慰藉的需要；给传统乡村社会的单调枯燥生活增添了无穷的乐趣，让上至高官显贵、下至平民百姓都暂时忘掉了现实生活中的一切烦恼，置身于庙会欢乐的气氛中。

庙会是祭神、游乐、贸易三位一体的民俗形式。逢会时，善男信女有求神问卜的，有问医求药的，有抱婴还愿的，求雨祈福的，也有富人家公子来跑马摆阔的。庙会密切了城乡联系，促进了城乡经济、文化等各方面的交流，促进了戏曲杂剧等民间文化艺术的传播、繁荣、发展。

---

① 曹天生、朱光耀主编：《淮河文化导论》，合肥工业大学出版社 2011 年版，第 294 页。

② 刘体仁：《七颂堂集》，王秋生校点，黄山书社 2008 年版，第 238 页。

③ 临泉县地方志编纂委员会：《临泉县志》，黄山书社 1994 年版，第 372 页。

（三）会馆与商会较多

1. 会馆

会馆是同籍、同行业商贾集资兴建的联谊活动场所，供同乡、同业聚会或寄寓或相互照应。多为巨商或官员牵头，同乡商贾集资建造或购置，再推举有名望的巨商富贾为负责人。

明清时期，山东济宁有三省、湖南、浙江、金陵、句容、济阳等六大会馆依傍大运河而建，反映的是运河文化与当地文化的撞击而渐次磨合，由悄然吸纳到变相融会，形成了颇具特色的运河会馆习俗。外地商人为了在竞争中取胜，维护自身的利益，在阜阳纷纷建立会馆，有“两湖会馆”“江浙会馆”“山西会馆”“陕西会馆”“安庆会馆”等。

清代至民初，亳州为鲁、苏、豫、皖四省交界的物资集散地和全国较大的药材交易市场，吸引了各路商贾来此寻找商机，经商致富。当时建有各类会馆、公所二十余所，最早的为山陕会馆。清顺治十三年（1656），亳州建有山陕会馆，坐落在亳州城西北隅涡河南岸的咸宁街，为山西药商王璧、朱孔领等人筹资兴建。乾隆三十二年（1767）的《重建大关帝庙碑记》载：“首事为王璧、朱孔领两人，皆系籍西陲而行贾于亳。连袂而来，指不胜屈，亟谋设会馆以为盍簪地，仰承高义，俎豆馨香，爰创斯举。”[①]山陕会馆为山陕商人商业活动提供方便。因大殿中供奉主神关羽，又称大关帝庙。康熙十五年（1676），在大殿对面建成戏楼，故之后山陕会馆又俗称为花戏楼。嗣后，江西、河南、徽州等地的商人相继效仿，在城内购置地产，建立各自的会馆。当时会馆规模宏大，大者有殿堂、戏楼，小者也有几十间房屋，有的馆址在庙宇庵祠内。

当时的会馆是经营皮、毛、糖、纸、药材、金融等行业的商人捐资兴建。“会馆馆舍的管理，一般为住庙僧人及雇佣的专人看管。行政管理，主要由同乡、同行业推选出的德高望重者或捐资最多的股东负责。会馆的日常开支，则靠商业交易中抽取的一定厘金”。亳州药商捐资兴建的“药业会馆”，馆内有僧人，会馆从药材交易中抽取厘金，置房产五处，有房屋二百余间。“为‘永保四方平安、吉庆有余’，各会馆都塑有神像，如染商供奉发明颜料的葛洪，屠

① 安徽省地方志编纂委员会：《志苑》，1990 年第 1 期，第 27 页。

宰业供奉曾杀猪卖肉的张飞；有本籍被神化了的历史人物，如山陕会馆供山西籍的三国名将关羽”[①]。会馆名称有的用省、府、县的名称命名，如徽州会馆；有的以相邻地区合称，如山陕会馆；有的以行业名称而命名，如染商会馆。亳州药业兴盛，故药业会馆占大多数，表 1.1 为亳州会馆与公所（会）表。

表 1.1　亳州会馆与公所（会）表

馆名	馆址	行业
山陕会馆	咸宁街大关帝庙内	药业
江西会馆	打铜巷万寿宫	药业
楚商会馆	天棚街禹王宫	药业
河南会馆	纸坊街	药业
宁池会馆	咸宁街四大王庙	药业
徽州会馆	门神街	药业
福建会馆	花子街	药业
江宁会馆	河北蛋厂东侧	药业
浙江会馆	城东阎家园	药业
药业会馆	大栅门三皇庙	药业
怀庆会馆	老花市	药业
擀毡会馆	大牛市	擀毡业
皮厂会馆	涂家胡同	皮业
古淝公所	何家巷	纸业
金陵公所	咸宁街	糖业
旌德会馆	凹子庙	糖业
山东会馆	三圣庙	不详
汀邵公会	爬子巷天后宫	钱业
善缘会馆	炭厂街西首路北	饮食业
粮坊会馆	炭厂街东首路北	粮商
染商会馆	永和街葛仙祠内	染坊业
杀猪会馆	姜市街路东苏公祠内	杀猪业

资料来源：亳州市地方志编纂委员会：《亳州市志》，黄山书社 1996 年版，第 98—99 页。

① 安徽省地方志编纂委员会：《志苑》，1990 年第 1 期，第 28 页。

2. 商会

商会是经过同行协商成立的行业组织，会长一般由富商或官员担任，主要是统一同行的行动，维护同行的经济利益，增进彼此的感情等。光绪二十九年（1903），清朝颁布《商会简明章程》。宣统元年（1909），清政府颁布《商会法》。

1915—1922年，阜阳商业有了一定的发展。据旧商会的统计，阜阳建立商业工会的有绸布、京广纸糖、国药、粮、盐、皮货、酱园、成衣、竹木、船行、菜馆、估衣、汽车等15个行业，394户，资金102万银元。阜阳县商会直属会员有钱庄、当铺、轮船、纸烟、皮箱、丝行、牛行、茶叶行、杂货行、颜料行、浴业、剧院13个行业28户，资金530万银元[①]。阜阳县商会设文书、交际、事务等股，下辖绸布、京广、盐粮、钱庄、银楼、杂货、菜馆、旅社、医药、皮毛、酿造、成衣、浴业13个同业公会（后增至15个）。

光绪三十四年（1908），亳州城关十大行业联合发起成立了亳州商务会，内设公断、交际、财政、总务等处，是协调商界内外关系的组织。清代，蒙城私营各业主要靠行帮协调经营。宣统元年（1909）八月，蒙城成立商会，会址设在西门内陈公祠，会长母可登，副会长1人，会董28人，会员23人。商会内设交际股、经济股、设计股，内有执行委员、监察委员、秘书、文书、会勇等，管理全县手工业、商业、服务业、催缴会费、评议物价、派税、登记和办理工商业的开业和歇业、为驻军捐款、协调行业关系等。商会下设屠宰、成衣、旅馆等22个分会。乡镇成立商务分会，具体管理集市贸易市场。民国十八年（1929），商会下属各分会改称同业公会。

今天，淮河流域各地除各种商会外，还成立了省、市、县工商界联合会。

---

① 梁义三：《百年来阜阳工商业概况》，政协安徽省文史资料研究委员会：《工商史迹》，安徽人民出版社1987年版，第133页。

第二章
生活习俗

地理环境、生产条件、思想观念、衣食住行的不同，各地形成了各自的习俗。人类的精神生活是由物质条件决定的，恩格斯认为："正像达尔文发现有机界的发展规律一样，马克思发现了人类历史的发展规律，即历来为繁芜丛杂的意识形态所掩盖着的一个简单事实：人们首先必须吃、喝、住、穿，然后才能从事政治、科学、艺术、宗教等等。所以，直接的物质的生活资料的生产，从而一个民族或一个时代的一定的经济发展阶段，便构成基础，人们的国家设施、法的观点、艺术以至宗教观念，就是从这个基础上发展起来的。"①

服饰是时代的产物，是文明传承的显征，展示了社会的审美情趣、深厚的文化内涵和意识形态的萌动。服饰官民有别，贫富不同，衣着也有差别。饮食是人类得以生存、延续的基本物质活动，是创造精神文化的前提。淮河流域的居民日常米面同食，以面食为主，日常菜肴贫富有差异，饮酒在饮食中占有重要地位。民居文化是建筑文化的组成部分，展示了物质状况、精神面貌。建房有禁忌，喜聚族而居。淮河流域为东、西、南、北交通的要冲，淮河流域民众征服自然的能力有限，远行多择吉日、晴日，出行的禁忌较多。近代以来，大体继承了古代的民俗，具有传承性、稳定性，但受时代、经济、西方习俗的影响，中山装、西装日益流行，男士剪发，女士也改变了发型。西餐在一些城市流行，民众注重饮食的健康。自行车、汽车、飞机等交通工具的引进与发展，出行更为便捷，民俗又呈现时代性和进步性特征。

① 《马克思恩格斯选集》第三卷，人民出版社 1995 年版，第 776 页。

一、服饰

服饰是社会、经济、生活的反映，体现出文明的程度和经济的发展以及等级的标识，服饰的变化是经济盛衰的晴雨表和时尚的风向标。服饰的一统是社会大一统的组成部分，《周易·系辞下》说："黄帝尧舜垂衣裳而天下治。"服饰的变化可以显示时代的隆替。

（一）服饰官民有别

1. 衣裳

汉许慎《说文解字》云："衣，依也。上曰衣下曰裳，象覆二人之形，凡衣之属皆从衣。"又曰："裳，下裙也。"衣者，依也、庇也；裳者，障也、蔽也。上衣称为衣，下衣称为裳。裳并不是后世的裤子，而是裙子。古代男女都穿裙，后世穿裙子才逐渐成为女性的专利。唐宋以后，男子以袍为常服，女子以裙为常服。衣裳具有保暖、防寒、遮羞、审美等诸多功能。

服饰官民有别。古代上层官吏没有多少体力劳动，且要在人们面前摆出一副尊威的官相，故在服饰上强调宽大、质地华丽。"四民"即士农工商，尤其农工或因限定，或终日劳作，或经济贫寒，无力追求艳丽，也不能宽硕肥大，一般穿着比较粗劣的窄衣、短衣。至明清时期，四民沿袭宋代习俗，一些士庶举子以各式布葛质地长衫为主，农、工更加趋向简练实用，衣装更加合体（窄瘦），以各种窄瘦衫、窄腿裤为主要形式，腰间系一布带，劳作时将上衣的前襟撩起一角掖在腰带之间，以方便行动。古人的衣襟向右掩（右衽），用带子系结，然后在腰间束带。农民多用大带束腰，以方便干农活，夏天下穿单裤或裤衩。淮河流域，旧时生活条件极差，穷人往往衣不蔽体。只有富裕的人家（地主、富农等），无论大人小孩，到了冬天，棉袄，棉裤，棉帽，棉袜，一应俱全。至于衣服色调，无论贫富，男的以藏青、深蓝为主，女的以大红大绿为主。人们衣被使用的面料，多为家庭手工纺织而成的粗布。科举考试乡试中式后，阜阳地区"外舅送彩旗、蓝衫、靴帽，亲友以花红为贺"①。

① 乾隆《阜阳县志》，丁世良、赵放主编：《中国地方志民俗资料汇编·华东卷（中）》，第983页。

旧时，国家的法度对服饰进行严格的限定，不可僭越。礼制是维护等级秩序的社会准则和道德规范，不仅包含“三纲五常”“三从四德”等道德信念，还包括物质上的等级分配、等级消费等内容。它以详备的规定约束下层社会的消费行为。《明史·舆服志三》：“（庶民）男女衣服，不得僭用金绣、锦绮、纻丝、绫罗，止许用绸、绢、素纱……首饰、钗、镯不许用金玉、珠翠，止用银。”民众只能用绸、绢、素纱等衣料。江苏邳州“妇人无绮縠文绣金翠之饰”，淳朴守礼。

明代颍州服饰为宽衣大袖。清代，士人流行窄袖紧身、长袍马褂、对襟、有扣衫，改衣带为布扣。富贵之人在祭祀、婚典、节日时多穿长袍马褂。康熙《颍州志·风俗》云：“隆、万后，风气日靡，无论贵贱，竞以奢侈相高。宫室、车马、衣食惟图炫耀，不惜殚力营之。”服饰的僭越，突破了身份、等级的约束，礼制中的限制条文形同虚设。1979 年，蒙城县双涧“寿相李五公墓”被发掘，这是明代墓葬，属一男性，出土的衣物有百褶缎裙、缎被面、卍（万或德字，表示吉祥如意）字纹手巾、蓝缎软巾、云头鞋等。在附近同时出土金耳坠、金耳挖、金环子、银疙瘩针等头饰①。

民间衣服手工缝制为多。旧时，淮河流域普通民众“男勤耕桑，女勤织纴”，民间衣服靠手工缝制，家庭织成的土布面幅较窄，做考究的衣服尤为费工。普通人家的妇女，白天做饭下地，只能在晚上做衣服。昏暗的油灯下，妇女们哄睡孩子，坐在床头，一针一线地缝着。手工缝制的衣物，上衣有长袖褂、短袖褂、对襟褂、偏襟褂、套袄褂、衬袄褂；下衣有长裤、短裤、衬裤、开裆裤、有裆裤、套裤、连脚裤等，以及长袜、短袜等。棉衣有大棉袄、小棉袄、厚棉袄、薄棉袄、对襟袄、偏襟袄（带大襟袄）、厚棉裤、薄棉裤、连脚蹬（小儿穿）等，以及长棉袍、短棉袍等。线衣也是自己编织，只需要几根细竹针即可操作，技术较为简单。

民国时期，人们将收获的好棉花用作织布，劣棉花（未成熟的小棉桃，晒开剥出的棉絮）不能纺细线，就用来捻成粗线，五六根粗线合在一起，编织毛线。民国时期，机器纺织的洋布才零零星星地进入农村。直到 20 世纪五六十年代，纺线织布仍然是农家妇女的必备技能。农村手工织成的粗布俗

① 殷克毅：《蒙城主要出土文物简介》，政协蒙城县文史资料研究委员会：《漆园古今》第二辑，第 97 页。

称老粗布，一次上机织成的布称为一匹布，大概是三丈长、一尺二寸宽，一般为全棉白布。之后，随着新中国社会主义建设的开展，经济条件较好的家庭逐渐用缝纫机缝制衣服。

对衣服的样式与色调，富人有一些讲究。《诗经·国风》有“绿衣黄裳”之句，意为浓淡配合要得当，比如“绿衣红裳”“红衣绿裳”“绿衣紫裳”等给人的感觉要美一些。清末民国初，亳州结婚拜堂时，新郎穿靴帽蓝衫，头戴金花，十字披红；新娘多穿红裙，蒙头红。民国时期，富贵人家的婚服是，新娘佩戴凤冠霞帔，上着红披风，下着红裙子，也有用披纱的。新郎穿长袍马褂，肩披红彩带。

清末民国初，殷实人家男子穿长袍、马褂，袍长至踝，两侧摆长 1 尺（30 厘米）左右。马褂袖窄，对襟前有五扣；女子穿滚边衣裤，多系绸缎做成。冬季，一般人家成年男性内穿对襟布衫，外罩右开大襟长袄，腰系长带，下穿大腰深裆无口袋直筒棉裤，棉裤腰大，需把裤腰折起，再用黑带或蓝带裤带扎紧，裤脚扎一布带以保暖。夏天，男子上穿长、短袖对襟褂。春秋时节，穿土布对襟单褂，腰系青布巾。女子穿右开襟半衣（又称“布衫子”），衬衣与外衣式样相同，下身穿筒裤，用带扎裤腿。春、秋时，中等人家穿夹衣夹裤，布料为自织自染的土布。20 世纪 30 年代一些中上层男士开始穿西装。

2. 冠戴足饰

（1）冠戴

古代男人蓄长发，绾住发髻后用冠束住。冠其实是一根弧形的罩子，并不把头顶全部盖住，冠圈两旁有小丝带，可以在颔下打结。普通百姓只能戴巾。《玉篇》解释道：“巾，佩巾也，本以拭物，后人着之于头。”这种巾既可以擦汗擦器物，也可以裹在头上。古时黑色或青色的头巾称为帻。蔡邕《独断》云：“帻者，古之卑贱执事不冠者之所服也。”清代，男子剃去头之四周头发，梳成大辫，垂于脑后。民国时期，男子剪辫子蓄短发。

魏晋以前汉人所戴的帽只是一种便帽，没有帽檐，没有前后之分。后来帽子渐渐成为正式的头衣，形制也多样化起来。旧时，帽子、头巾可以用缝、编、织等手法做成。男性帽子一般为黑色或褐色。男子的帽子有：礼帽，一般用毛料制作，帽顶下面靠近帽檐之处，围有一圈绢带，起装饰作用，参加一些礼仪活动时才戴在头上表示身份与礼貌。风帽，双层夹棉缝制的童帽，可以用丝绸，也可以用布料，后沿较长。圈上缀有红色绒球或玉珠，可以在颔下打结。风帽的颜色较为多样，一般男孩戴红色风帽，女孩戴绿色风帽，称作红男绿女，也有紫色、蓝色和米黄色的。瓜皮帽，用六块同样大小的三角形布料缝合而成，外面为黑色，里面为浅蓝色或浅黄色，帽顶上缀一个扁圆形的小绒球，帽子前边缀一块方玉。小孩的瓜皮帽用红黄蓝等色彩的三角布料交替排缝而成。毡帽，用牛毛、马毛等制作，帽檐卷起可遮太阳，帽檐放下可护双耳，有棕色，土黄色和浅灰色等[①]。马虎帽，中间有孔，热时卷起护头部，冷时放下护至颈部。此外还有帽壳子（又称帽垫子）、凉帽、草帽、线帽、皮帽、狗头帽、斗笠等，一般普通人家的男子最喜爱的是毡帽和马虎帽。

夏天，男子戴草帽，草帽用秫篾子或竹篾子编成，尖顶、圆沿，也有平顶的，竹编斗笠，苇编或高粱篾编帽壳，这些为夏天防晒的帽子。雨天，淮河流域乡间农民戴（斗）笠穿蓑（衣）。斗笠用箬叶竹篾编成，蓑衣用茅草、高粱叶子编成。农民雨天下地干活，如插红芋、栽青菜等等，打伞放不开手脚，不如戴斗笠、披蓑衣方便。宋代《西湖钓者》云："风牵钓线袅长竿，短笠轻蓑细草间。春雨蒙蒙看不见，水烟埋却面前山。"[②]说明垂钓者戴斗笠穿蓑衣。

清代，女子婚前梳成辫子，婚后以挽髻为主，堆在头顶上的称"堕马发"；分向两边的称"分髻发"；抛在脑后的称"盛发"，大多用丝网罩住。有的女子前额留有一些头发称为"刘海"。民间女子头戴包头（或称纱巾）。这种包头使用真丝线经过特殊工艺编织而成，手感蓬松，有似麻纱，无论在家或外出，均可戴在头上。戴的方法很多，可盘可绕，可顶可围，可挽可结。

民国时期，女子婚前梳一根独辫，留刘海，扎红绳，戴耳环；婚后戴手镯、戒指、耳坠、发簪（如意钩式、五福捧寿式、金鱼卧莲式）、钗、钏等饰物。近代，尤其五四运动以后，女子流行梳短辫留短发。富贵家男子也戴玉佩、玉镯、戒指，儿童戴银锁、项圈、手镯、脚镯等。

---

① 刘宏、张文波编著：《阜阳民俗文化研究》，合肥工业大学出版社 2019 年版，第 93—98 页。

② 正德《颍州志》卷六《欧公诗文》。

（2）鞋子

旧时，鞋子皆为手工制作。做鞋的程序较为复杂，鞋有布底、麻底之分。布底先要用碎布刷上糨糊，粘合成一张张的“袼子”。做麻底先要用乱麻梳成的麻瓤子刷上糨糊粘合成一张张的麻结牌，把晒干的布袼子、麻结牌画上鞋样线，剪下沿边，叠合在一起，外层再填一些碎布片，蒙上白粗布，一针挨一针地纳结实。鞋底纳好之后，与加工好的鞋帮（有的在鞋帮布上绣花）缝合在一起。

男女穿布鞋，布鞋的样式较多，按种类分为云头鞋、纱鞋、双脸鞋、单脸鞋、圆口鞋、带盖鞋。有草鞋（又称草屦，用麻或葛编成）、棉鞋（冬天穿，帮高形大，内敷棉絮）、油鞋（雨天穿，将棉鞋、单鞋涂上桐油，制成油棉鞋、油单鞋，油前将粗布鞋面打上鸡蛋清，刮抹光滑，待干后刷油，可以使鞋面光亮照人）等，各种鞋皆用黑、蓝布为之。

旧时，女孩到六七岁时，就被家长用又长又宽的裹脚布限制了自由，开始缠足。苏北地区，为了鼓励女孩缠足，家人常用赞赏的语气对孩子说：“乖乖，小脚像大红椒一样。”若是大脚，别人总是以讥讽的话语说：“妈妈哩，是个大脚巴子。”辛亥革命后，民国政府推行劝禁缠足运动，缠足习俗逐渐消失。年轻女子穿绣花鞋（新媳妇穿红绣鞋，面料用红绸缎，鞋帮上绣有吉祥花卉图样，鞋衬里绣有红双喜，鞋底洁白，纳鞋底时要用布包着，针眼细密）、凤头鞋（鞋头缀红绫，俗称辣椒鞋）。

儿童穿猫头鞋（棉鞋，圆圆的鞋头，上绣有猫眼、猫鼻子、猫嘴、猫耳朵，嘴里还露着几对白白的猫牙，耳朵上系有小铃铛，走起路来小铃铛直响。传说睡觉时放在床边，老鼠不敢靠近，可以辟邪）、虎头鞋。儿童头戴老虎帽，脚穿老虎鞋，胸前紧贴老虎肚兜，这是民间的虎崇拜习俗的表现。中老年人穿黑色、蓝色尖口鞋。

清代，出现制鞋作坊。光绪年间，亳州小牛市有制鞋作坊多家。民国时期，亳州城内有制鞋作坊24家，分别为北关鱼市13家，爬子巷3家，白布大街3家，小牛市2家，打铜巷1家，城墙内2家，其中大德合、万象、民生、义兴成、隆祥水、老金记、兴华等鞋店较有名，有双直脸布鞋、挖镶云子鞋、抓地虎快靴等品种。

旧时，袜子皆为手工制作。袜子用双层白布做成，有长筒、短筒之分。

（二）贫富悬殊

由于生活条件低劣，吃饭乃头等大事，穿衣不能过多讲究。农民衣服完全布制，夏则布单衣，冬则棉衣，日以章身，夜以覆体，“淮河以北大多穿布，夏则夏布，着绸者少；淮南江北中人布绸并用，奢侈情形，渐与江南相近。江南衣服，绸多于布”[①]。光绪《睢宁县志》卷三《疆域志・风俗》：“贫者布履或草履，至于夏葛冬裘，随处宜之。”贫者穿葛布、布鞋，生活较艰难。

棉花是棉纺织的主要原料。明政府大力推广植棉政策，《明史・食货志》：“太祖初立国即下令，凡民田五亩至十亩者，栽桑、麻、木棉各半亩，十亩以上倍之。”棉花逐渐在全国普遍种植。鸦片战争前，利辛等地已种植棉花，因利辛及涡河沿岸为沙土地，适宜棉花生长，到 19 世纪末期，利辛等地棉花种植区域更加广泛，品种也较多。棉花除自用外，还在市场上销售。民国时期，阜阳县每年售出的棉花约 100 万千克。光绪十二年（1886），蒙城县城有“义兴”棉行，每年经销棉花 110 包左右（每包约 80 千克）。民国初期，蒙城县城有“顺兴公”“聚源公”等六家棉行，年经销棉花约 600 包。清代，亳州有苘麻，“与薥秫同种，入池浸沤去皮即成麻”[②]。亳州，盛产土质棉布，为手工制作。光绪《亳州志・食货志》：“木棉布，有粗细两种，以南乡者为佳。”亳州城北关老花市为主要交易市场。民国时期，开始用机器生产。民国八年（1919），亳州城内设织布厂，为安徽最早的 6 家织布厂之一。明清时期，亳州制线者较多，产品有五彩花线、棉线、丝线等。清末至民国初年，有丝绸、织罗底、织马尾、打棉线、打丝线等作坊，丝绒远销外地。民国时期，洋纱输入亳州城。清末，阜阳城有“吉祥水”“王德和”等 13 家棉布商店。民国初年，有“王同顺”“金大昌”“大德玉”“吉成瑞”等 20 余家百货商店，商品从蚌埠、上海购进。

---

① 王培棠：《江苏省乡土志》，民国刊本，第 348 页。

② 光绪《亳州志》卷六《食货志・物产》，《中国地方志集成・安徽府县志辑（25）》，江苏古籍出版社 1998 年版，第 162 页。

旧时，淮河流域多为自织土布。一般以土纺土织为主，服装用手工缝制，工效低。冬闲时，农村家庭多数以此为副业，制作衣服都是妇女必做的事，当闺女时必须学会女红（针线活），一针一线自裁自缝。也有少数以手工操作、为他人制作衣服的裁缝师，专为官员、地主、商贾等富贵人家阔佬缝制衣服。民国时期，阜阳境内的私营纺织、缝纫等手工业，规模小，多为前店后坊，工商一体；生产者自主产、供、销，行帮（同业公会）协调经营。民国时期，阜阳县有染坊近 200 家，印染蓝布。

旧时，淮河流域的丝织业水平较高。《新唐书·地理志》："亳州谯郡，望。本谯州，贞观八年更名。土贡：绢。"亳州能织出蟠龙、对凤、仙鹤、孔雀等图案，所产土贡绢，每年进贡皇宫 70 匹。亳州为当时天下"十望"州府之一，与宋州（今河南商丘）、定州（今河北定州）、益州（今四川成都）并称四大纺织中心。《宋史·食货志》："江宁府、润州有织罗务，梓州有绫绮场，亳州市绉纱，大名府织绉縠。"亳州设有绉纱专市，民间进行买卖，朝廷也可收购以供服用及岁时赐予。亳州的绢、纱质量上乘，"亳州出轻纱，举之若无，裁以为衣，真若烟雾。一州惟两家能织，相与世世为婚姻，惧他人家得其法也。云自唐以来名家，今三百余年矣"①。明清时期，亳州城内丁家胡同、辘轳弯分布着 20 余家作坊，生产绸缎、包头巾和生丝。清雍正十三年（1735），亳州产丝绸成为贡品，称为"万寿绸"。"万寿绸，俗曰贻锦绸，又曰一斤绸，以其轻重言之也"②。宣统三年（1911），亳州生产出红绿宽条纵横交织为方块图案的丝绸被面，五光十色，俗称"十样景"，行销于北方各省。民国初期，万寿绸被面畅销，亳州城内生产万寿绸的作坊有 6 家，共有工匠 50 余人，木制纺织机 30 多部，年产万寿绸约 10000 条（每条约 7 平方米）。

富贵家男子，冬天穿丝绸做成的长袍，多为蓝色或紫色，不束腰，外罩黑色八团礼服呢马褂或皮马褂，长袍长至踝上，右衽，外出时手携单袍，两侧下摆处留有一尺左右的衣衩。夏天，男穿长褂长裤。富贵人家的女子多穿镶滚边的缎、绸袄和裤，下扎裤脚带。春夏之际，穿同式样的夹衣和单衣。

---

① 陆游：《老学庵笔记》卷六，中华书局 1979 年版，第 80 页。

② 光绪《亳州志》卷六《食货志·物产》，《中国地方志集成·安徽府县志辑（25）》，江苏古籍出版社 1998 年版，第 162 页。

冬天，贫苦人家往往难以置办棉衣棉裤，只能忍受寒冷之苦。1919 年成立的蒙城县理教分会下设寒衣会救济无棉衣者。寒衣会在每年入秋时，会员集资购买粗布棉衣棉裤，印上“清心堂寒衣会”字样，入冬后无偿发放给无冬衣的贫苦孤老或倒街卧巷的乞丐。每年发放七八十套，贫苦人十分感激①。

（三）服饰的禁忌

旧时，穿衣也有一些禁忌，多与当时的思想意识有关，流传至今的说法有：“男不露脐，女不露皮。”在公共场合，男的穿衣裤腰不能太低，露出肚脐；女的不能穿短裙短裤，上衣开胸不能太低，衣领上的扣子也要扣严。称别人穿的鞋子旧了，只能说“旧鞋”，不能说“破鞋”。别人如果戴着黄偏青的帽子，只能说戴个黄帽子，不能说“戴绿帽子”。

淮河流域有盛夏晾晒衣服的习俗。民国《盐城乡土地理》载：“六月六，天祝节。晒书帙衣裘。”《泗虹合志》：“六月，饮伏酒，曝书籍、衣服。”②顺治《颍上县志》：“六月六日，人家各晒衣服、书画。”民国《涡阳县志》也记载：“六月六日，曝书画、衣服。”每家把衣服、书籍拿出来晾晒，避免虫蛀、霉变。

民国以来，穿衣方面逐步西化，人们开始穿洋装，以西装、西裤代替之前的长袍马褂，还出现了中山装和旗袍，当时洋装被视为社会文明的符号之一，受到民众的支持。新中国成立后，流行中山装，无论男女，衣着以蓝、黑色为主。

二、饮食

饮食是人们维持生存最基本的要求。民以食为天，《孟子》中记载告子曰：“食、色，性也。”嘉靖《颍州志·食货志》称：“国以民为本，民以食为命，以货为资。”饮食在人类的生活中被创造出多种多样的饮食文化。饮食折射出人们的思想变迁、文化素养，观照着社会经济的发展步伐与文明的

① 冯腾月：《蒙城理教会简史》，政协蒙城县文史资料研究委员会：《漆园古今》第 2 辑，第 93 页。
② 《泗虹合志》，丁世良、赵放主编：《中国地方志民俗资料汇编·华东卷（中）》，第 998 页。

进程。饮食反映了人们的财富、社会地位之等差。嘉靖《颍州志·舆地志》说，元代颍州饮食讲究男女之别，“里巷敦扶持之义，男女别饮食之筵”。

饮食南北存在差异。徐珂认为：“我国人日食之次数，南方普遍日三次，北方普遍日二次。”“日食二次者，朝餐约在十时前后，晚餐则在六时前后。”但富贵之家则为一日多餐，“富贵之家，迟起晏寝，有日食四次而在半夜犹进食者”。各地的口味不同，“食品之有专嗜者，食性不同，由于习尚也。兹举其尤，则北人嗜葱蒜，滇、黔、湘、蜀人嗜辛辣品，粤人嗜淡食，苏人嗜糖”①。每当冬季，夜长昼短，北方人每日两餐，习以成风，因有饥饿之感，结果导致民风有怠惰之嫌。

北方人以面食为主，面食品种很多，以饼为主。明宋应星云：“四海之内，燕、秦、晋、豫、齐、鲁诸道，烝民粒食，小麦居半，而黍、稷、稻、粱仅居半。西极川、云，东至闽、浙，吴、楚腹焉，方长六千里中，种小麦者，二十分而一。”②豫、齐、鲁食小麦占比一半以上。钱泳认为：“同一菜也，而口味各有不同。如北方人嗜浓厚，南方人嗜清淡。北方人以肴馔丰、点食多为美，南方人以肴馔洁、果品鲜为美。”③南方口味清淡，北方口味尚辛辣。淮河流域处于南北饮食文化交融地带，烹饪方法多样，礼数较繁缛。

（一）日常饮食米面同食，以面食为主

淮河流域属于黄淮海平原的一部分，乾隆《颍州府志·食货志》：“平原旷野，非有深山大泽之藏，以广为生殖。然而衣则布帛，食则菽粟。园蔬菜林果，可献岁时；池藕河鱼，可佐饔飧。”道光《阜阳县志·风俗》亦云：“东西北三乡地平衍，惟殖麦豆杂粮……南滨淮汝间始多鱼稻之饶。”淮河流域地势平坦，河流众多，处于暖温带季风气候区，四季分明，雨量适中，日照充足，水资源优于晋冀，光资源优于南方。冬季，淮河流域受西伯利亚高气压控制，气候干燥寒冷，多北风；春季，北方冷高压逐渐减退，太平洋副热

① 徐珂：《清稗类钞》第十三册《饮食类》，中华书局1984年版，第6238—6239页。

② 宋应星：《天工开物》上卷《乃粒》，万卷出版公司2008年版，第11页。

③ 钱泳：《履园丛话》卷一二《治庖》，中华书局1979年版，第328页。

带高压逐渐增强，天气多变，雨季到来；夏季，受太平洋热带气压控制，炎热多雨，多南风；秋季，北方冷高压渐强，气温渐低，雨水日少。

淮河流域土壤属砂礓黑土、潮土等类，土壤较肥沃，发展农业的条件较好。多采取避灾的耕作制度，秋种小麦夏晒垡，春种高粱冬冻地，平坡地两年三熟轮作，沙地一般一年两熟。农业运输多靠肩挑、人背或使用手推车、畜力太平车。时常干旱少雨，或多雨成涝，霜冻、低温、冰雹等灾害频仍，农民受自然灾害频扰、水利失修、生产技术落后、土壤等因素影响，生产处于广种薄收的状态，收入较低。

淮河流域种植的谷类有小麦、大麦、荞麦、籼稻、晚稻、糯稻、黍、甘薯、玉米、芝麻、黄豆、黑豆、青豆、绿豆、赤豆、豇豆、蚕豆、茶豆、扁豆。一般来说，淮河以北以小麦、大豆为主。麦，包括小麦、大麦、荞麦、燕麦等多种；菽，豆类总称，包括黄豆、绿豆、豌豆、扁豆等；黍，民间称作黍子，是一种比较可口的粮食，去壳后为黏小米。淮河沿岸及淮河以南地区以稻米为主。稻，有水稻、旱稻两类，去壳后为大米。从历史上看，社会安定、风调雨顺之年，老百姓以小麦、稻谷为主食；社会动乱、灾乱频繁之年，老百姓以杂粮，配以红芋、南瓜等为主食。

宋代曾在江北诸州推广水稻。《宋史·食货志》："江北之民杂植诸谷，江南专种粳稻。""诏江南、两浙、荆湖、岭南、福建诸州长吏，劝民益种诸谷，民乏粟、麦、黍、豆种者，于淮北州郡给之；江北诸州，亦令就水广种粳稻，并免其租。"宋代，颍州种糯稻酿酒，"田家种糯官酿酒，榷利秋毫升与斗"。明代，颍州栽种与当地自然条件适宜的水稻有多种，主要分布在沿淮和其他水利条件较好的地区。马祖常在《颍郡》中认为："孤城介汝颍，四野尽衍沃……畇畇坟壤美，宜我稼稻粟。"明代颍州栽种"鲜稻、黑稻、乌芒、獐牙鲜、西天早、山黄稻、火旱稻、红芒稻、望水白、挨天黄、虎皮稻、飞上仓、红皮糯、鲫鱼糯、龙骨早、青芒稻、七十日稻"[①]，共有17种。其中"万沟小红稻"，米质好，香味浓，有"贡米"之称。清代，颍上县栽种的水稻有籼稻、晚稻、糯稻、红芒稻4种。光绪《亳州志·食货志》载亳州曾种植旱稻，"亳无水田，而稻皆种于旱地，其味厚于水稻"。

① 正德《颍州志》卷三《物产·五谷部》。

河南信阳地区淮河以南的光山、固始、商城以稻米为主食，“其利金锡竹箭，其畜宜鸟兽，其谷宜稻”[①]。明清时期水稻的品种有红稻、白稻、黑稻、麻釉稻、黄瓜釉、西瓜白、望水白、驼犁回、直豆釉、红毛晚等，其中驼犁回可以七十二日成熟，大大增加了稻米的产量。糯类有羊须糯、柳条糯、红壳糯、飞上仓、土黄糯、满缸浮等，其中羊须糯、柳条糯都可以五月种，八月熟。一日三餐普遍是“两稀一干”，即早晚用大米做稀饭、中午蒸米饭。

《宋史·食货志》载宿州、亳州广泛种植小麦，“宿、亳有麦，可粜于泗”。明代，颍州已广泛种植大麦、小麦、火麦、荞麦、春麦。清代，亳州有大麦。大麦，“牟麦也。早熟，又有米，大麦立夏即熟”。小麦“秋种冬长，春秀夏实，具四时中和之气，故为五谷之贵”。荞麦“一名乌麦，三伏种，霜降前收”。颍上县也种植大麦、小麦、荞麦。明代颍州的大豆品种达 22 种之多。

南宋以降，淮河流域经济落后，农民生活水平较低，生存维艰，生活条件较差，对饮食没有江南那样讲求五味调和。王培棠云：“吃米地方之蔬菜，较吃麦地方之蔬菜为丰富，乡人有时且啖鱼嚼肉。淮北人即不如此，饭时有一二碗素菜即为已足，吃肉次数极少，一年除新年、端午、中秋及收粮食时期外，是无肉可吃。”[②]近代，皖北地区早中晚大都食疙瘩汤、干馍等。在广大农村，每当灾荒之年，家庭主妇总是把细粮好面做给老人小孩吃，把麸皮糠菜留给自己食用。家庭里人们总是想方设法让老人孩子吃饱，吃得开心，是敬老爱幼这一传统美德的具体体现。老百姓吃饭，过年过节和农忙时吃细粮，农闲时吃粗粮，无论细粮或是粗粮做成的馍，吃剩下的从不舍得倒掉。衣食不足，饮食礼节亦简，没有江南烦琐。苏冷谈到江苏睢宁的农民生活时说：“他们的下饭菜除了辣椒、大葱、大蒜、萝卜丝而外，平常是用不着菜的。”[③]淮河沿岸产水稻的地区早中晚以稀饭和米饭为主，菜肴多水产和蔬菜。

淮河流域的民众以面食作为主食，一般把麦面称为“好面”，其他的面粉则称为“杂面”。面食品种多样，据《安徽民俗》一书中统计，皖北以麦面为原料的面食主要有“卷子、蒸馍、蛋卷、烙馍、油饼、菜馍、千层咸馍、油

① 乾隆《光州志》，中国国家图书馆藏乾隆三十五年刻本。

② 王培棠：《江苏省乡土志》，民国刊本，第 349 页。

③ 苏冷：《睢宁的农民生活》，《农村经济》第 2 卷第 8 期，第 88—89 页。

馅馍、水烙馍、大卷馍、蛋合子、菜合子、糖角、焦馍、油香、烫面食、面条、面叶、回锅面、肉丝面、炒面、热干扣、卤面、炝锅面、凉拌面、格拉面、刀削面、酸辣面、油炸面、荤饺、素饺、糁头馍、荤包、素包、汤包、马糊汤、烧饼、油条、面汤等百种之多”①。

民国初期，谷类加工全靠人力畜力，多用石碾、石碓、石磨等石制工具加工粮食，破碎用石碓，脱糠用石碾，磨粉用石磨。阜阳城还有专门加工面粉的磨坊。畜拉一石磨（一人一驴或马），每小时加工面粉约 5 千克。民国时期，农民收成不好的时候是吃不上麦面的，他们大多以杂面为主食。而地主和部分富农是能够经常享用穷人奢望的麦面的。民国时期，城里的市民一般为一日两餐，而农民由于活动量大，身体能量消耗快，因而一日大多是三顿饭。但穷苦人家遇到灾荒年份，最基本的杂粮也是无法保证的。遇到灾荒年份或庄稼收成不好时，民众就会以甘薯作为解决温饱的食物。

明万历年间，甘薯（又称红薯、山芋、红芋，原产自南美洲）从吕宋引进到福建。首先在沿海地区种植，徐光启在上海郊区 3 次试种，使甘薯逐渐推广于长江地区。乾隆三十三年（1768），甘薯从上海郊区传入亳州。乾隆五十一年（1786），敕令广种甘薯作为救荒粮。因甘薯适应性强，耐旱耐涝，对土壤、气候等自然条件要求低，产量高，块根和茎叶皆可食，极大地解决了粮荒的问题，故甘薯在淮河流域得到大范围的种植，并占“民食之半”。民国初期，蒙城甘薯种植面积 7 万亩。清中叶以降，玉米、甘薯逐步成为淮河流域的主要旱粮作物。由此可见，甘薯的推广种植使得百姓在没有麦面的状况下也能生存下来。事实上即使是占有大量土地的地主、富农，一旦遇到灾荒年份也要依靠甘薯的。

我国关于玉米的记载，见于正德《颍州志》。明末田艺蘅《留青日札》载“玉米出于西番”，并说其家乡杭州“多有种之者”。徐光启《农政全书》称玉米为“济世之稻谷”。玉米多种于北方水潦之地或盐碱地，因其味不佳，起初推广较慢，李时珍《本草纲目·谷部》曾说：“玉蜀黍种出西土，种者亦罕。”清代乾隆五年（1740），安徽巡抚陈大受（湖南祁阳人）了解到两江总督郝玉麟从福建带来的新品种“番粟”（玉米），性燥，适宜旱涝地区和高阜斜坡地。于

① 欧阳发：《中国民俗大系·安徽民俗》，甘肃人民出版社 2004 年版，第 106 页。

是，派人购进数十石玉米种子，分给安徽各地区，并派人进行技术指导。数年后，收到了较好的效果，“化无用之田为有用”。玉米也是人们的粮食，玉米颗粒饱满，味道香甜，在清至民国时期，深受人们的喜爱。

淮河流域面食的种类较多，苏北地区的面食为馒头、饺子等，山东沂蒙地区的主食为煎饼、馒头。馍是面食之一，它是面粉加水调匀，发酵后蒸熟而成的食品，南方称“馒头”，北方根据不同地域有“馒头”“馍”等名称。馍的块头可以制作成大小不一的形状，馍在普通家庭中占有重要位置。清末，阜阳城“朱家饭铺”的汤包，“老温”的面条，“白和尚”的大卷馍，“刘上台”的油馅子馍远近闻名。清末民国时期，亳州大观楼的火烧，有甜、咸两种，有白糖馅、桂花馅、枣泥馅、豆沙馅等，色味俱佳。白文俊的火烧有糖酥、油酥两种，光绪年间已有名气，制作较考究。安怀仁的焦酥麻花，咸甜纯正。苏玉佩的扯面、张金的包子也较有名。清道光十年（1830），蒙城宋记烧饼店的油酥烧饼远近闻名，其制作技术后传给来蒙居住的山东人薛延年，在薛家世代相传。

1. 枕头馍

枕头馍是阜阳面食的一大特产，松软可口，深得民众的喜爱，因状如枕头且体积较大，故名“枕头馍”。追溯其来历，有一个美好而神奇的故事。南宋绍兴十年（1140），东京副留守刘锜率王彦“八字军”3万余人进驻顺昌（今安徽阜阳市）。顺昌孤城被金朝大将金兀术所率10余万军队团团包围，并不断发起攻击，刘锜率王彦“八字军”与金兵斗智斗勇，顽强抵抗。顺昌孤城中虽有米数万斛，但士兵作战食物需求较大，而军队粮食加工能力有限，食物供不应求。顺昌城中的民众获悉此事后，日夜磨面，蒸好大馍，肩挑手提送至军营中。刘锜看到这种馍状似枕头，既能充饥，又能作枕头睡觉用，甚为高兴，下令给每位士兵一日一馍，解决了士兵吃饭问题，鼓舞了士气。最终，刘锜在顺昌民众的支持下，重创金兵，金兀术被迫退回汴京（今河南开封市）。随着顺昌之战的胜利，枕头馍的故事也迅速传开，至今，人们仍津津乐道。

枕头馍成为阜阳的特产世代相传，成为阜阳饮食文化不可或缺的一部分。因个头大，有的重二三斤，有的重四五斤，做馍时面块从两边向中间卷起，蒸熟切开时，可见一层层卷起的纹理，故名大卷子馍。枕头馍做工甚细，先把精细白面揉和百遍，后在铁锅里以文火蒸制。馍焦金黄，厚达半寸；馍瓣洁白，层层相叠。吃时湿润筋柔，干而不燥，耐嚼且松软，存放七日左右不霉不硬。枕头馍约一尺长、五寸宽，重三至六斤，是馍中之王。今天在阜阳市，枕头馍仍然是主要特产，也是阜阳人喜食的美味。

面条也是人们常吃的食物。面条改善了淮河流域人们的生活条件。阜阳格拉条闻名遐迩，用强筋面粉，慢慢加水拌成半干半湿的面块，放入特制的格拉条机中压成圆形细条。可以直接将细条放入开水锅中煮熟捞出，也可将细条压好放在簸箕中晾着，然后下锅煮熟捞出。因和面时需要用手来回“格拉”，用力滚揉，故称格拉条。吃时将煮熟的格拉条放入碗中，拌上葱花、芝麻酱、荆芥头及炒熟的豆芽等即可食用，也可配荤菜食用。格拉条比一般面条“有嚼头，撑饿”，吃起来别有风味。

除了馍和面条外，还有包子。包子外面是由面粉发酵而成，内部一般会根据当地人的不同口味放进各式各样的馅儿。淮河流域的包子大体分为肉包和菜包两种。在民国较为动荡的年代，只有富裕人家才能吃到新鲜的肉包，而广大的穷苦百姓只能靠杂面或者馍馍度日了。

2. 金丝茶馓

金丝茶馓是江苏淮安地区的一种特产。战国时期，淮安就有茶馓了，当时称为“细环饼”。淮安茶馓制作时，选用上等的面粉，加适量的盐或白糖调和，用手搓成细条，盘入缸中，然后绕在手上四五十圈，用炸馓的筷子将条绷开，再放入一百六七十摄氏度的油锅中炸成金黄色，以用麻油炸制的质量为最好。淮安茶馓具有香、脆、酥、细的特点，香气浓郁，松脆易散，透酥爽口，细如棉线，味道略咸或带甜。淮安茶馓色泽金黄，吃时用茶水相伴，或用开水略泡而食，故名金丝茶馓。乾隆年间，淮安茶馓远近闻名，尤以岳文广生产的鼓楼茶馓最为有名。1910 年，淮安金丝茶馓在南京举办的南洋劝业会上获铜质奖章，1930 年，在巴拿马万国博览会上获银质奖牌。

3. 撒汤

淮河流域撒汤也有名气。传说清乾隆皇帝微服私访江南路过蒙城，走得又饥又渴，傍晚到一家客店投宿，店主是位老妇人，还有她的独生女儿。老妇人一面端茶，一面吩咐女儿杀了两只肥老母鸡，用砂锅煨炖。鸡汤锅里放进白花花的麦仁并煮熟。盛好鸡汤后，放入麻油、胡椒等调料。乾隆品尝了一口，味道十分鲜美，用竹筷一捞，鸡肉已经脱骨，与麦仁混合在一起，乾隆连连赞道："好汤。"乾隆饭后问老妇人这汤的名字，老妇人也不知道这汤的名字，于是小声嘀咕了一句"啥汤"。乾隆一高兴想留下墨宝给这位老妇人，就问这老妇人啥字怎么写。可是这老妇人不识字，还是乾隆身边的一个侍从急中生智，想起皇上在月下久等鸡汤的情景，于是便编造了个字：月光为伴，一边为"月"字，另一边皇上为天子，"天"字为上头，久等的"久"字放在下边，并取其谐音字"韭"代之，这样便造出一个字"䭆"。事后店家请木匠精心制作了一块招牌，将乾隆题字刻在上面。从此，小店生意十分兴隆。因其字生僻，人们误写为"撒汤"。

淮河流域早饭，因赶时间，以吃面为主，多以面汤、面疙瘩、面锅贴为主要形式，简单快捷。晚饭时，因劳累了一天，在晚上比较闲暇，就把小麦面做成面条、馒头或饺子等。河南信阳人喜欢食羹（汤）、合烧（数种肉拼合在一起）、野味、腌腊等。信阳菜以咸、香、微辣、醇厚为主味，菜色微重、口感爽滑。

近代起，部分淮河流域民众开始吃西餐，逐步接受了西方的面包、蛋糕等食品，引进了一些西洋饮料，如咖啡、香槟、葡萄酒等。

（二）日常菜肴贫富有差异

淮河流域人们的饮食，除有主食外，还有菜肴。菜肴种类更加丰富。

富贵人家（富商、地主等）以肉食为主。清初，《颍上县志》载，"宴会，先年物力饶裕，庆吊之仪不过一二星席，设不过十数簋，而敬让有余"。今时值凋敝，"愈竞丰美，仪则动以两计，席则堆列水陆，互相斗盛"[①]。这说明富人们办宴席的时候大都会在菜馆里面举行，铺张浪费十分严重，而穷人只

① 顺治《颍上县志》，丁世良、赵放主编：《中国地方志民俗资料汇编・华东卷（中）》，第989页。

能对这些菜馆瞻望罢了。阜阳城内，“民国年间，城内较大的菜馆有四牌楼、得月楼、太平春、洞天春、和合楼、联兴居、义兴楼、新式楼、会芳园、国民饭店、鼓楼餐厅、万华村、小有天等多家”[①]。富有之人和贫苦百姓所食菜肴是无法相比较的。

在菜馆里，菜肴主要分为冷盘菜和热菜两种，亳州菜肴以北方菜系为主，擅长烧、炒、炖，讲究火功、刀功、佐料及配色。菜味咸中带辣，清香爽口。清末民国初，亳州一些名厨到邻近省、县开馆传艺，影响较大。民国时期，亳州传统菜肴100余种，引进名菜60余种，创新菜肴50余种。如，刘协酥肉，系刘氏祖传，肉味纯正，肥而不腻。穆金钱过油肉，系熟牛肉油炸而成。潘家小馆坛子肉，系选用肥瘦各半的猪肉，切成小方块放入坛中，加入酱油和佐料，然后文火炖制而成，汤鲜肉烂，风味独特。近现代，宴会分凉菜、热菜，可用八道菜、十道菜、十二道菜，一般喜宴用十道，意为十全十美；丧宴用九道，象征主人家痛失一人。

民国时期，蒙城县城从事饮食业的店铺有120余家，其中“兴华饭店”有4间门面，30间客房；“太平饭店”有3间门面，20间客房。两店营业额较大，均系合股经营。其余独家经营的多系夫妻小店。较有名的小吃有朱景喜的撒汤、阎治富的卤菜、薛全义的油酥烧饼等。名厨陈明庆、邵锦堂烹调技艺高超，有“陈咸邵甜”之誉。

淮河流域的普通民众只能过着稀饭加咸菜的生活。这与此流域长期以来以面食为主的饮食习惯是分不开的，面食较米饭更容易消化，几乎不需要菜就可以吞咽下去。再者，民众因贫困而多自制家常小菜来改善生活。如，民间做的芥菜丝，阴历十月霜降以后取鲜嫩芥菜削去薄皮，洗净，晾干外面的水分，放在干净案板上用刀切成细丝，放入开水中焯一下捞起，也可不焯，直接晾软，拌入香油、辣椒面、精盐等，放入坛、瓮中腌渍三五日即可食用，吃起来香脆微辣，风味独特，耐存放。再如腌酱瓜。旧时，民间腌酱瓜多用像黄瓜形状的肉菜瓜，因其含水量少，没有脆性，最适合做酱肉瓜食用。人们将肉菜瓜洗净，晾干，切成两半，挖去瓤，放风口中晾一两天，待稍软弯曲不断时，即埋入豆酱缸中腌制一个星期左右，酱色入瓜，味咸而脆，即可取出，切

① 方兆本：《安徽文史资料全书·阜阳卷》，安徽人民出版社2007年版，第993页。

成小块淋麻油食用。

临沂八宝豆豉，最早出现于清道光年间，是县城“惟一斋”酱园独创。其制作工艺精细，是用大黑豆、茄子、鲜姜、杏仁、紫苏叶、鲜花椒、香油和白酒酿制而成，故称“八宝豆豉”。它能增进食欲，是佐餐的美味食品。

清代，太和香椿已大量种植。道光年间，“旧县集到岳湾二十四华里的沙河两岸，约有八千亩，已成园林”。民国十五年（1926）前后，太和境内年产香椿芽约五十万千克。因其“肥嫩，香味浓，油质厚，清脆可口”，被誉为“百合香”，远销北京等地。香椿芽有青椿、女儿红、紫油椿等多种，以紫油椿（又名黑椿）为最佳。人们在清明之后折下新发的椿头（椿芽）洗去灰土，晾干，放盆中，撒细盐腌渍，每天翻动一两次，两三天放席上晾晒一次，待水分蒸发、芽叶上现出白色盐霜时即成。香椿给贫穷百姓餐桌上添置了一道物美价廉的佳肴。香椿可以炒着吃，也可以凉拌着吃，还可以腌制成佐菜。今天太和沙颍河两岸出产的椿芽（腌渍）久负盛名，远销国内外。淮北地区还有一种家常小菜，叫作荆芥，炒熟后吃起来特别清香，《本草纲目》称其“散风热，清头目，利咽喉，消疮肿”，因而深受淮北人的喜爱。

淮河流域也有作坊加工酱菜。阜阳城“大升酱园”，加工酱制品，系山西省高平市侯姓于明正德年间来阜开设的。一开始独资经营，后为股份制。实行掌柜全面负责制，店内设掌柜一人、二掌柜一人，由各股东负责推选，掌管全店事务。凡店员的升降、去留，货物的供销，资金的使用等事务皆由掌柜决定，二掌柜辅之，各股东不作任何干涉。大升酱园非常重视产品质量，如发现变质、变色、霉烂等问题，立即停止销售。阜阳的刘宏西蚕豆酱，是刘宏西在 1920 年研制出来的一道下饭豆酱，该豆酱在淮北市场上几乎随处可见。1941 年，颍上“福音堂”里两位美国女传教士要回国省亲，她们临行前特意订购一些刘宏西蚕豆酱带回美国去。刘宏西蚕豆酱作为家常佐料，使得阜阳百姓的菜肴味道更有特色了。

明清时期，亳州的酱胡芹在全国享有盛誉。亳州的酱胡芹，使用胡襄城无渣芹菜，用酱焙制而成，远近闻名。清乾隆年间，酱荆芥、虾子腐乳已成为特产。民国时期，亳州酱菜作坊最多时有 18 家，从业人员百余名，年产酱制品约 5 万千克，产品销往本省及湖北、江苏等地。民国四年（1915），李玉田在蒙城中大街开设“蓝田斋酱园”，雇工 10 余名，酱缸 800 口，日销酱醋 200 斤，酱菜 400 斤。腊月旺季，日销售额 300 银元。虾籽腐乳、酱包瓜销路也较广。

河南信阳地区腌制的箭杆白咸菜成为百姓日常季节的重要菜品，嘉靖《光山县志》记载：“四时皆有冬，可腌而藏，有名莲花白又名箭杆白者。”同时，随着酱菜加工技术的提高，很多酱菜开始制作成商品销售到外地。光绪年间，信阳城区就有酱菜园 14 家。

淮河流域民众消费品主要是粮食，其次为油、盐，再次为酒、肉类。贫穷人家多以“杂面”（高粱面、玉米面等）为主，兼食青菜、野草、树皮等，一日两餐或三餐，生活清苦，尤其在大灾之年甚至食不果腹。宋代，颍州有饥民吃酒糟，欧阳修《食糟民》：“不见田中种糯人，釜无糜粥度冬春。还来就官买糟食，官吏散糟以为德。”[①] 清末民国时，亳州城市居民除商人外，习惯每日两餐，重午餐和晚餐，轻早餐；农村农闲时亦习惯两餐，重早餐和午餐，轻晚餐。早餐喜甜，午餐喜咸，晚餐喜淡。阜阳城内的市民多为一日两餐，早餐（约上午 9 点）吃稀，午餐（约下午 3 点）吃稠。副食分荤素两类，荤为鸡、鱼、蛋等，素为蔬菜、豆制品、植物油等。

旧时，土地大多被地主占有，农民无地或少地。如民国时期蒙城约占总人口 0.4% 的大地主（人均土地百亩左右），丰衣足食，役使奴仆，聚财囤粮。约占 5% 的中小地主，不忧衣食，每年午季至农历八月十五食用细粮（小麦），其余以粗粮为主，招待亲朋、逢年过节、婚丧嫁娶，才用酒肉。富裕农民，丰年粗茶淡饭，省吃俭用，稍有节余；荒年，一部分负债破产。贫雇农饥寒交迫，缺衣少食，每遇灾荒，告贷无门，饿死无数或大量逃亡。地方政府为救济贫苦民众，设立仓储，一方面解决官粮问题，另一方面也是解决贫苦人饮食问题。清末，阜阳县的官仓有“常平仓”，在东城者称东仓廒，在西城者称西仓廒，两仓可储粮 720 万千克。慈善团体有“社仓”“义仓”，社仓分设于洄流集、沈丘集、中村集、茨河铺及阜阳城的北关、精忠街。乾隆《颍州府志·艺文志》载地方官员“发仓粟赈之，捐俸煮粥，以活老弱”。政府也会免除遇灾贫苦民众的部分赋税，以缓和社会问题。清顺治十三年（1656），蒙城发生大水

① 正德《颍州志》卷六《欧公诗文》。

灾，免赋税三分之一。康熙六年（1667），发生洪涝灾害，免赋税五分之一。康熙十三年（1674），发生大旱灾，免赋税十分之三。

富有者也对贫困者进行救助。阜阳出土的明成化十四年（1478）《赠郎中郭公封太宜人李氏合葬墓志铭》记载，明景泰年间，颍州发生饥荒，颍川卫郭斌及夫人李氏煮粥救济灾民："景泰间，岁饥荒，公（指郭斌）首施粟于官，以助赈济，又煮糜以食饿者。太宜人躬任其事，备桶数十，贮糜门外，乞者蚁集。或恐其不能溥济，劝止之，太宜人心益坚，至脱簪珥，易粮继之，多所全活。"李氏不惜卖掉簪珥，买粮煮粥救济灾民。郭斌去世后，太宜人李氏"凡岁给族中布帛果品，恒以坚美者与人"①。每年李氏都会给族人布帛果品，以改善贫苦人家的生活。民国六年（1917），张泽甫、宁丹澄、杨继余等人捐地360亩，创办阜阳县民间慈善会，并在各大集镇设分会，先后施粮295石（每石200千克）、施粥32次、施棺木38具、多次修路修桥②。宣统二年（1910）冬，发生大饥荒，蒙城县设筹赈公所，配总理2人，官赈、华洋义赈银元20万元，救济灾民30万人次。宣统三年（1911）春，华洋义赈5次粮米20万斤，钱16.6万串，救济灾民15.4万户，85.8万人次。民国三年（1914），蝗灾、水灾、旱灾交相发生，陕西督军蒙城人陆建章捐款1.8万元，赈济蒙城。

（三）饮酒在饮食中占有重要地位

淮河流域的百姓重视饮酒，谈酒、喝酒是他们人生的一大乐事。淮河流域独特的自然环境，使得高粱、豌豆、小麦、大麦等农作物种植普遍，因而这里酿酒的原料较为丰富，酿酒业也慢慢发展起来。

1. 酿酒历史较久远

淮河流域酿酒业发展较早。建安元年（196），曹操向汉献帝"奏上九酝酒法"，称九酝春酒法"用曲三十斤，流水五石。腊月二日清曲，正月冻解，用好稻米，漉去曲滓，便酿法饮……三日一酿，满九斛米止。臣得法酿之，常善；其

① 韩自强主编：《阜阳·亳州出土文物文字篇》，2004年印，第231页。

② 阜阳县地方志编纂委员会：《阜阳县志》，黄山书社1994年版，第302页。

上清滓亦可饮。若以九酝苦难饮，增为十酿，差甘易饮，不病”[①]。南北朝时，亳州减店一带酿制的减酒较有名。五代时，陈抟在家乡用洺河水加黏谷，酿制出洺流酒（又称希夷酒）。

明代，亳州减店有酿酒作坊数十家，产品以烈度曲酒居多，称为“减酒”，其中以怀氏的“公兴槽坊”较为有名。怀家以酿酒起家，有土地48顷，有酒池数十个，工人数百人，产品销往外地。民谚赞其富有：“南到槐树北到墙，银子一溜十八缸。”明万历元年（1573），归德府的宋家仁在万历帝的庆典上，把亳州减酒进献给朝廷，受到好评，亳州减酒成为贡品，贡酒之名由此而来。民谚云：“涡水鳜鱼黄水鲤，胡芹减酒宴贵宾。”万历时期，亳州减酒销往河南、山东等地。

明末，战乱频繁，亳州酿酒业萎缩。至清代康熙、乾隆时期，亳州酿酒业再度兴盛，亳州酿酒作坊有百余家，大都采用“老五甑”酿酒法，多数作坊生产高粱大曲酒，少数生产洺流酒和小药酒。怀氏“公兴槽坊”所产减酒远销河南、湖北、江苏等地，被誉为“怀家一枝花”，故名“怀花酒”。乾隆时期，亳州有状元红、琥珀光、洺流酒、双酘酒、烧酒、竹叶青、豆酒、白酒、老酒等品种。“高粱酒，俗曰大曲酒，其高者曰乾酒。明流酒，又名希熬，相传陈希夷先生始造，故名。小药酒，用药曲蒸成，惟夏月饮之，可以祛暑。双酘酒，用黏粟米作成，甜糟，以明流酘之。福珍酒，其色红，其味甜。老酒，其香味仿佛绍兴酒。三白酒，色白味甜，糯米酿成。竹叶青、状元红、佛手露，皆高粱酒之染色者”[②]。民国十四年（1925），亳州全城有糟坊54家，其中以蒋天源糟坊规模最大，可产10余种白酒和染色酒，销往邻县及附近省份。当时，以卖散酒为主、瓶酒为辅，一斗高粱（15斤）换粮食白酒3斤。瓶酒销往霍山等地，散酒销往蚌埠等地。

涡阳酿酒源于三国时期的曹魏。清代，涡阳的酿酒作坊主要在县城、高炉、义门、曹市、张村等地，其中清末民初的“会海作坊”利用高炉优良的水质，以高粱为主要原料，采用传统的酿酒工艺，精心酿制大曲，利用水路运往京沪杭等地销售。

① 《曹操集》，中华书局2013年版，第21页。

② 光绪《亳州志》卷六《食货志·物产》。

宋代，颍州已酿酒，正德《颍州志·欧公诗文》载：“田家种糯官酿酒，榷利秋毫升与斗。酒沽得钱糟弃物，大屋经年堆欲朽……官沽味酞村酒薄，日饮官酒诚可乐。”酞指浓烈的酒；酒薄指乡村富裕的农户自酿的酒，其味淡薄。宋代规定，地方州府军一级可以酿造公使酒。它主要作为各路州军宴请、馈赠政府官员的“公用酒”。从《宋会要辑稿·食货》记载来看，宋代太平兴国时期，曹州、许州、陈州、楚州、宿州、泗州等允许酿造公使酒，酿造额为每月给三石糯米；徐州、兖州、蔡州、颍州、亳州等允许酿造公使酒，酿造额为每月给二石糯米。明代有“南茶北酒”之说，北方水土重浊，而所酿之酒却轻清，与水土大相径庭。清代阜阳县乡试、会试中式，“报捷后，预搭鼓棚。旋里日，族戚各具酒果郊迎，用轩盖执事，悬匾、竖棋杆。咸以喜红、喜酒为贺。入泮者先谒谢府县，至儒学行礼，毕，以鼓乐送归”①。科举考试乡试、会试通过后，家族以喜酒庆贺。19世纪，颍州酿酒的主要产品为土烧酒（又称小药酒）。

清宣统元年（1909），山西人蔡玉珍在蒙城县城西门里开设勇源工糟坊，雇工十名，年生产大曲酒约两万斤。民国元年（1912），义顺公酒坊开业。稍后，有森泰、德聚、和合源、信昌祥、振昌、永昌源等八家酒坊开业。民国初年，蒙城县城生产大曲酒的糟坊十余家，年销售量约六吨，其中较大的糟坊有“永昌源”“义顺公”“聚源公”“勇源公”等。

如此兴盛的酿酒业，使得淮河流域民众热爱喝酒，逐渐形成“乡井村落犹有污樽抔饮之风”②。淮河流域的城乡居民喝的大都为白酒，这种用高粱酿制的白酒酒劲特别大，人喝多了就会醉醺醺的。饮酒是淮河流域民众饮食的重要方面，平时喝上几口，聚会时更是豪饮，形成了约定俗成的饮酒习俗。斟酒时按座位尊卑长幼依次进行，晚辈向长辈敬酒时一般敬两杯，表示尊敬之意。酒桌上流行劝酒，被认为是好客的表现，如实在不能饮了，将酒杯口朝下，一般不会再强劝了。

淮河流域民间做浑酒。如阜阳民间的浑酒用大曲、黏高粱面发酵制成。取

① 道光《阜阳县志》卷五《风俗》，黄山书社2009年版，第137页。

② 光绪《五河县志》卷三《风俗》，《中国方志丛书·华中地方第223号》，成文出版社有限公司1974年版，第218页。

发酵好的浑酒适量，放入网罗中加水过滤，去掉渣子，把过滤出的汤汁煮开即可食用。因汤汁浑浊如稀粥，颜色似秫面，味甜而略带酒味，故名浑酒茶。具体做法是“夏踩曲，冬蒸面，搅拌成糊凉入坛，盖上盖子闷七天，闻到酒香味为已甜”。阴历五月份做曲，从野外选取踩曲草（一说为辣蓼），碾碎，绞取青汁拌入麦麸中，干湿以能用手捏成团为度。将麸团压紧，扎成半球形的曲团，悬通风阴凉处，任其发酵。一个星期左右，即成大曲。到了冬天，取秫面（也可以加麦面、米面），蒸成窝窝头，趁热揭去馍焦，只用馍瓤，揉碎，拌入大曲，稍凉后，装入干净的缸坛中，封好坛口，等过了七八天，即可开坛。从冬天可以一直喝到初夏。河南信阳酒风历来很盛，早在清末，家家普遍自酿米酒和白干烧酒。蚌埠在 19 世纪 20 年代前后，一般人家常饮五十度以上的土制小药酒。富裕人家会饮用当地生产的名酒。

淮河流域民众中也有嗜酒成性的人，尤其是从事搬运等体力劳动的男性，或者是乡下的中老年劳动者，因为劳动强度大、生活负担重，经常是三餐饭两顿酒的。19 世纪 50 年代前，在蚌埠街上小店常有人饮“柜台酒”，因盛酒用小碗，又称“抽小碗子”。码头工人与知己相遇，以酒叙话，并划拳行令，酒后食馍、饼等面食①。民国时期，蚌埠民众在正式举办婚礼的前三天，男方是要给女方下彩礼的。下彩礼的物品中有鱼、猪肉、鸡等，其中必不可少的就是酒。一般人家都是 24 瓶酒或者是两坛酒。等到婚礼那天，宴席上也必定会有喜酒。民国时，蚌埠老人在五十岁之后，子女们要为老人们准备办寿，有钱的蚌埠人在给老人办寿的时候，场面十分铺张，礼仪特别烦琐。普通人家则是以简单为主，他们讲究的是热闹，给老人过寿时自然是少不了喝寿酒了。

今天淮河流域白酒生产突飞猛进，生产出了大量的知名品牌白酒，如宿迁洋河蓝色经典酒、亳州古井贡酒、阜阳金种子酒、淮北口子窖酒、霍山迎驾贡酒等。

2. 独特的酒文化

淮河流域民众和酒有着千丝万缕的联系，饮酒早已成了淮河流域民众生活中的一部分。随着社会的发展、观念的变化、生活水平的提高，人们除了

① 蚌埠市地方志编纂委员会：《蚌埠市志》，方志出版社 1995 年版，第 1175 页。

在重大节日外，日常生活中也少不了酒，逐渐形成了饮酒风俗，民间的酒席就有孩子满月百日酒、祝寿酒、婚丧嫁娶酒、乔迁酒、升学酒等。淮河流域民众的性格爽朗、自然，他们的性格如同此地的酒一样，刚烈却又不咄咄逼人。民间的饮酒风俗形成了独特的酒文化，是淮河流域丰富多彩的民俗文化的重要组成部分。

民间的酒文化为了劝人喝酒有较多让人喝酒的游戏。如皖北地区喝鱼头酒，酒席上整鱼的时候，鱼头一般指向客人、长者。在酒席上鱼头酒是必须要喝的，不论酒量是大是小。鱼头酒一般喝两杯，如果不喝便是失礼。与鱼头相对的是鱼尾，坐在鱼尾指向的要在客人喝第二杯鱼头酒时陪喝一杯鱼尾酒。因为鱼尾是双叉的，所以有时喝鱼尾酒的是两个人。客人饮过鱼头酒之后，若想让众人陪他喝上一杯，就夹起一个鱼眼放在某人的食盘中，某人就得喝上一杯酒，这叫“高看一眼”；夹起一块鱼翅放在某人食盘里，某人就得喝一杯，这叫“展翅高飞”；夹的若是鱼唇，就得喝“唇齿相依”酒；夹的是鱼背，就得喝“倍感亲切”酒；夹的是鱼腹，就得喝“推心置腹”酒；夹的是鱼尾，就得喝“首尾相应”酒。主宾认为该喝的都喝了后，他便用筷子捅捅鱼口，这叫“统统都喝”，所有的人都端起酒杯一饮而尽，鱼头酒至此结束。走盅又叫走杯，也就是敬酒。“唯太和、界首、临泉三地盛行，尤以太和一方天地名目繁多，且花样与时俱进、不断翻新”[①]。大家举杯干一杯后，然后酒席上为大家斟酒的“酒司令”，为大家斟满酒，共同再喝一杯后就可随意敬酒了。但还是先对客人、长者敬酒。喝酒流行走杯，它体现了淮北人饮酒时独到的一种趣味，也使得这一带的百姓固有的直爽在酒桌上释放出来。

猜拳（又称划拳）喝酒。两人同时出拳，伸出手指并喊数目，所喊之数刚好是两人伸指之和者胜，负者饮酒。所喊数字，均含吉利之词，如“一定中”“两相好”“三六顺”“四季发财”“五子登科”“六六顺”“七星高照”“八仙过海”“九九归一”；“一心敬”“哥俩好”“三桃园”“四季财”“五魁首”“六六顺”“七巧枚”“八匹马”“九仙寿”“十全福”等。猜拳中有冒拳、闷拳之分。冒拳就是喊的数大于两人手指数的和，闷拳就是喊的数小于两人手指数的和。猜拳前的规则有：“开门见山”就是划第一拳就分胜负；“一个冒”就是在第

① 思良：《阜阳风情·太和卷》，中国文史出版社 2005 年版，第 55 页。

二拳时才分胜负；“两个冒”就是在划第三拳时分胜负[①]。猜老虎棒子喝酒，两个人还可以用手拍着桌沿或用筷子敲着桌子，同时口里喊着老虎、棒子、鸡、虫四个令名的一个。游戏规则是老虎吃鸡，鸡吃虫，虫蛀棒子，棒子打老虎。一般是输者喝酒。猜宝即猜有无，火柴杆由一人拿在手里，拿的人要先喝一杯。让大家依次猜手里有几根火柴杆，猜对的要喝一杯酒，大家都猜不对，则手握火柴杆的自罚一杯。还有“炸”酒，就是两人或多人一口喝干杯中的酒。

酒席上的座次也是酒文化中的一个重要部分，农村在“当门”（亦即“堂屋”，就是现在所说的客厅）招待客人。在座次上正对着门的，能够从屋内直视屋外的一方为上座，是客人、长者的座位，与上座相对的就是下座，又叫“菜道”，桌上的菜多从这一方位端上来。下座一般是主人坐，一是为了表示客气，二是为了上菜方便。

这些酒规矩能调节人的情感，促进人的交流，使酒桌上洋溢着欢乐的气氛，生动地反映了淮河流域民众的精神面貌，成为淮河流域民间文化不可分割的一部分。

（四）注重饮食禁忌

旧时，民众都是比较迷信的，而迷信一般得不到科学的解释，所以人们往往在迷信某些事物的时候，会较长时间地一如既往地迷信下去，久而久之，迷信就会成为人们生活中的一种习俗被固定下来。淮河流域民众在自己的饮食习俗中也有迷信的地方，非常注重饮食禁忌。

淮河流域民众要出远门的时候，要吃“吉利饭”，通常情况下会为即将远行的家人准备水饺。人们认为水饺清清爽爽、利利落落，表示无论做什么事都很顺。忌吃粥、面条，防止出门犯糊涂。用筷子敲击盘碗是不允许的，因为只有要饭的才用筷子击打饭盆。出于好心帮别人盛饭时，为了方便省事把一副筷子插在饭中递给对方，会被人视为大不敬，因为这样如同为死人上香一样，绝对不允许的。

淮河流域百姓爱喝酒，在宴饮的时候，酒壶里若是没有了酒，不要随便

① 刘宏、张文波编著：《阜阳民俗文化研究》，第 61—64 页、第 102—110 页。

说“光了”或者“完了”，要换种说法“满了”。酒壶的酒不能倒完，应该留一点底子，意为“壶中酒不断”。宴会结束，晃动壶中留下的酒，意为“酒在壶中，下次再喝”。阜南县喝酒禁忌喝三杯。主人向宾客敬酒，第一杯是敬酒，第二杯是“好事成双”。《阜南县志·宗教民俗》：“不成席的酒要么不喝，喝了至少喝两盅，说是‘一条腿不能走路’。多则四、六、八、十……尤其不许只喝三盅酒，说喝三盅是骂人，因为旧俗敬神祭祖是三杯酒。”

阜阳民众平时招待客人的时候，最好是摆放10道菜，忌讳摆放8道菜。春节请年客，酒菜更为丰盛，宴席上，客人忌吃肉皮，因习俗称肉皮为“扒门楼子”，否则揭了主人的面子。太和县在过年期间是不能吃萝卜的，因为在方言中说某件事情没办成，他们会说“萝卜了”。蚌埠民众办喜宴的时候，是要准备10道菜肴的。其中有一道必点之菜为“四喜丸子”，寓意四季如意。在办丧宴的时候只需用到九样菜即可，意味着家里走了一个人，在不同的场合下菜肴的样数是不能出差错的。男方给女方家下彩礼的时候，礼品也是不能为单数的，双数意味着好兆头。鱼作为礼品之一，也是有讲究的。鱼通常是鲤鱼为最好，忌用其他鱼种代替。

淮河流域饮食比较隆重的宴会等场面，要先上凉菜，后上热菜，以热菜热汤为主。即使夏天，也要有热菜、热饭。不能上剩饭、剩菜、剩馍。菜肴数目以双为敬，有四菜一汤、六菜两汤、四素四荤、八大碗等等。放在盘子里的菜要摆放好，放在碗里的菜要高出碗沿，讲究造型，习俗叫作“盘摆圆，碗出尖”，尤其不能让菜叶、粉条等挂在碗外。

一方水土，一方文化，我们不难看出淮河流域的饮食具有明显的地域性特色。经济决定文化，新中国成立以前，淮河流域悬殊的贫富差距使得饮食在不同阶层中有了分化，物质分配的不平衡使得穷人以粗茶淡饭度日，富人以挥霍浪费为荣。尽管封建的迷信思想形成了饮食的禁忌，但随着时代的发展和淮河流域民众思想的进步，饮食文化会朝更科学的方向迈进。淮河流域民众不仅仅是为生计而创造食物，他们在品味食物的过程中也留下了不一样的饮食习俗。

三、居住

淮河流域地处黄淮平原，土地平旷，沃野千里，雨水丰沛，气候温润，是人类理想的居住和生活的地带之一。长期以来，人们在这片土地上从事生产、建房居住、繁衍子孙，从代代相传的经验与教训中，逐渐形成了居住习俗。

（一）建房习俗、禁忌

清末至民国时期，淮河流域官僚、贵族、地主的宅院由正房和两侧厢房组成一进、二进、三进、四进，朱漆大门外置石狮、石鼓，多为砖、木、石结构的瓦房，主房以朝南为主，有堂屋、东西屋、过道，堂屋多是三间，一门两窗，也有五间的，叫明三暗五。堂屋两侧和对面加盖过道和厢房，组成三合院或四合院。农村大地主家多筑有围墙，有楼房和平房，一人住数间。中、小地主及富户多住砖、土、木结构的砖跟脚房。正房内后墙悬挂字画等，下面条几上供奉天地或祖先牌位。普通民众的住房有一明两暗的三间堂屋，堂屋中间开门，称作堂，是家庭祭祀、议事、待客等举行各种活动的场所。左右两间开窗，堂屋正中一间靠墙放条几，条几前面放八仙桌（方桌），方桌两边放椅子、长凳，条几中间供奉祖先牌位、神佛，后墙挂中堂字画，以山水楼阁、仙人佛像为多。

建房时，要请阴阳先生相宅基、定动工吉日和上梁吉日。房屋地势以北高南低为好，东边有缓缓流淌的小河，便于排水通畅；西边有平直的大道，可以出行方便；大门南方有视野较为开阔的地带。房屋地形以南北向的长方形为好，因要建成三合院或四合院，长宽之比以三比二较合适。主房的朝向南偏东或南偏西。

建房木料忌用桑树、楝树为材。窗棂、门撑用单数，五、七、九、十一等阳数可用。双扇门和左右窗户要大小一致，左右形制统一。堂屋中间的檩条根部向东，两头开公榫；西间的檩条也是根向东，开母榫；东间的檩条根向西开母榫，这样好与中间的檩条衔接。檩条用单数，三、五、七、九均可。一般选个双数日子（如初八、十八等）就可动工。吉日选定后，要在上午开工，鸣放鞭炮，表示蒸蒸日上之意。建房木材，以枣脊榆梁杏树门为时尚（早积余粮幸福门），忌桑树做门（讳谐音“丧”），门宽三尺三（市尺）。

房门多向南，忌对山墙、窗户、路口（俗称路箭）。大门不对道路、大树、烟囱、屋角、厕所、怪石；厕所不对堂屋，不与厨房紧连；门前不能堆粪、挖塘、种桑；房屋梁头、檩条不能长出檐外等。

房屋墙壁垒好之后，选吉日（忌二、五、八）上梁，贴对联，门上写“太公在此，诸神退位”，梁上写“青龙盘玉柱，白虎架金梁”。待两边房梁上齐后，两名工匠用绳将贴上大红对联的中间房梁提起，同时鸣鞭响炮以示镇宅基，工匠从房架上撒下糖果和圆形蒸馍，大人小孩拾取，热闹非凡。江苏盐城房屋上梁忌说“斧头”，改称“开山”，意为“斧开金山”。因方言“火”与“斧”音近，新屋落成，人家最忌失火，若失火，称为“走水”。

房屋建筑要井然有序，疏密合理，堂屋、厨房、过道、围墙、水井、厕所、花木要各在其位，配合成一座和谐的院落。堂屋必须高挺，要比其他房屋宽大，各房排列不能紧逼，东西两间放床铺柜橱，长辈住东间，晚辈住西间，东西厢房为偏房，忌高于主房，厢房由儿孙居住，体现出尊卑长幼的自然差别，契合传统社会的宗法制度。床铺不可放梁下，床头不可对门口。如是四合院，东、西、南、北各房间之间的走道不能窄于二尺、宽过五尺，太窄为蔽气，太宽为松散。

淮河流域民众多濒水而居，乾隆《颍州府志·水道考》：“淝水潆绕处即为村疃，居人皆植柳、积柴、养鱼，方言谓之鱼沪。”房屋建成后，在宅旁种树，以石榴（多子）、槐（长寿、富贵）、椿、枣、柏树为主，忌种桑树，有“前不栽桑，后不种柳”的习俗。明清时期，桑、槐、榆、楝等树苗多为野生移栽，杨柳等树种靠人工扦插成活。民国时期，蒙城树木有桑、槐、榆、柳、椿、楝、杨（白、青）、梧桐、榕、香椿、柏等数十种，其中桑、槐、榆、柳、椿是主要乡土树种。民国时期，蒙城农村广植枸杞树，此树灌木丛生，枝多刺硬。人们迷信认为此树可避邪恶，群众多栽在宅后，有的栽于宅基周围，形成枸杞园林。枸杞叶果药用，种子出售。民国五年（1916），蒙城全县有桃、李、杏、梨、枣、柿、樱桃等果树 0.76 万株。有些村庄以果树命名，如蒙城有王柿园、乔梨园、沙果园、张枣园等村名。

农村房屋多为民间工匠建造。民国时期，蒙城县城有陈凤君、何献廷、母廷伦、柴登岩4个茅匠班，共有百余人。乡镇泥瓦匠人数更多。他们用泥抹子、瓦刀、泥叉子等简单工具，建造草房或一般砖瓦房。民国时期，蒙城县乡村木匠约1000名。建造房屋的建筑材料要到县城购买。民国元年（1912），吴琢玉开设“玉盛号”竹木行，年销售竹木100捆。之后，在县城北关相继开设陆八竹木行、白近章竹木行、李小麻子竹木行等6家。经销本地产桐木、槐木及皖南、六安等地的杉木、毛竹，销售价格随行就市，论根出售。民国时期，蒙城县城有木匠铺10余家，工匠约150名，生产家具、门窗、厅堂悬匾、招牌，其中赫同善、甘玉春、刘兴业三匠精于木雕，镌刻的“八仙过海”较为有名。

（二）房屋贫富有别

淮河流域富贵者追求享乐，营造有山有水的园林，亳州有常乐园、清课园、渡口李氏园和蚑鹤园等。涡阳丹城出土的明万历十三年（1585）《明故廪生比吾张君墓志铭》记载，亳州丹城镇人张播曾营造园林，“内植奇花异卉，叠石为山，构亭而上，常携知己者，宴饮对弈，雅歌投壶，飘然一物外仙也”。

穷人居住条件差，房屋多为土木结构，草顶土墙。沿河（湖）地区一般先筑高台后建房，以防水患，村庄多以“台”命名，如金台村、韩台村等。乾隆《灵璧县志略》卷四《杂志·风俗》：“民居皆茅屋，衣皆疏布。”灵璧县民众住的是茅草屋，穿的是粗布衣服。《农政全书·农事·开垦》载有万历时期定远知县诸葛升所说：“江淮岁罹灾祲，贫民糊口四方……庐舍数椽，原系草土筑成……风雨摧淋，遂成圮坏。”定远县民众长期逃荒，家中的茅草屋年久失修以致垮塌。庶民百姓土坯草房或茅庵，多为坐北朝南，一般三尺三寸宽，俗称“门宽三尺三，进（得）了花轿出（得）了棺”。用土坯砌墙（条件好的加5—13层砖基），而后用麦糠和泥粉墙。房上有梁檩，房顶多用草覆盖。中间有门，两边加窗，多数为三间，桌、床用土砌成。乾隆《颍州府志·人物志》载清代颍州庠生赵璧房子“茅屋不及两楹，土垣颓圮，架木板于墼上”。农村贫苦农民房屋破旧低矮，数人住一间。歌谣云：“月老娘，明黄黄，推着小车去逃荒。前头跑的巴巴狗，后头跟着妮的娘。妮她娘，你甭哭，前边有个茅草屋。支小锅，打糊糊，撑得小肚圆轱辘。”①

贫苦农民居茅草屋首先是物质条件造成的。张介侯认为：“居惟茅舍，卑狭殊甚，仅堪蔽风雨而已。”②淮北民舍多为草房，一些小地主房舍，也以草舍居多。蓝渭滨认为江苏徐海地区“屋小只及方丈者，内中包含卧室厨房，拴驴子，藏农具，以至无回旋余地，诚令人蹙眉三叹，不堪其苦”③。淮河流域经济条件较差，生活水平不高，对住宅的投资有限。其次是地理环境的影响。淮河流域为水灾多发区，动辄“庐舍漂没”，住宅不能讲究。因土匪肆虐，房子不敢用窗户、烟囱。苏冷说：“他们的住屋，从来没有窗子，那是为防御土匪的枪弹的。”“因为土匪为患，和大风的缘故，烟囱是不能有的。”④因缺少木材、砖瓦，农民多居草房。王培棠认为：“淮北地方，因出产不丰，又少林木，故多住泥墙草房，瓦房极少，瓦房惟城市中始有之，做法亦依照版筑泥墙办法，减少直柱，此完全属于减省材料之意。”⑤

淮河流域河湖较多，依河湖为生的船民，居住在船上，生活条件窘迫，以打鱼为生，有的是勉强度日。船只分前舱、中舱和后舱，船民一般按辈分和是否已婚分舱居住。

（三）喜聚族而居

淮河流域民众喜欢聚族而居。清代，蒙城县城里家庭多喜同堂，城内八大家族和城东马姓、城西丁姓、戴姓，多组成四世同堂、五代同居的大家庭，少则四五十人，多则百人。明嘉靖二十九年（1550）蒙城县户均 15.09 人，清嘉庆二十四年（1819）蒙城县户均 8.36 人。男性长辈主持家政，对家庭的财务、社交、婚姻等事务有绝对处置权，形成家长式的局面。主持家政者由嫡长子继承。尊长居上房，坐首席。昆仲之间子女按年龄排行。家长对子女有体罚权、教育权，按照自己的理想教育子女，为其选择职业。

① 慕占民：《淮北民间歌谣浅说》，政协蒙城县文史资料研究委员会：《漆园古今》第 10 辑，第 243 页。
② 张介侯：《淮北农民之生活状况》，《东方杂志》第 24 卷第 16 号，第 71 页。
③ 蓝渭滨：《江苏徐海之农业及农民生活》，《农村经济》第 1 卷第 10 期，第 17 页。
④ 苏冷：《睢宁的农民生活》，《农村经济》第 2 卷第 8 期，第 90 页。
⑤ 王培棠：《江苏省乡土志》，民国刊本，第 349 页。

农村也多聚族而居，农村和街道多以大姓命名，如李庄、王家庄、李家巷、张家胡同等。蒙城城西戴窑，东从小涧集，西到涡阳西阳集，南至岳坊寺，沿涡河南岸，长二十余千米，大小村落数十座，除少数外姓杂居外，90%人家姓戴。城东双涧集涡北马洼，素有马头、马腰、马尾之称，数百户人家都姓马，南北三寨遥相呼应。聚族而居的好处是：一是盗贼不敢轻易侵扰，如遇战乱，则相互救助；二是平时邻里守望相助，有疾病时相互扶持。这些宗族由年龄和德行俱尊的长辈任族长，家庭中遇有矛盾，则由族长出面调停，族中有人行为不轨，也是由族长会同家长进行教育或惩处。

民国时期，有了仿西式的洋房别墅，被看作时尚的象征，这种有别于传统风格的洋房受到富人和年轻人的喜爱。

四、交通

淮河不仅是中国现代自然地理上的南北分界线，也是中国古代南北的分水岭，历来为兵家必争的战略要地，宋代王德认为：“淮者，江之蔽也，弃淮不守，是为唇亡齿寒。”[①] 淮河流域上接黄河流域，下达长江流域，为东、西、南、北交通的要冲。人们的生产、生活活动虽范围不一，但总离不开跋山涉水。旧时人们征服自然的能力有限，尤其水上行船，很难把握自己的命运，所以处处谨慎万分。淮河流域民众远行多择吉日、晴日，出行的禁忌风气较浓。

（一）出行习俗、禁忌

淮河流域具有从亚热带向暖温带渐变的气候特征，因此，河流冰期短或无冰期，各河流比降小，航行平稳，故这些河流多数时间通航条件较好，四季可通航。在古代陆路交通不够发达的情况下，水路运输的作用显得尤为突出。

北宋，汴京（今河南开封市）为京师，颍州（今安徽阜阳市）交通便捷，处于战略地位，其中尤其以粮食的运输最为重要。《宋史·食货志》载从产粮

① 顾祖禹：《读史方舆纪要》，中华书局2005年版，第887页。

区运往汴京的水路漕运有四条："宋都大梁，有四河以通漕运：曰汴河，曰黄河，曰惠民河，曰广济河，而汴河所漕为多。"而由淮水（今淮河）入颍水（今颍河），再从蔡口镇处转入蔡河至汴京的水道大部分与汴河平行，是全国漕运网的重要水道。宋开宝五年（972），朝廷"率汴、蔡两河公私船，运江、淮米数十万石以给兵食"。宋真宗大中祥符九年（1016），"知许州石普请于大流堰穿渠，置二斗门，引沙河以漕京师"。后遣中使至惠民河，规划作坝子，以通舟运，而大流堰乃颍水直通京师蔡河的一处堤堰。北宋，颍水入蔡河至汴京，再连汴河北段（汴口至东京），沟通了黄河、淮水（今淮河）两大水系，而淮水东达大运河又与大江（今长江）水系连通，颍水成为连接三大水系的桥梁，对南北经济、文化的交流起了纽带作用。

至清代，黄河以南诸州的货物由淮河运抵凤阳临淮关，再转运至苏杭等地。乾隆《凤阳县志》载："向来河南货物，由颍河、涡河舟运至此岸（指临淮关），陆路至浦口，发往苏杭。亦有苏杭绸缎杂货，由浦口起岸，至长淮雇船，运赴颍、亳、河南等处。"宽敞的涡水航道能容船只上千艘，客商云集，商业繁荣。亳州有许多专门市场，许多街巷因之而得名，如白布大街、爬子巷、席市、干鱼市、打铜巷、牛市等，至今还在沿用。涡河也是连接黄、淮两大河流的纽带，水势平缓，木帆船常年通航。西淝河水道春夏季节可通行木帆船。清代，亳州沿涡河有灵津渡口、车埠口渡口、李家渡口、韩营渡口4个较大的渡口，渡工多是以此为生的船民。涡河的水上客运，多是客货混装，明清时期，川、广、云、贵、山、陕等地商人云集亳州，往往取道涡河。

旧时，淮河流域远行多择吉日、晴日，忌说破嘴话，有"饱带干粮晴带伞"之习。江苏盐城出门的日子忌逢七，回家的日子忌逢八。民间有"七不出，八不归，初九一十往家飞"之说。出行的禁忌有：正月初一元旦，不能外出。正月初五为破五，不能出行。每月的初五、十五、二十五日为黑道日，不能出远门。有的地方流行"要出走，三六九；要回家，二五八"的习俗。每月初三、初六、初九，适宜外出。走亲访友，多选双号日子，途中喜闻鹊鸣，恶听鸦噪。路遇尊长，垂手恭立道左，作揖请安。同行时，让尊长领先。坐车、骑马时，路遇亲友或问路时要下车、下马。襁褓中婴儿出门时，备桃枝一束以避邪。有的地方为祈求出行平安，马车、骡车在出远门之前，赶车的人也祭拜路神。

出门看望病人，忌讳初四、初五、初七、十四、二十四出门。“四”谐音难听，五为破五，七与丧葬“三七”“五七”等相关联，均应避开。江苏盐城地区的人们探视病人，一般在上午。按阴阳之说，上午属阳，朝阳高升，意气风发，预示病人早日康复，病人的病情多是旦慧（症状变轻）、昼安（疾病平稳），故选择上午探望病人。下午属阴，应让病人好好休息调养，不能去看望。盐城地区病重住院、病愈回家，选择吉日，一般逢四和八不出不归，因“四”和“死”音相谐。

旧时，人们征服自然的能力很低，尤其水上行船，很难把握自己的命运，所以处处提心吊胆，谨慎万分。旧时水上航运条件艰苦，狂风、恶浪、急流、浅滩，时时威胁着航运的安全。水上行船，禁忌的风气较浓，而语言的禁忌最能使人保持一种经常性的警惕。船上最忌讳的就是“翻、沉、破、碰、住、离、散、倒、火”等字眼。为忌“翻”字，船上称帆布为抹布，凡与翻字有关联，或者能够引起联想的事物都在禁忌之列。吃饭的碗，盛饭的盆，都不许口朝下放，连盖锅的盖子也因有翻扣的时候不叫锅盖，而叫“捂气”；摘下的帽子也要口朝上放，不能口朝下放。船上人都不能翻卷裤腿。为忌“沉”字，连盛饭的盛字也忌说，改为添饭。为忌“破”字，船上使用的碗碟多为竹木制品或铁铝搪瓷制品，忌用陶瓷制品，怕不小心碰破。

江苏盐城海边的渔民在海中作业或请木工钉船，上桌的鱼头忌朝东，说是鱼头朝东游向外海，渔民就打不到鱼了。海上遇到死尸，改称“元宝”，避开不祥之物，可以逢凶化吉。船民忌讳数字中的十四，因谐音“失事”，说成大十三。

随着社会的进步和交通工具的改进，出行的安全性大大提高，因而旧时的出行禁忌习俗已有很大的改变。但时至今日，亲戚朋友出远门，时有担心，临别之时，仍以“一路平安”“一帆风顺”等吉祥语为之送行。

（二）交通工具随时代而进步

旧时，由于生产力相对落后，交通工具简陋。人们出门远行都是靠步行，搬运东西也只能靠人力背、抬、扛、挑，尝尽千辛万苦。

1. 陆路运输以人力、畜力为主

明清时期，淮河流域陆路有驿道（干道）、各省修大路和铺路（支线）构成“官路”，民间士绅和富商捐资修建的运道称为“民路”。车子的发明和使用，对人类思维的进化起到了不可估量的作用。清末民国时期，城市一般有车马行（为商号运输货物）和脚行（运送旅客），皆有行主把持，大部分运输所得被行主提走，少量的分给地位低下的“推脚”（推车者）、“掮夫”（肩挑货物者）等。富贵人家坐轿、骑马、坐土车（木制的简易独轮车）出行。庶民百姓多数步行出门。蓝渭滨在《江苏徐海之农业及农民生活》中认为：“行的问题，除徒步外，尚有独轮车、大车、舟楫三种。”[①] 由于道路崎岖，乘车多有颠簸，宋代以来，乘轿之风渐兴，达官贵人，出行时不求快捷，但求安稳。民国初年，蒙城县城有出租小轿六七顶。富户新郎、新娘回门，妇女走亲访友，绅士出门，名医出诊多租此轿。蒙城县城设有马车行，提取营运佣金，统一控制运输。

亳州陆路运输主要为马车和人力独轮推车（俗称红车子），田间庄稼运输主要使用牛拉“太平车”。民国初期，全城共有马车行18家，马车300辆，主要分布在三圣庙街和拉车路口等沿河地带。民国时期，聚集在城内“四码头”“八市”“八大街”等处的独轮推车有700余辆，这些车子十多辆或几十辆结成一帮，每辆车可载200—300千克。

陆路运输以人力、畜力为主，工具较为落后，有小红车、独轮小土车、太平车、畜力马车等。两轮、双辕、用马拉辕的叫马车，用骡子拉车的叫骡车。马车载货较少，骡车载货较多，长途运输，一般多用骡车。主要的陆路交通工具有：

土轱车：木制独轮，单人手推木车，多系穷人所用。推人取费，俗称“推脚”，也用来推货物，载重100多千克。

红车：木制独轮，单人手推木车，车把在后，两把之间系有车绊条，使用时将绊条挂在肩上，两手握把前推。手推车木轮木轴，行走时轴耳（车耳有孔，插轴）相磨，叽叽作响，需不断在轴上加油，以免摩擦生热起火。有

① 蓝渭滨：《江苏徐海之农业及农民生活》，《农村经济》第1卷第10期，第18页。

车绊套肩，轮上有花撑，两边装货，载重 200 多千克（须有一人拉车）。手推车可运人运物，可走较窄的小路乃至独木桥，使用起来较为快捷方便。

太平车：又名大车，木制、四轮（轮周镶有铁边，称铁边车；无铁边的称木脚车），车体长方形，轮上安托堤、站柱、横撑，载重 1.5 吨。拉车的牲畜为牛、驴、马、骡。使用时，牲口套在车子上，可以在马路上拉，也可以在农田（麦茬地、豆茬地等）里拉，最适宜于在田间装运庄稼和拉土拉粪，也可以拉人送物。

马车：木架框、大木轮，多为富户所用。民国前期，长途运输以红车、太平车为主，后期为马车。

黄包车：民国时期开始使用，胶轮、双柱杆、单人拉、单斗座位，上装可伸缩布篷。少数富人备有专用黄包车。

架车：又名小板车，木框双胶轮。

2. 木帆船是水运的主要工具

水路交通以舟楫为主。淮河流域河渠纵横，水流平稳，利于船舶通行。旧时，沿淮、沿河一带有很多船民，以船为家，或载人，或运货，长年累月在水上辛劳，满载货物的大小船只，首尾相接，光着脚板的纤夫，拉紧长长的纤绳，沿着水边弯曲的小路，缓缓行进。

明清时期，亳州涡河水上货运有专门的漕运船只，清康熙十八年（1679），共有漕运船 46 艘。嘉庆十二年（1807），裁去 10 艘，有 36 艘漕船往返于寿州（今安徽寿县）、凤台、怀远、定远、六安、霍山、英山、阜阳、颍上、霍邱、太和、蒙城等地，漕粮分兑于怀远、临淮关、寿州、正阳关 4 处。清末民初，在西起韩营东至车埠口的 5 千米的河道上，常年停靠着 5000 多艘等待进港装卸的船只，多数是几个吨位的木船，仅有少数 3 篷 3 桅 20 吨位的大船和对连划子，运出的货物大部分是农副产品和棉花、药材等，运进货物主要是京广杂货、竹、木、茶、麻、煤油、食盐等。民国时期，水上运输由船行控制，船主需向船行缴纳佣金。

清末民初，涡河上有来自蚌埠的轮划子（俗称楼子船，比一般船稍高）不定期地往返，饮食由船家负责，票价当面议定。徐珂《清稗类钞》认为："舟以行水，江河湖海皆用之；车以行陆，山岭平原皆用之。行水之具，与舟同其作用者，有簰，有筏；行陆之具，与车同其作用者，有舆，有轿，有骑，皆所以便交通也。”[①] 清末民国初，亳州逐步形成4个大码头，在河滩上进行装卸，顺坡上岸。二桥口码头，有码头工人40余人，红车子20余辆，主要装卸竹木山货。新桥口码头，有码头工人40余人，红车子20余辆，也以装卸竹木山货为主。铁果巷码头，有码头工人50余人，红车子25辆，主要装卸干果、茶、麻等。玉帝庙码头，有码头工人60余人，红车子30辆，主要装卸粮食、皮货、药材、食盐等。民国时期，亳州运输市场全被行业把头控制，运输工人各自为政，随叫随到，自由参运，无统一管理。

木帆船是水运的主要工具，分为划子（船身长，上面宽，底面窄，用桨划行，速度较快，用于近距离少量运输，载重3—5吨）、铺梢子（舱面宽而深，后面有溜篙，一般有两桅两篷，适应于浅水运行）、渡船（船身短，船体宽，肚子大，船舱浅，航行阻力大，比较平稳，撑篙或摇橹航行，速度慢）、良划子（船头尖，船舱深，前后无溜篙，有桅无篷，行动轻便）、对连划子（由两艘船连接而成，船体长，船面宽，吃水浅，一般有三桅三篷，载量大，一般载重30—50吨）等。清代，太和有多家造船厂或作坊制造船只。

木帆船有篷有桅，前有棹后有舵，有风时扬帆航行，无风或逆水靠人力拉纤、撑篙、摇橹才能航行，这样，劳动强度大，航行速度慢，效率低，即使风平浪静，每天航行也仅三四十里。一次远行，往往需要几个月的时间。处于社会下层的船民生活艰难，过着在江河上浪迹萍踪的漂泊生活。

近代以来，交通工具逐渐引进西方的自行车、汽车、火车、轮船、飞机，今天淮河流域的民众出行更加快捷高效，可以选择汽车、动车、高铁、飞机等交通工具出行。

① 徐珂：《清稗类钞》第十三册《舟车类》，中华书局1984年版，第6069页。

第三章 人生礼仪

人生礼仪是民众个体在成长过程中所举行的有一定仪式的行为方式，主要有诞生礼、成年礼、婚礼、丧葬礼。淮河流域有幼儿诞生庆贺的习俗，满月、百天、周岁都庆贺。民间形成了周岁让幼儿“抓周”的习俗，大人给幼儿换上干净的衣服，摆放算盘、钱币、经书、首饰等物品，任其挑选自己所喜爱的物件，以此来占卜其志趣、前途。给长者祝寿是中华民族尊敬老者的传统之一，民间甚为重视且气氛祥和。

婚姻是人类得以繁衍生息的主要方式和构成家族的基础，特别是在以家庭为本位的社会，婚姻更有着至关重要的意义。淮河流域婚姻重礼仪，重视贞节观。婚姻具有自然和社会两种属性，夫妇生儿育女乃婚姻的自然属性，但婚姻往往涉及政治、经济、文化、思想、礼制、风俗等诸多因素，变成政治、经济行为。

丧葬受到政治、经济发展程度、生活习惯及民族文化等影响。淮河流域讲究丧葬礼仪，贫富人家丧葬有差异。丧葬有一套繁缛的礼仪规范，为体现出孝心，报丧、守灵、下葬等程序较严谨。丧葬仪礼隆重与民间传统的灵魂不灭观念、佛教“转世再生说”的影响有关。生者为逝者操办丧事，在办丧送葬的过程中要遵循规矩、仪礼，渐次形成了丰富的别具一格的丧葬习俗。

一、诞生报喜、庆贺习俗

淮河流域民众讲究多子多福，对生育非常重视。历史时期，生育处于自然状态，人们一直有“多子多福”“重男轻女”的思想。由于受经济条件和医疗条件的影响，流产、难产、婴儿畸形等因素长期威胁人口的再生产，弃婴、溺婴、婴儿病死现象较为普遍。民国时期，蒙城的初生婴儿约30%死于破伤风，约5%死于产褥热。民间对生儿育女十分重视，“不孝有三，无后为大”，围绕婴儿的出生，形成许多寄托人们美好心愿、希冀孩子健康成长的风俗习惯。

1. 孕妇禁忌

孕妇忌挪动大型家具、器物，以防孕妇流产。重视饮食的营养，可促进胎儿的发育成长。旧时，江苏盐城孕妇饮食讲究较多，认为好的食品对婴儿有好处，如吃肝补肝，孕妇吃苹果、桂圆、煮鸡蛋可以使婴儿健康、漂亮，因为它们形色俱美。孕妇忌食兔肉，担心生下来的婴儿会豁唇（三瓣嘴）；忌吃螃蟹，担心婴儿会多指（六指）；忌吃麻雀的肉和蛋，生怕婴儿的脸上会有雀斑；不吃鸽子的肉和蛋，否则婴儿会是“对子眼”（俗称白鸽眼）。这些忌口的民间习俗明显植根于感应巫术、接触巫术的文化观念。孕妇的行为也有许多禁忌，如孕妇不能坐在囤粮食的折子上，因为“折子”含有“子女夭折”之意。忌跨牛绳，不然到第十二个月才能分娩。忌观怪相、听怪声，否则会生怪胎。

旧时孕妇到了临产期，家人要做好充分的准备，购买红糖、鸡蛋，准备尿布等物，分娩当天，接生婆换上干净服装，进行接生，当婴儿落地时（旧时婴儿生在地上，后来生在床上），家人要在门外院子里燃放鞭炮，向祖宗和神灵报喜。接生婆离开时，还要送给她红鸡蛋等礼物。

2. 婴儿出生报喜

民间有婴儿出生报喜的习俗。旧时，太和县婴儿的父亲背一褡裢到外婆家，内装红鸡蛋，生男放书一本，生女放花一朵。今天，不论生男生女，婴儿的父亲带上红鸡蛋、糖果等礼物于第二天（有的地方是三朝）到幼儿外婆家和亲戚家报喜，若所送红鸡蛋是单数表明所生的是男孩，所送的红鸡蛋是偶数表明所生的是女孩。清末民初，太和县“少者生子，三朝后外家为制红衫、褥被，弥月及周岁咸有馈遗。主人多设筵致谢，唯用鸡、豚、鱼、面数器，近亦争务丰腆，世风日侈”[①]。在婴儿出生后的第三天上午，宴请亲友，替婴儿洗身。外婆家备礼（鸡、鱼、蛋类及红糖、油条等）前来祝贺，称之“送粥米”。至亲加送婴儿鞋、帽、衣、被等物或带见面钱。此习俗在唐代已经盛行。有的贫苦人家无力不待客，旧时蒙城坛城地区穷苦人家以扫锅脐灰表示无力待客。

旧时，由于生活艰难，医疗条件较差，担心小孩出生后养不活，婴儿出生后为了消灾辟邪，永保平安，父母出资请银匠打制一副银质“长命锁”挂在小孩脖子上。长命锁多是用白银打制，锁上有“长命百岁”“福寿康宁”“长命富贵”等吉语，装饰的纹样大多是吉祥八宝、莲花蝙蝠、祥云瑞兽等，直到孩子十二岁时才开锁，说明孩子能活到一百二十岁了。人们相信孩子只要佩挂上这种饰物，就能避灾驱邪，“锁”住生命。民众把最美好的祝福凝聚在长命锁上。清代，阜阳县“生子三朝，外家送小蓝衫、紫袍数件，大小褥被、手钏、银锁、银铃等。弥月，送银器、衣料，周岁亦然，外用食物不一。亲友亦间有馈遗”[②]。新生儿满月或周岁举行的仪式中重要的一项是挂长命锁。

3. 幼儿“抓周”

民间有幼儿诞生庆贺的习俗。苏北婴儿出生后，民间要祭祖谢天谢地，举行满月仪式。民谣云：“三天就怕马牙子，七天又怕七朝疯。十二天小满月，为娘才放一点心。”旧时医疗条件差，家人总担心孩子不能成活，所以婴儿从出生到满月，一家人都在担惊受怕中度过。旧时，民众认为婴儿满月意为过了一关，因此点蜡烛、放鞭炮、办满月酒以示庆贺。

婴儿出生一个月叫满月。一般男孩在出生后三十天，女孩在出生后二十几天做满月。淮北地区称为“走月”。一般要给婴儿剃胎发，洗浴后，理发师给婴儿理发，剃下胎发（当下，多数人家会把胎发一缕一缕地放好，以备日后制作胎笔之用）。满月之时，产妇身体已逐渐恢复正常，可以出门、赶集了。婴儿满月时，为了祝贺，亲朋好友前来喝喜酒，即满月礼。民国初，涡阳县“生子，三朝后外家送衣衫、褥被、首饰，弥月及周岁咸有馈遗。以上

① 民国《太和县志》，丁世良、赵放主编：《中国地方志民俗资料汇编·华东卷（中）》，第990页。

② 乾隆《阜阳县志》，丁世良、赵放主编：《中国地方志民俗资料汇编·华东卷（中）》，第983页。

主人多设席谢，惟由鸡、豚、鱼、面数器，近亦渐丰侈，山海珍异，往往而有城中包办馆肆，一筵恒至十数千”①。民国时，涡阳县满月酒可以在家中设宴款待送礼物的亲朋好友，也可以在城中的饭店宴请，但花费数额较大。婴儿出生满一百天，举行庆祝仪式。有的地方婴儿过百天，娘家来人把女儿和婴儿接到家里住几天，给小孩做套新衣服等。

幼儿周岁时，邀亲朋来吃喜酒，亲朋要带礼物祝贺，谓之“过生”。幼儿一周岁的时候，已经会选择自己喜爱的东西，根据幼儿的这一年龄特征，民间形成了满周岁让小孩“抓周”的习俗。长辈在桌子上摆放笔墨纸砚、算盘、钱币、印章、经书、笔、账册、首饰、食物、玩具等物品。如是女孩抓周，还要加摆饭勺等炊具，剪子、尺子等缝纫工具，绣线等刺绣用具。抓周仪式一般在幼儿周岁生日，吃中午的长寿面之前举行。大人给幼儿换上干净的衣服，洗过手脸，放在桌子边上，令其端坐，不作任何暗示诱导，任其挑选所摆放的物件。视其先抓何物，后抓何物，以此来占卜其前途和将来要从事的职业。

淮河流域成年礼（冠礼等）在清代及以后已较少实行。乾隆《亳州志》载：“冠礼久废，近鲜有行之者，非独亳不行也。”顺治《颍上县志》：“冠礼久废不举。先年士夫家间有行之者，今遵国制，此礼缺矣。”民国时期，睢宁县“冠礼，惟士大夫家间行之，乡民弗之也”②。士大夫家也有举行的。阜宁县“冠礼久废。时代变迁，童子胜衣则冠服如成人，以视古者筮宾醮子，慎重其事，相去甚远”③。《五河县志》也载：“冠礼之不行已久。”光绪《南阳县志·疆域》说只有女子出嫁前要行“冠笄礼”。

结婚后，兄弟一般分爨而居，各自谋生。韩自强《阜阳·亳州出土文物文字篇》载阜阳出土的明代万历七年（1579）《明隐君绍滨公暨配陈氏合葬墓志铭》中记载，颍州人王绍滨在父亲死后，因人口较多，兄弟析居，“其后口益众，乃奉兄命始析居焉”。其子孝廉也与弟弟析居，“其后孝廉君与弟作霖析居，悉以产委弟，一无所取”。

明清时期，见面时鞠躬、请安。民国时，人们见面拱手作揖。

① 民国《涡阳县志》，丁世良、赵放主编：《中国地方志民俗资料汇编·华东卷（中）》，第986页。

② 民国《睢宁县旧志》，丁世良、赵放主编：《中国地方志民俗资料汇编·华东卷（上）》，第553页。

③ 民国《阜宁县新志》，丁世良、赵放主编：《中国地方志民俗资料汇编·华东卷（上）》，第542页。

今天，一些学校或共青团组织常举行集体成年仪式，培养青年人公民意识，强化他们的社会责任感和勇于担当的精神。

二、祝寿习俗

中华民族有尊老爱幼的传统，给长辈祝寿是其形式之一。家人为六十岁、七十岁、八十岁及以上老人过生日，谓之“祝寿”。祝寿时，张灯结彩，大宴宾客。

古人将年寿列为五福之首，《尚书·洪范》：“五福，一曰寿，二曰富，三曰康宁，四曰攸好德，五曰考终命。”六十岁以上的老人庆祝生辰，才可以称为“做寿”，而六十岁以下的人庆祝生辰，只能称“过生”。

清代，阜阳县“长老生辰，亲友醵分称觞，或制锦幛为祝。至亲分金外，别具衣帽、靴鞋袜、酒果等，余则以酒、面、果为率。主人设席以谢。门内仪节，主人先拜祖先，举家以次拜祝”①。祝寿活动一般由子女或亲戚朋友出面举行，一般包括设立寿堂、发送请帖、准备寿礼，开展庆祝活动等程序。寿堂后墙中间悬挂榜书红色大寿字，中堂两边配以合适的寿联。寿堂条几上摆放象征长寿的吉祥物。子女或是亲朋好友决定给老人举行祝寿活动之后，要提前发送请帖给有关亲戚朋友。根据老人的性情、爱好，至亲准备新衣、新帽、新鞋、新袜以及酒、水果等，其他亲戚朋友准备寿幛、寿金、寿联、酒、水果、寿糕、寿桃、寿面等。寿幛是在红绸布上题字作为祝寿之礼，也称礼幛。

庆祝活动一般在上午举行，寿星在八仙桌上位就座，条几上红烛高照，寿星面前摆放寿糕、寿桃等物，子孙或亲朋在桌前站好，家人或亲朋代表讲话或读祝寿文、祝寿诗。民国《太和县志》载：“长老生辰，主人先拜祖堂，举家以次拜祝。邻友各醵分称觞，或制绫幛致祝辞；至戚别具衣帽、酒果并鞋袜等仪；余率用酒、面、果。”子孙或亲朋先拜祖先，然后再按辈分依次拜祝寿星，表示感恩和祝愿。礼毕，端上热气腾腾的长寿面，大家陪老人一齐吃下长长的寿面，然后老人将寿糕、寿桃等分给大家食用。到了中午，设宴席，摆上鸡、猪、鱼等荤菜招待家人或亲朋，大家向寿星敬酒祝寿，气氛热

① 乾隆《阜阳县志》，丁世良、赵放主编：《中国地方志民俗资料汇编·华东卷（中）》，第983页。

烈祥和。道光《阜阳县志·风俗》载："宴会，长老生辰，主人先拜祖先，举家以次拜祝，戚友醵分称觞，或制锦幛为祝，至亲别具衣、帽、靴鞋、袜、酒、果等物，余以酒、面、果为率……主人多设席谢，惟用鸡、豚、鱼、面数器。近亦渐丰费，山海珍异，往往而有城中包办之馆，一筵恒至数千。"近代以来，富裕人家也有在城市里的酒店包办宴席，花费惊人。

民间为老人做寿，在时间的选择上有禁忌，有做九不做十、做虚岁不做周岁的习俗，也就是说，在为老人过六十岁、七十岁、八十岁等寿辰时，要按虚岁到五十九岁、六十九岁、七十九岁生日时举行祝寿仪式。把寿辰庆典提前到逢九的时候来做，九与久谐音，九为阳数，寓意年寿久长，整十岁的时候，不再重复举行，这是因为民间认为"十全为满"，满则招损，很不吉利[①]。濉溪、太和、蒙城等地在老人六十六岁、七十三岁必须认认真真做寿。濉溪县，六十六岁生日时，女儿和亲戚备齐六十六个红点馒头、六十六个扁食、6.6斤猪肉及糕点、酒等物品，当地俗称"六十六，吃块肉"。七十三岁生日时，女儿和亲戚备齐七十三个红点馒头、七十三个扁食、鲤鱼一条。民间认为"七十三，不死鬼来缠"，只有吃条鱼，才能渡过这一关。固镇县在老人六十三岁、七十三岁时，女儿都会送条鲤鱼祝寿，"六十三、七十三，吃条鲤鱼猛一窜"[②]。

三、婚姻

婚姻是男女缔结为夫妻关系的一种社会现象，它是基于人类自身的生产。恩格斯认为："生产本身又有两种。一方面是生活资料即食物、衣服、住房以及为此所必需的工具的生产；另一方面是人自身的生产，即种的繁衍。"[③]同时，婚姻又是文化现象，它展示了民族群体的社会生活面貌，以及审美观、伦理观、价值观、宗教观、性意识和民族心理的发展态势。

婚姻原作"昏姻"，夫称妻为"昏"，妻称夫为"姻"。郑玄在《礼记·经

① 刘宏、张文波编著：《阜阳民俗文化研究》，第137—146页。

② 安徽文化史编纂工作委员会：《安徽文化史》（下），第2426页。

③ 《马克思恩格斯选集》第四卷，第2页。

解》中说：“婿曰婚，妻曰姻。”唐代孔颖达在《疏》中云：“此据男女之身，婿则昏时而迎，妇则因而随之，故云婿曰婚，妻曰姻。”婚姻讲究礼仪，郑玄在《诗·郑风丰笺》中说：“婚姻之道，谓嫁娶之礼。”孔颖达在《疏》中解释道：“男以昏时迎女，女因男而来……论其男女之身，谓之嫁娶；指其好合之际，谓之婚姻，嫁娶婚姻，其事是一，故云婚姻之道，谓嫁娶之礼也。”[①]

婚姻是家庭的开端，家庭是社会的基本细胞，《周易·序卦》：“有天地然后有万物，有万物然后有男女，有男女然后有夫妇，有夫妇然后有父子，有父子然后有君臣，有君臣然后有上下，有上下然后礼仪有所错。”婚姻是人伦之首，有了夫妇的婚姻生活，才会有子女，然后才有家庭与家族。李贽认为：“夫妇，人之始也。有夫妇然后有父子，有父子然后有兄弟，有兄弟然后有上下。夫妇正，然后万事万物无不出于正矣。夫妇之为物始也如此。”[②]中国传统文化重视生儿育女，婚姻的重要意义如《礼记·昏义》所说“合二姓之好，上以事宗庙，而下以继后世也”，生育后代、传宗接代才是传统社会婚姻的最大目的。

婚姻是人类得以繁衍生息的主要方式和构成家族的基础，特别是在以家庭为本位的社会，婚姻更有着至关重要的意义。婚姻具有自然和社会两种属性，夫妇生儿育女乃为婚姻的自然属性，但婚姻往往涉及政治、经济、文化、思想、礼制、风俗等诸多因素，大多讲求门当户对，也注重对方的经济状况等。

（一）婚姻重礼仪

1. 婚姻礼仪烦琐

旧时，淮河流域婚姻强调“父母之命”“媒妁之言”，非常重视礼仪。乾隆《颍州府志·舆地志·风俗》：“婚礼，六礼之中，问名、纳采犹合古仪。不论聘财，随女家之力以备资妆。”“六礼”即纳采、问名、纳吉、纳征、请期、亲迎，汉族婚俗基本上延续了这种制度，第一是纳采，男家向女家送一只雁，表示求婚之诚意。第二是问名，男家问清楚女子的姓氏、生时，以便回家占卜吉凶。第三是纳吉，在祖庙卜得吉兆后，到女家报喜，在问名纳吉时当然也要送礼。第

① 阮元校刻：《十三经注疏》上册，中华书局 1980 年版，第 344 页。
② 李贽：《初潭集》卷一《夫妇篇总论》，中华书局 1974 年版，第 1 页。

四是纳征，等于宣告订婚，要送比较重的聘礼，包括钱币和布帛。第五是请期，即选定完婚的吉日，向女家征求同意。第六是亲迎，即娶亲。《霍邱县志》：“六礼之中，问名、纳彩犹合古仪。”[①] 一般民众对问名、纳彩较重视，对六礼往往精简合并。

（1）纳采、问名

旧时，婚姻主要分为议婚、订婚和结婚三个阶段。首先是由媒人牵线，这是婚姻的首要程式，青年男女的婚姻命运掌握在媒人手中，媒人在淮河流域婚姻关系确立过程中有着不可替代的作用。《五河县志》载“婚礼，必用媒妁”[②]。媒人上门一般带点礼物，并讨取女子的年岁文书，即“名帖”，男方也把自己的年岁文书交给女方。

儿女成年后，家长有了男婚女嫁的想法，请媒人说媒。这主要有两种情况：一种是受人委托说媒，媒人应男方或女方父母之托去提亲。男方选定某女，邀请媒人向女方提亲，同样，女方父母看中某男青年也可请媒人提亲。互相通报男女双方家庭情况，称之“纳采”。如女方家长同意，给出女子姓名、生辰八字（出生年、月、日、时所值的干支），媒人把女方同意的消息告诉男方，称为“问名”。另一种是媒人主动在男女双方之间撮合婚事，媒人在衡量男女双方家产家世、社会地位后，认为门当户对，就先到男家、后到女家介绍对方的情况。要把双方的家世、家财、人品、相貌、能力介绍得恰到好处，使对方深信不疑。当然，有些媒人为了钱财去提亲，尤其男方或女方有着身体或者其他方面的缺陷，媒人凭借其三寸不烂之舌为双方说合，双方同意后媒人可以从中拿到一定的好处。但媒人的花言巧语会引起婚姻当事人的不满，淮北歌谣《白纸扇》云：“白纸扇子两面花，媒婆人前两面夸：一夸婆家有田地，二夸娘家是富家；又说男的人品好，又夸女的貌如花。待到洞房花烛夜，媒婆言语天地差。又恨爹，又恨妈，骂那媒婆老王八。”歌谣《说媒》云：“小麻喳，撅尾巴，一撅撅到老李家。老李老李快开门，给你闺女说婆家。一个说城里，一个说城外。一个打烧饼，一个卖卤菜。你说自在不自在？”[③]

① 丁世良、赵放主编：《中国地方志民俗资料汇编·华东卷（中）》，第 978 页。

② 丁世良、赵放主编：《中国地方志民俗资料汇编·华东卷（中）》，第 999 页。

③ 慕占民：《淮北民间歌谣浅说》，政协蒙城县文史资料研究委员会：《漆园古今》第 10 辑，1992 年，第 240 页。

如果双方家长认为合适，就请算命先生测算男女八字是否相克。如没有问题，议婚将继续。蒙城县徐随“父母俱故，并没弟兄，娶妻刘氏充当官媒，没生子女”[①]。男女双方年命相合，媒人告知双方家长，如同意就确定婚约。

（2）纳吉

男方请媒人要到女方的出生年月日时后，男方则求卦问卜，推算男女两人的生辰八字是否相克相冲。旧时，五行相生是指金生水，水生木，木生火，火生土，土生金。五行相克是指金克木，木克土，土克水，水克火，火克金。男女双方年命相生为吉，如金命的男子娶土、水命的女子为吉，忌娶火命或者木命的女子。因为土生金，金生水，以相生为吉；火克金，金克木，以相克为凶。男女合婚也考虑到生肖相害，认为午丑年（午马、丑牛）、子未年（子鼠、未羊）、巳寅年（巳蛇、寅虎）、辰卯年（辰龙、卯兔）、酉戌年（酉鸡、戌狗）出生之男女，婚配是不吉利的。一个属龙，一个属兔，即为相克，不能成亲，如不相克，则年命相合（合年命），称为“纳吉”。民间有“白马犯青牛，羊鼠一旦休，蛇虎如刀错，龙兔泪交流，金鸡怕玉犬，猪猴不到头”属相相克的说法。

至近代，淮河流域婚俗中合八字、算命等仍较为流行，盱眙县“凡男女订婚，多由男性之父母或直系尊亲属开就八字庚帖延媒送至女家，由术者推算命运，曰‘合婚’”[②]。苏北里下河地区阜宁县请算命先生“合婚”。合婚时根据“可对”和“是否相克”的程度把婚姻分为上、中、下、差四类（上类叫“天衣婚”，中类叫“复德婚”，下类叫“中收婚”，差类叫“游婚”）。一般人家看到合的是游婚就不提这门亲事了。如果属相和八字相合，这门亲事就可以继续。男女合婚限制较多，有命相限制、生肖限制、血缘限制、年龄限制等。江苏盐城男女订婚忌讳有：“女大三，必讨饭。”“六冲（指一方比另一方大六岁），到来头白功（指无好结果）。”

（3）纳征

旧时，父母有权决定子女的婚姻，故儿子结婚所需聘礼、女儿出嫁需要的嫁妆都由父母置办。大部分女子的嫁妆是由父母筹办，稍有能力的家庭都

① 转引自张妍等：《19世纪中期中国家庭的社会经济透视》，第148页。

② 民国《盱眙县志略》，丁世良、赵放主编：《中国地方志民俗资料汇编·华东卷（上）》，第534页。

会为女儿置办一份体面的嫁妆。有时，家庭的长辈、亲友，甚至地方官府、官员、富有者等也是嫁妆的提供者。嫁妆的筹办是极为复杂、极为讲究的过程，短时间较难完成。宋代袁采《袁氏世范》告诫过：“至于养女，亦当早为储蓄衣衾、妆奁之具，及至遣嫁，乃不费力。若置而不问，但称临时，此有何术？不过临时鬻田庐，及不恤女子之羞见人也。”临时准备嫁妆对多数家庭来说还是有一定的困难。乾隆《亳州志》载清代亳州“定婚，惟凭媒妁之言为定，两家各用名帖遣人互相传送已，结二姓之好矣。更有于媒人之家，或酒肆中沽酒对饮，名曰‘换钟’，后遂轻于改悔，致难悬断者”。庚帖互换之后，男方便着手准备聘礼。

男方备好彩礼（纳征）送至女家，并下“允帖”（又称“过聘”），一般富人之家男女双方互换庚帖，婚帖上有主婚人的姓名和换庚帖的时间，男方庚帖上写乾造于某年、某月、某日生，女方庚帖上写坤造于某年、某月、某日生。多用泥金印好的红纸封套，上面写“福”字，两边写“长命富贵，金玉满堂”或“百年好合”，里面放一张红纸，受过教育的男子在笺上写两句求婚诗，女子则在其上写两句应允诗。没有文化的家庭则以葱白相许。女方收到柬帖后，如果不同意，便将柬帖和压帖礼退回。媒人把允帖（放在红木匣里）和男方准备的彩礼带给女方，如收下表示同意，谓之“应允”，便着手准备一些书籍、笔墨等一些比较简单的礼品回礼，并回复男方庚帖，一般写明“仰达遵命”“谨遵台命”“仰遵玉言”等字样。在阜阳程集等地，女方应允时，回一段葱白给男方，意为以“聪慧清白”相许。

濉溪县男方要向女方“过启”，帖上写“白玉种良田千年好合，红丝牵绣幕百世良缘”，并委托媒人择吉日送聘礼给女家，主要有丝带2副，针2包，红布6尺，银耳坠2副，还有酒、鱼、肉等。女家收下后，回赠男家笔、帽等，并“回启”，启帖写“兰桂同荣，山河永固；阴阳定位，天长地久”，表示应允。蒙城县男家给女方送去金银首饰、绸缎衣料，这叫“传书”，女家为男方送以鞋帽为聘，叫作“回书”。

清代，阜阳县“亲迎前三日始行聘礼，用聘金、颍绢、钗钏、首饰、衣服，以鹅带雁，及盐茶、猪羊、酒果之属；女家止受酒果、聘金，即同一切奁具送至婿家，谓之‘铺房’。亲迎日，交拜合卺，谓之‘圆房’。三日庙见，妇见舅姑毕，本族长幼、中外六亲以次相见”。富家聘礼数额较大。“贫家下定礼用钗环首饰数件，不行聘礼，或用数金为聘，稍资奁具，其余会亲及亲迎后礼，大概相同”[①]。下定礼最重要的礼物就是定金。因贫富不同，钱数并不强求一致，但尾数必须是8。民国时期，第一次送的“头节礼”，一般是108块银元，每枚银元上要用红笔（朱墨）写上“双喜”字样。

清代，阜阳县在婚礼前三日女方把妆奁送到男家，称之为“铺房”，意为嫁妆到男家后需要铺设整齐。而蒙城县嫁妆则是在婚礼当天随新娘的轿舆同时到达。嫁妆送至男家的时间不尽相同，反映出律例、习俗和民情的相互结合和相互妥协。富家嫁妆多选择婚礼前送至男家，毛立平认为：“从家庭的贫富因素来看，嫁妆不在婚日发送，而提前送至男家，体现出抬送嫁妆仪式的隆重，也就是说，只有陪嫁物品具有一定规模的时候，才能达到先期发送的规格。”[②]贫家只有寥寥数件嫁妆，无须提前送至男家。这样，先期送达嫁妆之礼在民间社会逐渐淡化。

订婚后，一方因伤、病致残，均不得反悔，这是“命里注定”。但是男女之间明显存在不平等的现象，如男方病危时结婚，称作“冲喜”。未婚夫先死，有的女子与亡灵拜堂，抱着灵牌进洞房，未婚守寡。婚后，丈夫先亡，妻子要坚守贞节，一般不得改嫁。但男子可以纳妾，丧妻后，可以再娶。

（4）请期

男女到了结婚年龄，男方根据男女的生辰，择定吉日。旧时由男家确定迎娶日期，再同女方商定。其程序是先请算命先生推算吉日，将日期及迎娶事项写成帖子，请媒人送至女方家中征求意见。女方同意后，由媒人通知女方，谓之“送生时”。如无异议，婚期就确定下来，这叫“请期”。此后，男方进行准备，女方也准备嫁妆。吉日确定之后，男女双方都要为婚嫁做准备。女家制作、购买陪送给闺女的家具、衣服、首饰等，俗称“嫁妆”。不管出嫁的日期在冬天或是夏天，都要有棉袄、棉裤、棉被褥和其他各色衣服，首饰金银玉翠皆可，视财力而定。旧时，有些富裕人家，除一般嫁妆外，还可以陪送田产和车马。女家在准备嫁妆的同时，还要将女儿的婚期告诉亲戚朋友，书

---

① 乾隆《阜阳县志》，丁世良、赵放主编：《中国地方志民俗资料汇编·华东卷（中）》，第983页。

② 毛立平：《清代嫁妆研究》，中国人民大学出版社2007年版，第85页。

面通知（下帖）或口头通知均可。接到通知的亲朋，要选择吉日，到女家送礼表示祝贺，可以送钱，也可以送衣料、首饰，俗称给女孩“添箱”。

旧时，山东郯城县，定亲的日子较讲究，上半年选二、四、六月，下半年则选十月、十二月，忌讳八月，因为八同“紧巴”的“巴”同音，日子也尽量选在二、四、六等双日，且多选择在上半月。江苏盐城农历三、五、六和腊月里不办喜事。三月里桃花开，女人易犯桃花心；五月是恶月，鬼多；六月天，孩子脸，说变就变；腊月年残岁底，不吉利。

正式迎娶之前，男方还得宴请“四大红媒”（通常为四男性），不足四人者，临时选聘，并请若干亲戚作陪，以示隆重。

（5）亲迎

亲迎习俗起源较早，夏代亲迎于庭，商代亲迎于堂，周代亲迎于户。旧时娶亲新郎要往女家迎娶新娘，亲迎当日，由男方组织迎亲队伍到女方家。《海州志》载江苏沭阳县“婚礼重亲迎，六礼不备，不论财”。如新郎亲自去迎接新娘，早晨吃过“喜面”之后，新郎换上礼服（大褂、礼帽、新鞋袜），胸前佩戴大红花，坐上迎亲花轿，随迎亲队伍和自带的鼓乐队浩浩荡荡向女家进发。

民国时，亲迎习俗逐渐发生变迁，民国《太和县志》：“惟昔年士大夫有作亲迎者，今罕见。”光绪《颍上县志》：“亲迎者十不二三。”迎亲多由媒人和专请的童男女迎接。民国时期，富贵人家的婚礼有的委托“执客”筹办喜宴、选聘鼓乐、张罗仪仗、经营喜簿，直至送往迎来。阜阳城的宁家、程家、李家、王家等富户，迎娶时，除了车马彩轿外，还伴有乐鼓、旗、幡、伞、扇、金爪、月斧、朝天镫、酒罐、礼盒组成的大型仪仗队。不论贫富婚娶，都有背鸡席（一只公鸡、一条芦席或竹席）和放炮的人。“鸡”取谐音“吉”，“席”取谐音“喜”，有吉喜之意。放炮人专司起轿、落轿、越桥、过沟时，燃放鞭炮。

旧时，彩轿（又称花轿）有八人抬、四人抬、二人抬之分，富贵人家用八人或四人抬的大轿，贫民之家用二人抬的小轿。花轿在北方的流行大概在清中后期，清朝初年，娶新妇，多用驴、牛车，清代后期，花轿已成为迎亲的主要代步工具。伴随花轿的是鼓乐，一路吹吹打打去迎亲。《大清通礼》中《庶人昏礼》有“婿马一乘，二烛前马，妇舆一乘”之规定。舆即肩舆，又称花轿。阜阳县“（结婚）往往亦用花轿”①。彩轿一般用大红花布做轿顶，背面挂着用筛子糊好的八卦图，图上插着用黄金纸做成的箭头（称箭筛），用以镇凶神恶煞、驱邪气。蒙城县，彩轿前面的木杠顶端置一个书写“囍”字的大红灯，一对泡罩子（用枝叶俱全的青竹竿撑起的红灯）。蒙城在佳期的前一日下午发轿，由晚辈男性“压轿”前往。吹鼓手为前导，轿后有挑盒子（盛鱼、肉、果子、糖）、坛酒等礼品的人相随，吹鼓手在女家吹至半夜方休。

彩轿在女方门前落下后，把男方带来的新娘衣物及凤冠霞帔交给女方娘家，由同辈为新娘梳妆打扮。有时，平民婚服也模仿上层社会，蒙城县女子出嫁时，头戴凤冠，身穿绸缎，上着锦帔，下束罗裙，头顶红方巾（又叫盖头）。之后，顶“蒙头红”、穿吉服（红袄、红棉裤）的新娘哭哭啼啼（俗称哭嫁），哭的原因主要是不忍心离开有养育之恩的父母。歌谣《老公鸡》云：“老公鸡，上磨盘，闺女出嫁真作难，一斤豆腐一斤酒，打发闺女上轿走。爹也哭，娘也哭，嫂子乐得拍屁股！”②

上轿

新娘上轿是有规矩的，身着红装，在伴娘的带引下由里屋出来，由同胞兄弟、叔伯兄弟或父亲、叔伯将新娘背上或抱上花轿。这一风俗的内核在于女子出嫁时不带走家里的一丝泥土，这既是对娘家的最后关爱，同时也表明女方出嫁后与娘家再无牵绊。固镇新娘坐在椅子上，由胞兄或叔叔抱上花轿，意为到婆家有“椅靠”（即依靠）。轿夫向女方要“上轿礼”后才会起轿，这时鞭炮齐放，鼓乐喧天。蒙城新娘的弟弟或侄子在轿的两侧送出庄外。濉溪新娘的兄弟两人随轿左右送行，半途才回，称为“押轿”。太和新娘的两名长辈送到夫家，在离新郎家一二里的地方停下，待新郎新娘拜过天地后，才慢慢前进，新郎家出村迎接。萧县由新娘的四位亲人送轿，看到新郎住处返回。泗县新娘的兄、弟、叔、侄送出村庄二里。轿夫遇到桥、古井、古庙、路口拐弯处都要放鞭炮，不能落轿。旧时，民间有专门抬轿子的轿夫，他们抬轿时身穿长及膝盖的绿色或青色罩衣，头戴斜插鸟翎的大帽，与喜轿相映成趣。为了防止发生滑跌等事，轿前的轿夫时而呼喊，时而示意，指挥大伙统

① 吕荫南总纂：民国《阜阳县志续编》卷五《风俗志》，黄山书社 2008 年版，第 97 页。

② 慕占民：《淮北民间歌谣浅说》，政协蒙城县文史资料研究委员会：《漆园古今》第 10 辑，第 240 页。

一行动。

女子出嫁，不论贫富，家庭都要给女儿陪送嫁妆。根据路程远近和嫁妆多少，有的提前一天送到男方家中并摆放整齐，也可以在迎亲花轿到来之前抬送。新娘的陪嫁妆奁，富者有柜、桌、箱、椅、几等 32 件（或 16 件或巧八件），贫者只有简单的箱、桌。清代蒙城县，结婚当天，新娘“由长者抱上轿”，起嫁时，“响手在前，嫁妆在后”，新妇乘喜轿居于响手和嫁妆之间，与嫁妆同时到达男家。小户人家以箱桌灯盆陪送，富户人家陪送“八大件”“巧十三”等，有的还送“丫鬟”“干娘”等女佣人。

落轿

彩轿忌走原路（意为不走回头路）。新郎家出村迎接，抬到男家大门前，在事先选好的方位落轿。萧县是伴娘迎轿，濉溪县新郎要朝轿三拜，称为“拜轿神”。彩轿落下后，两名少女托着盛有锁、钱、耳环的托盘，把称为“开心锁”“开心钱”的物品交给新娘，并为新娘戴上耳环。迎亲的花轿落定之后，有人在堂屋和轿门之间铺上红毡或芦席，有嫁娘（牵娘）两人扶新娘下轿，从铺好的芦席（富者用红毡）上走至香案前行拜堂大礼。各地拜堂的礼仪不尽相同。天地桌前，在司仪的主持下，新娘与披红挂彩的新郎（穿长袍，戴系红线的礼帽）拜天地、拜父母和夫妻对拜。太和县一带设香案是在院内放一张方桌，称为天地桌子，上面放一个装满小麦的粮斗，斗内插一杆秤，秤钩上挂一面铜镜、一条青纱巾，以象征天、地、日、月、星、云。桌上还放有香炉和一对红烛。桌前铺好芦席（富者用红毡），以方便新婚夫妇跪拜。当新郎居左、新娘居右在桌前站好后，由长辈点燃香烛，新人跪拜天地。新人同时俯身弯腰，下跪行礼。大部分地方是由司仪主持行礼，高声喊着“一拜天地”“二拜高堂”“夫妻对拜”。

蒙城县“花轿进门后，由儿女双全的嫂辈（直系或旁系）施礼作揖开轿门，把轿里被子抱入新房，随后有二妇人向轿内撒些麦麸之类，以示祝福，然后架新娘出轿，上打伞遮天，下芦席铺地（大户人家用红毡铺地），引至庭院拜堂”。“拜堂时，在庭院中央放香案桌一张，由新郎的兄长点燃蜡烛两支插入蜡台”，“新郎新娘在香桌案前跪拜天地，尔后将新娘架入洞房”[①]。在

① 侯定国：《蒙城婚嫁礼俗漫谈》，政协蒙城县文史资料研究委员会：《漆园古今》第 2 辑，第 151 页。

行礼的同时，大门外鞭炮齐鸣，礼乐喧天，营造出一派喜庆的氛围。

苏北阜宁新娘来到新郎家门口，从门口向外依次摆放：一张条凳，一个内装热灰的泥火盆，十多根长干芦柴。新郎将新娘带到家门口，媒婆立即上前搀扶。新娘的兄弟或叔叔——送亲的人也在不远处被邻居家接去。新娘须先踩芦柴向前走，意为“脚脚走财运”；走到火盆面前不能绕过去，必须一脚从火盆上跨过，预示以后的日子过得红红火火，同时也有辟邪之用；跨条凳是跨马鞍之义，表明以后的日子像马儿飞驰一样顺畅。

闹洞房

拜堂礼毕，送新郎新娘入洞房，欢声笑语不绝于耳。新郎抱斗、新娘抱瓶走进洞房（俗称入洞房）。斗取谐音“抖”，“抖起来”系发迹之意。斗中放铜镜、秤、如意，意为“夫妻相敬，称心如意”。瓶是“守口如瓶”之意，暗示新娘不要多嘴。入洞房后，新郎揭去新娘头上搭巾，称为“挑搭头”。阜阳城西一带也有表兄弟挑搭头的。新娘拜堂之后，被送入新房，端端正正地面对外坐在床边上，任人瞧看戏闹，谓之坐帐，不能随便走出新房。旧时民间一般把三间堂屋西头一间作为新婚洞房，东头一间留作父母居住。

新娘坐帐后，便要撒床（撒帐）了，同辈分的妇女（父母双全、子女成行者）来撒床，端着红枣、花生、染成红色的桂圆等，一把一把地向新娘身上、床上撒去，寓意“早生贵子”，表达人们对于婚后早育、多育的期盼，边撒边喊：“一把栗子一把枣，撒得小孩满院跑。”山东莒县将枣和栗放入新娘的袖子中，民国《重修莒志》载：“送枣栗纳新娘袖中，凡三往返。”此外，还要用枣栗填枕头，谓之“填喜枕”，还要把枣和栗子撒到床上，谓之“撒帐”。撒床之后，行合卺礼（饮交杯酒），新娘、新郎两臂相交，把端上来的两杯酒各稍饮一点，然后新郎、新娘互换对方的杯饮尽。

闹洞房习俗在周朝已流行，分为“文闹”“武闹”，参加者大多为新郎的同辈、亲戚、朋友和小孩。“文闹”主要是同辈分的亲友要喝嬉戏酒，称之“洞房酒”，新郎、新娘先共同把壶斟酒，饮命题酒，然后，有亲友出题让新郎、新娘回答，答对了，亲友喝酒，答不出，新郎喝酒；又提出各种与结婚有关的耐人寻味的难题，让新娘回答，或是让新娘唱歌，说绕口令，讲恋爱经过，或吟诗，对对子，接歇后语等。“武闹”就是话语不雅、充满低级趣味、伴随各种难堪的动作，甚至逼新郎、新娘动手动脚，实不宜提倡。蒙城县“三天不分大小，一起闹房戏弄新娘”。

闹洞房的正在哄笑之际，会听到外面一阵鞭炮响。家人连忙将屋子收拾干净，等待送亲的上客到来。当新娘乘坐花轿离开家门上路之后，新娘家的叔伯或兄长随后相送，等拜堂等各项礼仪完成之后，接上客的叔伯或是兄长前去迎接。见面施礼后，要燃放鞭炮以示欢迎。

闹洞房时，任何人都不能败兴，因为闹得越红火，表示夫妻以后的日子越兴旺。直到夜深时，由长辈出面提醒，大家见好就收，纷纷离去。新娘在一个月之内，被称为“红人”，不能到左邻右舍去串门，万不得已时只能站在别人的家门外与人交谈。如果新娘忘了乡风禁忌，新娘及其婆家人必须赔罪，放一串鞭炮以去晦气。

旧时，一般来说，大多数男女都是入了洞房后才能见面相识。近代以后，女方可以提前拜见男方父母。苏北阜宁女方第一次见男方父母，要处处小心，以防给日后生活留下隐患。如到男方家时，用“烧茶”招待（“烧茶”在里下河地区的方言中意为制作一些可口的点心），如果男方家端出的是“果子”（“果子”是用糯米粉油炸做成的，大概每粒有半个大拇指大小），这类点心一定不能吃，“果子”之音与“管子”相谐，“管子”即“管住你”之意①。

（6）**婚后习俗**

新婚第二天上午，新郎、新妇要进行祭拜祖先活动，首先在祖宗牌位前的供桌上，摆好糕点、水果等贡品，点上香烛，斟上喜酒，由长辈点燃喜纸（黄表），新郎、新妇行跪拜之礼，敬请祖宗享用果品喜酒，降福全家，护佑新人。祭祖仪式完成后，再一同到祖上坟地上坟，礼仪与在家祭祖相同。最后，祭祖活动完成之后，新婚夫妇回到家里，到厨房祭祀灶神。

婚礼后第三日（或第四日），娘家派轿来接女儿、女婿，俗称“回门”。濉溪县婚后第六天，新娘、新郎回女家拜见女方父母和女方亲戚，女家款待，午后就回，不在娘家过夜。怀远县新娘自己回娘家称“回门”，与新郎一块回去的称“双回门”，三天回门，六天娘家接一次回门，十八天后娘家再接一次回门，称为“过对月”，这一次新娘可在娘家住几天，民谚云：“三天回

① 张红娟：《苏北里下河地区阜宁南部婚礼风俗志》，《黑龙江史志》，2009 年第 12 期。

门六天接，十八天过对月。”新妇与丈夫一同乘坐来接的轿子回娘家，礼节较新婚典礼简略，要点燃香烛，叩拜祖先、父母和其他长辈，发糖果糕点，招待来宾亲友和儿童。新婚夫妇离开时，娘家要赠送一些礼物，如甘蔗、橘子等，寓意生活甜蜜，早生贵子。在回门之日，娘家要宴请送贺礼（俗称“添箱”）的亲朋，婚前女家的亲朋赠送部分用品，作为嫁妆，有衣料、刺绣，也有金钱，新郎、新娘在宴会上要叩拜父母、长辈、亲朋。

蒙城县，结婚的次日清晨举行堂拜，新郎、新娘先南后北对天叩拜，称为“开拜”，而后拜祖宗灵牌、家庭长辈（由上到下依次叩拜至哥嫂），称为“堂拜”。此时，受大礼的长辈赏金若干给新郎、新娘。之后，新娘下厨做饭，饭后请人“开面”，上坟祭祖。第四天娘家来人看望新娘，第六天备轿或车接新婚妇女回娘家，称为“回门”，当天，新郎、新娘返回。“十二天单接新娘，次日返回。婚后一月，娘家接去过一月，这叫接‘对月’，返回时为新郎做双‘踩路鞋’”[①]。至此，结婚仪式结束。

2. 婚姻礼仪显现出适应性选择

结婚年龄官方是有规定的。《大明会典·庶人纳妇》：“凡男年十六、女年十四以上，并听婚娶。先遣媒氏通言。女氏许之。次命媒氏纳采纳币。至期，婿盛服亲迎。主婚者礼宾。明日，妇见祖祢毕。次见舅姑。婿往见妇之父母。”清代，汉族地区“男子为冠，女子则为笄，大约自十五至二十皆可行。今吾乡男子至十六，其父母必衣以盛服，设酒醴，使遍拜祖宗尊长，谓之出幼。女子至十四，则择日为蓄发，谓之上头，亦遍拜父母尊长”[②]。

明清淮河流域男性结婚年龄大多在十六岁以上，女性大多在十四岁以上，清末民国时期，男女多在十七八岁结婚。乾隆四十六年（1781）十月，河南临颍县潘氏供词：“小的二十五岁，李二犟为夫，成亲九年，没生儿女。家中就只小的夫妇二人。”潘氏结婚年龄为十六岁。从乾隆《颍州府志·人物志·列女》所载来看，颍州女子婚龄大多在十六岁以上，符合政府规定的年龄，而在十六岁以下只有两例：明代太和县“朱氏，高九山妻。年十五适九山，二十七

① 侯定国：《蒙城婚嫁礼俗漫谈》，政协蒙城县文史资料研究委员会：《漆园古今》第2辑，第152页。
② 梁章钜：《退庵随笔》卷九，同治十一年梁恭辰补刻本。

日夫病，叩天乞代者六阅月。夫殁”。清代阜阳县“王氏，许字洪而大。年十四，夫病笃，往侍汤药，数月夫亡”。

（1）农村早婚多

因灾害频仍，农民艰难度日，在生活的压力下，婚龄上有适应性变化，农村早婚较突出，尤其是女性较普遍，男性中有一定数量者早婚。乾隆四十六年（1781）一月，河南商丘李氏供：“小妇三十岁，楚洪为夫，成婚十五年，没生儿女。男子佣工为生。”李氏结婚年龄为十五岁。乾隆四十七年（1782）八月，河南鹿邑县李张氏供：“小的二十三岁，丈夫李东海（二十一岁），成亲七年，生两子。”李东海结婚年龄为十四岁（古代社会年龄以“虚岁”计，实际年龄应减去一岁，为十三岁）。有的夫妻双方年龄悬殊较大。乾隆五十六年（1791）六月，安徽蒙城县张苍供：“小的三十九岁，父故，母六十七岁，兄弟一个，久已分居，母同弟另住。妻任氏（二十三岁）。”[①] 虽然初婚年龄不清楚，但可知张苍比他的妻子任氏大 16 岁，“惟农家喜早纳妇以助力作，少男长女相匹偶，其齿相殊有至八九岁不等”[②]。

新中国成立后，人们需达到《婚姻法》规定的法定年龄才能领取结婚证，获得法律的保护。

（2）新郎往女家亲迎渐少

淮河流域婚姻重视门第，虽然有婚姻论财的风气，但在社会伦理文化导引和实际利益驱动下，选择婚配对象时大多考虑对方家庭社会地位，以“门当户对”为理想的择偶标准。民国《太和县志》载，清代太和县“婚礼，重门第辈行，不论聘财。髫龄通媒妁，用钗环数件为下定礼，丰俭视家有无。惟昔年士大夫有作亲迎者，今罕见。其庙见舅姑、婿往见妇父母等仪，通行无异”。重视门第是当时婚姻的一种习惯，看重的是家族的社会地位、家世清白、家族素质。

光绪《钦定大清会典事例·礼部》载清代官员士庶婚礼，“婚期前一日，女氏以奁具往陈婿家”。但淮河流域民众根据本地经济环境、价值取向、风俗

① 中国第一历史档案馆藏：“刑科题本·婚姻家庭类”，转引自王跃生：《十八世纪中国婚姻家庭研究》，第 320 页、215 页、228 页、9 页。

② 民国《太和县志》，丁世良、赵放主编：《中国地方志民俗资料汇编·华东卷（中）》，第 990 页。

习惯等因素，在婚姻仪式的施行上有适应性选择。清代，阜阳县富贵人家亲迎前三日始行聘礼，女家受酒果、聘金，即同一切奁具送至婿家。而蒙城县民间嫁妆则是在婚礼当天随新娘的轿舆同时到达。淮河流域民众对婚姻礼仪或取或舍，使婚礼简朴，使婚姻呈现出入俗、趋时的特点。

清代以来，民众对婚姻亲迎礼仪有适应性选择。济宁、涡阳、太和、颍上、亳州等地婚姻亲迎礼仪举行较少或渐无。顺治《颍上县志》载明代颍上县“颍俗六礼之中问名、纳采犹合古仪，亲迎之礼旷焉不讲，但时务虚文，角奢竞侈，甚非好礼者之所为也”。光绪《颍上县志》载：“聘嫁称家有无，亲迎者十不二三。三日，舅姑率子妇庙见，逾月同妇归拜妻父母。”明代颍上县亲迎很少，清末亲迎家庭不到三分之一。乾隆《亳州志》载清代亳州亲迎之习渐无，“今亳娶妇之家所行之礼，时有不逮束帛之值者，而登门亲迎更无闻焉，所当酌于中而渐复古者也”。这是因为婿往女家亲迎，男方要雇佣吹鼓手、仪仗队，女家要置办酒席款待女婿及亲迎队伍，花费较大。民国《济宁县志》：“婿亲迎，舁彩舆，导以鼓乐、仪从。婿谒外舅，外姑，行奠雁礼，妇家设筵款婿。”亲迎礼，男方要雇佣吹鼓手、仪仗队，这样方能显示隆重、喜庆，虽风光了许多，但花费应该不少，若不亲迎，这项花费男方便可省去。同时，女家亦不用设筵席款婿，女方也省了一部分费用。亲迎是指婚礼当天，新郎亲自去女家迎娶，它是婚姻礼仪中的大礼，但考虑花费较大，淮河流域逐渐摒弃此礼仪。

（二）特殊婚俗

旧时，淮河流域婚姻形式，主要是聘娶婚，这是官方认可的婚姻形式。乾隆《颍州府志・人物志・列女》载明代颍上县“曹氏，幼纳谢诰聘”，清代阜阳县“谢氏，生员谢煊女。幼受杨生聘”。然而，存在一些特殊婚俗，即婚姻形式存在多样性。

1. 童养婚

童养婚是指婆家养育女婴、幼女，待成年后与其子成婚的婚俗。三国时期，童养婚名称见诸史册。《三国志・魏书・东沃沮传》载东沃沮（今吉林省东部）“其嫁娶之法，女年十岁，已相设许。婿家迎之，长养以为妇”。元代，童养婚见之于法律条文，《元史·刑法志》：“诸以童养未成婚男妇，转配其奴者，笞五十七。”贫苦人家的童养媳，待男女成人后，选定吉日后结婚，称为“小磕头”或“成家”。康熙《颍州志·列女传》载清代颍州“朱氏庠生朱之杰女，儒士张极妻，父母早逝，年十一，抚于舅姑，敏于操作，沉静寡言笑。既婚，而极病体悉备，至极死，氏年二十有二”。童养媳在年少时被未来配偶的父母领养，与男家的贫困、女家省去嫁妆有很大关联。“童养媳婚姻，在清代已是一种流行面广且经常可见的婚姻形式”[①]。

旧时，淮河流域童养婚较盛行的原因主要有以下几个方面：首先，官方的认可使童养婚得到维系。婚姻的缔结有人主婚，有人为媒，一般来说，为合法婚姻。童养婚行为政府并不干预，它是聘娶婚的重要补充形式，官方的认可使童养婚得以存续。童养媳进入夫家的年龄小至一二岁，大至十多岁，一般在十岁以前。民国《铜山县志》卷六九《列女传》载江苏铜山“葛氏，薛桥王一治妻，同村修林女也。七岁为童养媳，十七岁成婚”。乾隆《颍州府志·人物志·列女》载清代阜阳县“王氏，王廷瑞女。年八岁，许字洪尔福，随过洪家。仅八月，尔福病殁，氏年及笄，屏簪珥示无再适意”。其次，贫穷是童养婚存在的基础。贫穷家庭所生女子无力抚养，只好送给人家，待男女成人后选定吉日结婚，成为人家的媳妇。同时，婚姻论财，聘礼重，嫁妆多，婚礼费高，而童养婚既省去了男方娶亲的财礼，女方也无须陪嫁妆，这样，经济条件较差的民众多采用此婚俗。清代，蒙城县朱氏“自幼”（十岁以下）到丁家为童养媳，十六岁与丁三憨（时为十七岁）成婚[②]。

最后，早婚是童养婚产生的温床。淮河流域男女一般在十岁左右即由媒人牵线订婚。依习俗和传统观念，订婚就意味着婚姻关系的确立，一般是不能轻易改动的，一旦父母尤其母亲亡故，女子无人照料，往往送其婆家变成童养媳，即先聘后童养。乾隆四十六年（1781）十二月，安徽凤阳县陆士刚供：“小的四十六岁，父母和妻子俱故，只有一子同媳妇两人。纪士成夫妇

① 郭松义：《伦理与生活：清代的婚姻关系》，商务印书馆 2000 年版，第 251 页。

② 中国第一历史档案馆藏：“刑科题本·婚姻家庭类”，议政大臣阿桂等题，乾隆四十七年十二月六日，转引自王跃生：《十八世纪中国婚姻家庭研究》，第 134 页。

原籍宿州，跟随他父母搬到凤阳已经多年，与小的邻居。纪士成已故，小的有个女儿自幼与纪士成之妻纪王氏为养媳，已经过门，尚未成婚，小的帮工度日，并无田产。”陆士刚妻子死后，幼女成为纪王氏童养媳。乾隆五十三年（1788）十月，山东郯城县韩埋供：“了姐是江苏宿迁县吴其洪的女儿。乾隆五十年春，吴带了姐逃荒到小的庄上，把了姐给小的母亲做义女，母将了姐许与杨石作女人。五十一年二月，小的母死，杨石母接了姐去童养。”① 了姐的养母去世，了姐变成童养媳。

由于婚姻中渗透着儒家思想，强调男尊女卑，女子受父权和夫权支配，而童养婚是六礼不备的婚姻制度，故童养媳在社会和家庭中地位低下，饱受虐待，甚至被嫁卖。清代郑板桥在《姑恶》诗中对童养媳极为同情：“小妇年十二，辞家事翁姑……姑令杂作苦，持刀入中厨……析薪纤手破，执热十指枯……姑曰幼不教，长大谁管拘……今日肆詈辱，明日鞭挞俱。五日无完衣，十日无完肤。吞声向暗壁，啾唧微叹吁。姑云是诅咒，执杖持刀铻……岂无父母来，洗泪饰欢娱。岂无兄弟问，忍痛称姑劬。疤痕掩破襟，秃发云病疏。一言及姑恶，生命无须臾。”有的童养婚，男女年龄悬殊较大，给女子带来痛苦，歌谣《九岁郎》曰：“十八大姐九岁郎，夜夜睡觉抱上床，睡到半夜要吃妈（即吃奶），劈头打他两巴掌：俺是媳妇不是娘！”②

清代阜阳县郭法，幼聘阎百川的女儿阎妮姐为妻，“过门童养，还没成婚，素相和睦”。道光十六年（1836）十一月初四日，郭法牵牛回家，因阎妮姐在堂屋门首纺花，有碍走路，叫她把纺车移开，“阎妮姐不理”，郭法生气，把纺车推坏，阎妮姐不依混骂，郭法把阎妮姐打伤，不料阎妮姐伤重，到初六就死了。童养媳阎妮姐不肯给未婚夫郭法让道被打致死。“戴兵籍隶阜阳县，伊姑戴氏嫁与李中五为妻，戴兵与李中五素好无嫌。李中五次子病故，遗妻孙氏过门童养。道光二十二年八月间，李中五潜入孙氏房内拉衣图奸，孙氏不依喊拒，戴氏听闻赶向斥散。二十三年五月间不记日期，李中五复拉孙氏图奸，孙氏挣脱。戴氏闻知，又向村斥。李中五恼羞成怒，向戴氏殴打，经

① 中国第一历史档案馆藏：“刑科题本·婚姻家庭类”，转引自王跃生：《十八世纪中国婚姻家庭研究》，第319页、139页。

② 慕占民：《淮北民间歌谣浅说》，《漆园古今》第10辑，第240—241页。

其长子李有劝解，李中五将戴氏、李有一并逐出。七月初一日，戴氏因病偕同孙氏同归，李中五声言屡被戴氏张扬其丑，毫无夫妻情分，不容在家养病。戴氏分辨，李中五用木棍殴伤戴氏右胳膊骨折。戴氏与孙氏向邻人借屋调养。初五日，戴兵闻知此事，因李中五不循情理，心理气忿，将李中五殴伤……李中五延至初六日因伤殒命”[①]。童养媳孙氏在未婚夫去世后，公公李中五屡次企图强奸她，孙氏因反抗而被逐出家门。

寿州陆春法，“年二十九岁”，“父母俱故，弟兄三人”，“余没别属”。道光二十四年（1844）六月初五日，邻庄于金贵的堂侄于孝孜因“母故，无钱买棺”，要把童养媳周氏嫁卖。陆春法大哥陆广法决定买娶，“议明财礼钱十八千文，当时付清，过门成婚”[②]。于孝孜因家贫而把童养媳周氏嫁卖。

2. 襁褓婚、忽婚

襁褓婚是指孩子尚在哺乳时，父母就约定婚姻。民国《沛县志》卷三《疆域·风俗》：“邑人多于襁褓中议婚。”光绪《睢宁县志》卷三《疆域志·风俗》也载：“邑人多以襁褓时联姻。”苏北还有指腹婚，由于孩子正在母腹中孕育，尚未出生就已许配于他人，所以又称为“胎婚”。民国《泗阳县志》卷七《地理·风俗》：“甚有爱好指腹、不征聘币、无需庚帖者。”乾隆《颍州府志·人物志·列女》载清代亳州“王五姐，襁褓约婚于州诸生李范同之少子殿基”，蒙城县“姜氏，两浙盐运司姜思谅女。襁褓中许字李云鹏”。

忽婚亦称“荒亲”“冲喜”，它是在父母、未婚夫病危或父母亡故七日内青年男女成婚的特殊婚姻。嘉庆《高邮州志》载：“小民乘凶嫁娶者往往有之。”[③]光绪《清河县志》卷二《疆域·风俗》：“或奠雁未除，婿病成礼。”顺治《颍上县志》载明末清初颍上县“有因吊丧而纳妇者，谓之‘孝里扶’”。冲喜的目的：一是希望通过办喜事，使有病的父亲或母亲心里高兴，病情好转或痊愈，毕竟儿子成家是父母心头的大事。二是冲喜都是临时起意，婚礼也较简单，男女两家都节省了大笔结婚费用。吊丧期间结婚，既可节省钱财，又

① 转引自毛立平：《清代嫁妆研究》，第279—280页。

② 转引自张妍等：《19世纪中期中国家庭的社会经济透视》，中国人民大学出版社2003年版，第150页。

③ 嘉庆《高邮州志》卷六《风俗》，《中国地方志集成·江苏府县志辑（46）》，江苏古籍出版社1991年版，第213页。

能解决服丧三年之后才能婚嫁的矛盾，这是一种变通的婚姻。就女方而言，既然女儿迟早都得出嫁，现在应男方请求冲喜，算是尽了做亲家的义务。三是男方的父母虽仍病重，或者死了，但娶了新媳妇，家里多了一个劳动力。

3. 买卖婚、抢婚

淮河流域的买卖婚、抢婚较为流行。一些贫苦人家把女儿卖给富家，或当奴婢，或为妾，她们地位低下，婚姻没有自主权。乾隆《颍州府志·人物志·列女》载明代“韦谦，字逊宇，颍州人……有董姓鬻女于谦，访知旧有婚配，即遣归”。清代颍上县“春莲，程氏婢女也，配王颇为妻”。

宿州曹玉书“成婚多年”，29 岁，因“久患痨病，贫困难度”，被迫将妻子曹杨氏“嫁卖”给“情愿买娶，出身价钱十八千文”的同县人王潮富，结果曹杨氏得知后自缢身亡。五河县妇女郑巨氏，“其子郑志鸾幼娶郑王氏为妻”，道光十五年（1835）间，“郑志鸾病故，仅遗幼女，郑王氏抚孤孀守”。道光十八年（1838）十二月，“郑巨氏因难度，欲将郑王氏改嫁”。道光十九年（1839），“知庄邻张法宗欲行娶妻”，“郑巨氏央令媒说，并索财礼钱十四千文”。寿州妇女仇杜氏，其夫仇早于道光八年（1824）四月病故，仇杜氏“家贫孤苦”，依靠仇早的伯父仇学魁度日，仇学魁因无力赡养，将杜氏“许于邻村周在礼为妻，言明财礼钱二十千文”。亳州孔狮子“年二十六岁”，“庄农度日”，道光十三年（1833），邻村“马立因贫无度，欲将妻子杨氏嫁卖”，孔狮子“因无妻室，当就应允”，“议定身价钱十四千文，当日契价两清”，“把杨氏接来成婚”[①]。孔狮子买他人嫁卖的杨氏为妻。

乾隆四十八年（1783），萧县苏杨氏供：“小妇三十九岁，原籍山东。前夫只生三个女儿，因家穷多病，把大、二两女早就卖与人家，只剩下一个小女才四岁。赵二是小妇夫兄，只身外出。乾隆四十四年回山东才晓得他在萧县佣工。乾隆四十六年八月，前夫病故。赵二仍到萧县来，小妇因没依靠，就带小女跟赵二到萧县想帮人家度活。赵二租了车屋与小妇同住。因没雇主，四十七年一月赵二凭王德立们做媒把小妇嫁与苏言为妻，议财礼钱二十一千文。小妇因终身无靠，只得应允。赵二又向小妇人说且到苏家住几

① 转引自张妍等：《19 世纪中期中国家庭的社会经济透视》，第 135—136 页、436—437 页、149 页。

时，等他来拐出另嫁，好再骗些身价到手。”夫兄将三十八岁的弟妻杨氏改嫁给初婚的苏言，以图钱财。

乾隆五十一年（1786）五月，河南睢州郜山根供：“小的二十一岁，父母故，娶高氏。乾隆五十年五月二十日小的撞见妻与无服族叔郜驴行奸，打妻一顿……小的因告官徒然出丑，随托李二为媒，只说高氏为孀居弟妇改嫁与刘富为妻，得了六千文钱财礼。”妻子与人通奸按照“七出”，应将妻子休回娘家，但现实生活中，21岁的高氏因与他人通奸被丈夫嫁卖给初婚的刘富，丈夫得到一笔钱财，使妻子具有夫家财产的性质。乾隆五十二年（1787）五月，江苏邳县张黑旦携妻周氏佣工，因贫难度，将周氏卖与王升隆为妾，约受财礼钱二千九百文，写立婚书，过门成亲。

乾隆四十六年（1781）五月，河南永城崔祥柱供：“小的五十一岁，父早故，母八十岁，只生小的一人。有妻王氏，不曾生育儿女。乾隆四十四年三月，小的买妾李氏。”[①]贫苦人家把妻子（或女儿）卖给人家为妻，或为妾。古时女子地位低下，一生下来就饱受歧视，蒙城县歌谣云：“养个猪，能吃肉；养个狗，能看门；养个狸猫捉老鼠，养个丫头做什么？”[②]故女子幼时当“童养媳”常有发生，甚至有“溺婴”现象。

抢婚较为盛行，主要原因有：一是贫穷单身男子因对婚姻的渴望而抢妻。抢婚的对象多是寡妇，有的是在“媒说不允”的情形下抢亲的。宿州李沅修，33岁，“只身一人，并没父母兄弟妻子”，在族叔李泳才家佣工。李泳才的儿子李慎修“（道光）十七年病故，遗媳李万氏”，李泳才“因李沅修人尚勤能，欲把李万氏配他为妻”，李万氏不允，李沅修“硬要和李万氏成婚，李万氏不依争吵”。道光十八年（1838）七月十四日，李泳才“信知李万氏的父亲万泳全，并他叔子万泳怀把李万氏接回另配”，李万氏与父亲、叔父回家时，“走到半路，李沅修拿枪赶去阻拦，被万泳全殴扎致伤”。贫困的李沅修33岁未娶妻，因抢李万氏而被打致伤。

定远县苏开丰“年二十五岁”，“父亲苏从志，母亲宋氏，年俱七十三岁，哥子苏开来分居另度，小的并没妻子”。道光十九年（1839），苏开丰见邻村

① 转引自王跃生：《十八世纪中国婚姻家庭研究》，第88页、105页、174页、321页。

② 慕占民：《淮北民间歌谣浅说》，《漆园古今》第10辑，第239页。

“小郭董氏年轻，探知他丈夫郭大寅已故，心想讨娶为妻”，随即央托素好的邓怀得向小郭董氏的婆母老郭董氏媒说，但不允。于是，苏开丰“起意纠人强抢”。五月十九日黄昏时候，苏开丰邀同族侄苏怀人、邓怀得“帮抢”，三人破门而入“把小郭董氏背负急跑”。苏开丰“把小郭董氏背负家内要与成亲”，“小郭董氏哭闹不从”，但被“逼胁成奸”。苏开丰提亲不成而抢婚，媒人也参与了抢婚行动。

怀远县倪前潮，他堂叔祖母倪宫氏的母家族侄宫佩云，有“女儿韦宫氏孀守”，“倪前潮欲娶为妻”。道光二十五年（1845）三月间，倪前潮“央素识之田峻岐媒说”，宫家“不允”，倪前潮“起意纠抢”。三月十一日，“倪前潮邀允族弟倪前源、倪前汰相帮”，“于是晚偕抵宫佩云家”，倪前潮“进内将韦宫氏抢拉上轿抬回家内”，“因韦宫氏不肯成亲，关锁空房”，十二日晚，“倪前潮将韦宫氏强行奸污”①。倪前潮求婚未允而抢婚。

二是男女比例失调，女性资源相对不足，贫穷男子被迫抢婚。江苏阜宁县“光绪六年册报实存阖县人丁五十三万九千二百十八，丁口内男丁三十万九千五百七十八，丁妇女二十二万九千六百四十口”②。丁男占总数的57%强，丁妇女仅占42%强，丁男丁妇女比例相差15%。民国《沛县志·田赋志·户口》载光绪十五年（1889），江苏沛县“实存阖县民数丁人数五十万六千九百七十三，丁口内男丁二十八万四千六百九十五，丁妇女二十二万二千二百七十八”。丁男占总数的56%强，丁妇女43%强，丁男丁妇女比例相差13%。道光二十年（1840），山东济宁州金乡县“口二十二万一千五十七，大口男七万八百三十，女六万八千九百五十二，小口男四万一千九百五十七，女三万九千三百一十八”。大口男、小口男总和112787人，男占总数的51%强，女48%强，男女比例相差3%。道光二十年，山东嘉祥县“口十万一千九百四十三，大口男三万八千四百八十五，女三万四千三百七十三，小口男一万六千一百四十八，女一万二千九百三十七”。大口男、小口男总和54633，男占总数的53%强，女46%强，男女比例

① 转引自张妍等：《19世纪中期中国家庭的社会经济透视》，第184—186页。

② 《淮安府志》卷一七《民赋·户口》，《中国地方志集成·江苏府县志辑（54）》，江苏古籍出版社1991年版，第259页。

相差7%。道光二十年，山东鱼台县“口十八万一千二百八十七，大口男五万九千七百四十九，女五万六千五百十六，小口男三万四千九百二十，女三万一百零二”[①]。大口男、小口男总和94669，男占总数的52%强，女47%强，男女比例相差5%。明代，河南夏邑县“（丁）男一万五千五百九十一口，妇六千九百一口”[②]。丁男、妇总共22492人，丁男占总数的69%强，丁妇30%强，丁男、妇女比例相差39%。男女比例失调，造成适龄男青年无法适时婚配。

三是淮河流域的官僚、地主、豪绅等多蓄婢纳妾造成女性资源更加紧张，加剧了贫困者娶妻的难度。富贵人家男子一妻多妾制。地主、豪绅、官僚等蓄婢纳妾较多。康熙《颍州志·列女》载明代颍州“曹氏，锦衣卫指挥张大壮妾也，壮病故，曹哀毁甚”。乾隆《颍州府志·人物志·列女》载颍州生员喻天秩有妻王氏，有妾“梁氏、张氏、饶氏”。乾隆《颍州府志·人物志·列女》载清代顺治时进士、颍州人宁诰的友人李孝子，“年老无子，为置妾，生子四人，李氏赖以不绝”。清代阜阳县“朱氏，字淑婉，贡生刘体随妾”。阜阳出土的明代万历七年（1579）《明隐君绍滨公暨配陈氏合葬墓志铭》中记载，颍州人王绍滨原配陈氏所生长子作哲“庠生，娶杨氏，继娶杨氏、朱氏，俱先卒，继娶闫氏”。民国时期，蒙城流行民谣云：“蒙城三十六诸侯（全县36个乡镇长），大多盖有二门楼（纳妾）。”由于上述原因，淮河流域的一些男子为娶妻被迫铤而走险走上抢婚之路。

4. 渔民婚礼

旧时渔民婚礼较为简单，也较少与陆上通婚，一般船民相互联姻，故童养媳和换亲相当普遍。

旧时，洪泽湖地区渔民举行婚礼，经济条件好的男家扎个彩船，手头不宽裕的男家就用一个披红的便船。迎娶时，新郎由媒人引路去接新娘，男女各打一把伞，两个童女搀着，拂晓前，伴随着鞭炮管乐声，通过铺红的跳板

① 《济宁直隶州志》卷三《食货志·户口》，《中国地方志集成·山东府县志辑（76）》，江苏古籍出版社1990年版，第124页。

② 《夏邑县志》卷四《田赋志·户口》，《中国方志丛书·华北地方第99号》，成文出版社有限公司1968年版，第478页。

登上喜船。喜船上拜天、拜地、拜水、拜长者。然后回船向女方家长一一辞别。返喜船后当晚设宴。主客席上准备一对大红鲤鱼和一只整公鸡，嘴里都衔着葱，意为龙凤呈祥，生育的儿女聪明。海州湾（今连云港地区）渔民，保留着原始民族抢婚的痕迹。半夜子时，男方家出动一群人，打着火把（后改为马灯、电筒），到女家接新娘。不管路程多远，新娘由人背回来，脚不能沾地，更不能落地休息，只能由两个人轮流背。新娘在背上要低头，不准高于背人的头。天亮之前把新娘背到男家，然后重新梳洗打扮，天亮后拜天地，入洞房。

婚宴时，数船连在一起，上遮篷布，宾客在平基板上围成一圈，席地而坐，少的八九人，多的十五六人。背靠大桅杆面朝船头的座位是上席，由娘舅坐。酒席上的品种一般的四五十样，多的七八十样。每样都用中碗装上七八成。吃空后碗不拿掉，然后点碗，碗越多表示酒席越丰盛。

婚后第二天“待新亲”，即宴请女方父母兄弟及姑舅等长辈，无论来多少客人，都准备四桌。如来人少，只能空在那里，称为“看桌”。待新亲的酒席特别丰盛，有的菜品有100多样，并选用山珍海味。结婚时，新娘穿色彩鲜艳的红衣服，穿红鞋子和佩戴红花。船的后舱中间是“正房”，长子结婚，父母将该铺位让给儿媳。

20世纪70年代渔民陆续在陆上定居，发展养殖业和各种副业，与外部联系增多，生产方式与生活习惯有所改变，渔民与陆上通婚也多起来。

（三）重视贞节观

旧时，官府和民间十分重视贞节观。明清时期的封建政权强调妇女固守贞节，统治者为提倡贞节观，建立了旌表制度。《大明会典·旌表》载明洪武元年（1368），明太祖下令“民间寡妇，三十以前夫亡守制，五十以后不改节者，旌表门闾，除免本家差役”。嘉靖《宿州志·建设志》载，明嘉靖时，宿州涣阳乡有节妇坊，为方亮妻陈氏立；在州治东南有贞节坊，为宿卫舍余蒋宗妻陈氏立。灵璧县固镇驿北有贞烈坊，为董鸾妻茆氏立；有节妇坊2座，一座在东关，为监生刘锡妻张氏立，一座在西关，为生员张宾妻赵氏立。明代统治者在精神上为贞女烈妇建立牌坊，垂之后世；经济上，免除本家差役，改善其经济状况，同时，补助殡葬之资。清代旌表贞节的条件较明代为宽。光绪《钦定大清会典事例·礼部·风教·旌表节孝》载同治十年（1871），复准“嗣后嫦妇守节至六年以上身故者，一体旌表”。只要守节六年以上身故者就可旌表了。节孝之礼，妻妾同等。嘉庆八年（1803），安徽省亳州捐职布政司理问何永泽之妾陈氏夫亡殉节，“奉旨，陈氏等准其一体旌表”。未婚守节之贞女及未婚夫死自尽之烈女，“以节妇之旌表”。

1. 妇女守贞节

淮河流域多数妇女在封建政权、族权、伦理道德等共同压迫下固守贞节。阜阳女子“慕节烈、殉夫者接踵”①。乾隆《颍州府志·人物志·列女》载明代蒙城县“谢氏，魏瑶妻。嫦居，年七十遇贼，其媳王氏负而逃至河下暂息，贼逼近，遂投水中。王氏与其女二姐及贺铭妻丁氏与其女春儿、童女等，相挽入水。死后得尸，七人手相挽，人嗟异之。知县吴一鸾建七节祠祀之”。从乾隆《颍州府志·人物志·列女》记载来看，颍州府所辖地区烈女有“自缢”“绝食”“投水”“自刎”“悲痛呕血”以及他杀即“贼杀”“抗拒被污而杀”七种殉节方式。而烈妇竟有“自缢”“绝食”“投水”“自刎”“投火自焚”“投井”“刳腹”“饮毒”“剖脏”“断喉”“以头触石”“以簪刺心”“悲痛呕血”“号泣而死”以及他杀即“贼杀”“抗拒被污而杀”十六种殉节方式，令人发指。明崇祯年间，“（寇至）王氏杨克振妻与嫦姑李氏剖脏而死”。“章氏官生张大同妻，寇陷颍城，大同既殉父难，氏与妾宋氏、蒋氏、郭氏俱闭门自焚死”。清代，“张氏颍州卫尉张世友女适儒士鹿万春，夫死抚孤誓节。年七十时，流贼破城……以刃加其项，氏引颈受之。其子妇刘氏恸甚，扃户骂贼，引火自焚，贼叹曰真义妇也”②。

① 道光《阜阳县志》卷五《风俗》，第119页。

② 康熙《颍州志》卷一五《列女传》。

表 3.1　明清（乾隆十七年前）时期皖西北地区贞节妇女数量表（单位：人）

州县	烈女		烈妇		节妇		贞女	建坊旌表者	
	明	清	明	清	明	清	清	明	清
颍州	19		206		16			18	
颍上县	3		14	8	34	142	1	1	24
太和县	5	5	14	18	37	107		10	16
蒙城县	5	1	27	5	24	20	5	4	18
亳州	2	4	19	22	44	94	5	13	92
阜阳县 1735 年设		15		31		231	12		158
共计	34	25	280	84	155	594	23	46	308

资料来源：乾隆《颍州府志·人物志·列女》。

从上表来看，各州县烈女有 59 人，贞女有 23 人，烈妇、节妇达到 1113 人，建坊旌表者有 354 人。其他地方志也有相关记载，蒙城县明代有贞烈、贞孝、节烈女 40 人，清代有 168 人，其中入贞节祠的有 8 人，建坊旌表的有 32 人[①]。光绪《亳州志·列女志》载清代亳州因殉节、守节而立牌坊的烈女、贞女有 35 人。然而，未立牌坊的烈女、贞女无数，未记载的烈女、贞女、烈妇、节妇更是成千上万。女子从一而终，导致“望门寡”（未婚夫殇，女子上门守寡）“已婚寡”“殉节”的悲剧不断发生，而男子妻卒可以续弦，贞节观的劣根性暴露无遗。

在封建政权、父权、夫权等压制下，淮河流域有的妇女守节年限较长。明代，宿州“宿卫舍余蒋宗妻陈氏，年二十六而宗卒，无子。陈守节五十余年，绝无暇议。州司上其事，诏以贞节旌门”[②]。陈氏守节五十余年。明代，亳州“宋氏于弘治十三年夫亡，年十八。苫块神主前，每夜以夫衣为覆，四十年不出

① 《重修蒙城县志书》卷一〇《列女志》，《中国方志丛书·华中地方第 244 号》，成文出版社有限公司 1975 年版，第 609—646 页。

② 嘉靖《宿州志》卷五《人物志·贞节》，第 107 页。

闺闼，哀毁伤目，年八十四而卒”[1]，守节六十六年。乾隆《颍州府志·人物志·列女》载太和县朱氏守节达七十五年，“朱氏，高九山继妻。年十五适九山，二十七日夫病，叩天乞代者六阅月……守节七十五年，寿至九十。建坊旌表”。清代，亳州“章氏，张应麟妻。通《闺范》《女箴》诸书。夫卒，年二十，遗孤绩，甫三岁……子媳又亡，抚孙成立。寿八十岁”。章氏守节六十年。

然而，在灾害环境下，淮河流域守节的妇女大多生活艰难。嘉靖《宿州志·人物志·贞节》载明代宿州“州民方亮妻陈氏，年十八而亮卒。誓不再适，勤纺绩以自给。闺门之内，凛若冰霜”。乾隆《颍州府志·人物志·列女》载清代阜阳县汪柱母申氏“教子创业，备极艰辛”。清代亳州张应麟妻章氏“罹兵荒，采野菜自给。冬无棉絮，夜卧灰烬中，苦守以奉舅姑”。虽然一些守节妇女得到地方政府一定的救济，但能够得到政府救济的只是少数旌表门闾者。如康熙《颍州志·列女传》明代颍州“高氏，文学黎鹗妻，年二十七，鹗殁。子幼家徒四壁，氏艰苦万状，育子成人。开府旌其门，岁给米三石。年七十余卒”。乾隆《颍州府志·人物志·列女》载亳州“王氏，武应时妻。年二十四夫故守节。上官屡旌之，岁给白米四石”。

守寡妇女仅有极少数人因依靠纺织等生活条件较好，如乾隆《颍州府志·人物志·列女》载清代，阜阳县王恒庵妻吴氏从嫁婢张氏“纺织为生。积三十年，治田百余亩”。清代，阜阳县“孀妇陈氏暨媳郑氏，两世苦节，蓄积多年，捐资千余金”，在颍西南乡谢家集的谷河上建成石桥，乡人于是名之曰“双贞”桥。

2. 部分寡妇再婚原因

在生活的重压下，淮河流域一些守寡妇女选择了再婚。一是在灾害环境下，生活窘迫，迫于娘家或夫家的压力而改嫁。乾隆《颍州府志·艺文志·文·明》：“吾颍数年来水旱频仍，民之流离转徙从者无论，其饥而死者十之三，疫而死者又十之三。”水旱频仍，守寡妇女生活困难，有的迫于娘家的压力而改嫁。明代，宿州“生员王玑妻何氏，宿卫军余何渊女，许聘未归而玑卒。父母欲令他适”。灵璧县“太学生刘锡妻张氏，年二十三而锡卒。夫兄逼令改适不已”。“生员王凤鸣妻俞氏，年二十四而凤鸣卒。逾七月，遗腹子生，遂

① 乾隆《颍州府志·艺文志·烈女庙祀记》，第936页。

名‘遗’。所亲哀其少寡且贫，讽之改嫁”[①]。亳州谷长发，“年四十三岁，并无妻子”。道光十一年（1831）十二月初，谷长发闻知“孙雨妻姊赵郭氏因丈夫赵士杰病故，现要改嫁”，就“托孙雨做媒”，向孙雨岳母郭朱氏说合把赵郭氏许配给自己。“郭朱氏应允”，“议明财礼钱十六千文”[②]。郭朱氏同意把丧夫的赵郭氏改嫁。河南宁陵县杨三供：“小的六十一岁，女儿杨氏之夫赵九乾隆四十五年六月二十二故。今年（乾隆四十六年）二月初，因女儿穷苦难守，小的和赵九母商量把女改嫁，应允。小的将女许给乔维三，得了十八千礼钱，送宋氏八千，十千都是小的收回。”娘家得到礼钱的半数以上。

有的是夫家贪图寡妇的财产强迫其改嫁。颍上县周滕氏供：“小妇人丈夫病故，婆叶氏因家贫，情愿主婚把小妇人改嫁，与哥滕德四商议明白。托人做媒改嫁王佑为妻。小妇依从。财礼钱二十五千（文），叫叶氏收取。乾隆四十六年一月哥将小妇接回家，议定在哥家起身。”再婚时，娘家有较大的发言权，一般会通知娘家，由夫家与娘家共同商议，财礼分配没有规则。河南永城陈氏丧夫，因婆家贫苦，没依靠，陈氏的婆婆徐氏做主把陈氏改嫁，得五千文财礼钱。陈氏的父亲陈二知道后，因徐氏不通知他，就在当地衙门告状。后被人私下调处，让娶主再出五千财礼钱，双方依允。陈氏因改嫁而产生纠纷。安徽宿州窦建供：“小的四十四岁时（乾隆五十一年）用财礼钱五千文娶寡妇张氏为妻（二十三岁），再婚后生一女。”佃农窦建初婚花财礼钱五千文。

二是女子丧夫后，生活来源缺乏，自己迫于生计只好改嫁。单门独户或身在异乡因生计艰辛而自嫁他人，虽然法律是不允许的，但在现实生活中时有发生，官府也不太过问。有些法律条文已经变成官方倡导，不会有真正的惩戒、威慑作用。对于一般性违反律令的行为，只要不引发冲突，政府并不施加任何干预，黄宗智先生称之为官方表达和具体实践之间的背离。安徽亳州潘氏，丈夫带领她从亳州来江宁谋生，不幸夫故，留下三个幼子，穷苦无靠。经人说合，讲定财礼钱一千五百文嫁与江宁六合人叶图凤，以此给她还债赎当。因

① 嘉靖《宿州志》卷五《人物志·贞节》，第 107—108 页。

② 转引自张妍等：《19 世纪中期中国家庭的社会经济透视》，第 147 页。

潘氏并无亲属主婚，不曾立有文书[①]。

中青年男子，妻卒，可续弦；夫亡，妻再嫁则较难，而且丈夫以“无后”等借口，可以休妻。妇女受“三从”“四德”等封建礼教约束，居于次要地位，家中大事，妇女无权过问，也无受教育和继承家产的权利。农村妇女除生儿育女、承担家务劳动外，还要从事田间劳动。子女往往被视为私有财产，在赋税、高利贷、天灾的压迫下，有时卖儿鬻女。蒙城县城北一农民由于荒年和高利贷的逼迫，将自己年仅十四岁的女儿卖给县城丁姓家做妾。

贞节观使婚姻当事人之一的女子变成传宗接代的工具、泄欲的对象，正如《礼记·哀公问》所说：“大昏，万世之嗣也。”这种注重子嗣的思维定式，必然轻视或忽视家庭生活中的情感，把性爱仅当作传宗承嗣的需要。这样，女子的贞节被丈夫独占，女子在家庭生活中缺少或没有独立的人格，处处显示出男尊女卑。正如恩格斯所说：“在整个古代，婚姻都是由父母为当事人缔结的，当事人则安心顺从。古代所仅有的那一点夫妇之爱，并不是主观的爱好，而是客观的义务；不是婚姻的基础，而是婚姻的附加物。”[②]

（四）下层民众的婚姻困难较多

婚姻具有自然和社会两种属性。淮河流域的婚姻崇尚钱财，具有经济性。道光《阜阳县志·风俗》说阜阳县婚姻“用钗环首饰数件为下定礼”。女方也要准备嫁妆，乾隆《颍州府志·舆地志·风俗》认为：“随女家之力以备资妆。”婚姻在缔结过程中，重视聘礼，这是借婚姻索取钱物，是女子身价的买卖。女子出嫁还要准备嫁妆，男方对女方家族地位、嫁妆数量的重视超过了对女子本人条件的注意，而嫁妆本身就是财富的象征，体现了淮河流域婚姻当事人的经济动机。乾隆《淮安府志·风俗》：“艰于浮费，以致嫁娶失时……近日旧族寒门颇有敦质守素、不受聘财而量备奁具者，足矫浮夸之陋。”只有少数旧族寒门能够敦质守素。清末，苏北沛县“陈氏，李允涵妻……于归时，父

① 转引自王跃生：《十八世纪中国婚姻家庭研究》，第89页、102页、93页。

b 《马克思恩格斯选集》第四卷，第54页、74—75页。

给奁资地八十亩”[①]。陈氏奁资地八十亩，反映出婚嫁论财已成为普遍的社会风尚。

婚礼费较高。明清以降，灾害频仍，民众生活困苦，筹集婚礼费较难。乾隆《颍州府志·人物志·列女》载清代阜阳县“吴氏，乡村女。许字贫家子，将婚，父母索聘财，翁遂为人佣工，得金作聘”。男方父亲给他人佣工挣钱作聘礼。故当时有诗云：“阿翁怜儿不得妻，将身佣工西邻西。预借佣银三两足，女家索聘约方如。”颍上县王佑供：“小的务农度日，前因家贫，无力娶妻，如今积得几两银子想要娶亲。乾隆四十六年正月初陈幅先来说，滕氏夫故改嫁，财礼不多，替小的做媒，叫小的迎娶。小的应允。出财礼钱二十五千文。”[②]可见，当时财礼钱一般需要二十千文左右，最终婚礼费应在二十五至三十千文。

定远县在明成化以后，婚姻贵财富，婚礼设宴过于侈盛，多致贫家男子失时。为遏制婚姻尚财的风气，地方政府在雍正年间制定的婚姻礼仪规定“平民婚娶送礼服一套、被褥一床；纳彩礼羊一支、酒一瓶；成婚礼羊二支、酒二瓶、鹅鸭鸡照羊数随使用，不许还礼。无职人及兵民，绸绢不得过四匹、果盒不得过四件，其金银财礼官民概不许用。又妇女不许僭用冠帔被服大轿，生员兵民不得僭用执事，鼓乐人不得过六名，灯不过四对”。但是，人们认为“果遵定制以行”，花费也是惊人的，恐怕有“男女失时之虑”[③]。清代，一些人家因贫穷聘礼、嫁奁则较为寒碜，“贫家下定礼用钗环首饰数件，不行聘礼，或用数金为聘，稍资奁具，其余会亲及亲迎后礼，大概相同”。而富家经济条件好，婚礼耗费巨大，乾隆《阜阳县志》载清代阜阳县“择吉请期亲迎前三日始行聘礼，用聘金、颍绢、钗钏、首饰、衣服，以鹅代雁，及盐茶、猪羊、酒果之属；女家止受酒果、聘金，即同一切奁具送至婿家，谓之‘铺房’”。

民众收入较低。方苞认为：“计一州一县，富商大贾，绰有余资者不过十数或数十家；其次家中有田二三百亩以上者，尚可挪移措办；其余下户，有

① 民国《沛县志》卷一四，《中国地方志集成·江苏府县志辑（63）》，江苏古籍出版社1991年版，第212页。

② 中国第一历史档案馆藏：“刑科题本·婚姻家庭类”，安徽巡抚谭尚忠，乾隆四十七年六月九日，转引自王跃生：《十八世纪中国婚姻家庭研究》，第179页。

③ 道光《定远县志》卷二《舆地》，《中国地方志集成·安徽府县志辑（36）》，江苏古籍出版社1998年版，第13—14页。

田数亩或数十亩，皆家无数日之粮兼采樵负贩，仅能糊口。”[①]家有田数亩或数十亩仅能糊口，说明当时产量不高。乾隆时，杨锡绂上奏云：“一亩之田，耒耜有费、籽种有费、罯斛有费、雇募有费、祈赛有费、牛力有费，约而计之，率需钱千。一亩而需千钱，上农耕田二十亩，则口食之外，耗于田者二十千。以中年约之，一亩得米二石，还田主租息一石，是所存者，仅二十石。当其春耕急需之时，米价必贵（折中计之每石贵一千有余），势不得不贷之有力之家。”[②]若一户拥有10亩土地，自己可得10石，一石米约为800—1000钱，春耕之时，还需向他人借贷。光绪《睢宁县志》卷三《疆域志·风俗》载：“计岁之所获，恒粪其田而不足，故民无卒岁之藏。”民众几无剩余收获物。如果占有土地10亩以下的自耕农或半自耕农的家庭，收获更少，男性要及时婚配就相当困难。

无地可耕的雇工的收入也较低。安徽阜阳县王备（酒店做酒）一年的工钱4500文。吴量恺先生根据《刑科题本·土地债务类档案》进行了统计：乾隆三十九年（1774）至乾隆六十年（1795）间，河南长工工资钱1500文1人，2400文1人，3000文3人，3500文1人，5400文1人；安徽为1800文1人，2500文1人，2800文1人，银4两1人[③]。13人中3000文以下者有9人，这可看出清代乾隆中后期雇工年工资在3000文左右。雇工即使平时不消费，也需要8—10年的积攒，才能满足结婚开支所需（二十千文左右）。乾隆四十六年（1781）十一月，安徽蒙城县黄赵氏供：“小妇三十六岁，黄金为夫，生一子一女，都幼小。丈夫木匠手艺，时出外工作。因家中粮食吃完，向人借粮。”四口之家，男子还有木匠手艺，粮食不够吃，需要外借。淮河流域下层民众的粮食、工钱等收入较低，要筹足婚姻聘礼实在很难，故不少贫苦男子娶妻面临着经济困难。

男性中有相当一部分人结婚较晚。因经济等原因，男性25岁以后结婚也大有人在。乾隆五十一年（1786）十月，江苏宿迁县王宗供：“小的二十九岁。父王秀升，五十四岁；母楚氏五十七岁。并无弟兄儿女。邱氏是小的妻子，成

① 方苞：《方望溪全集·集外集》卷一，民国二十五年刊印。
② 贺长龄、魏源等编：《清经世文编》，中华书局1992年版，第951页。
③ 转引自王跃生：《十八世纪中国婚姻家庭研究》，第176页、177页、322页。

亲六年，素相和睦。乾隆五十年八月十二日早上，小的下湖种地，中午回家，妻子尚未起来。小的骂她懒惰，妻子爬起来回骂小的。小的气愤，用拳打她左右眼睛，母亲听闻赶来拉劝……晚上又吵，小的用棍子打妻受伤，不一会儿死了（二十五岁）。”说明王宗二十三岁与十九岁邱氏结婚。乾隆四十六年（1781）十月，安徽宿州王廷傅供：“小的三十三岁，母故父在，无兄弟妻子。平日锻磨生理，与田文吉素熟。田文吉妻侄的堂妹张氏夫故，要改嫁。小的见过张氏，心想娶她。托田说媒，他已应允。后田回说，张家嫌你没家业，不肯与你做亲。小的也就罢了。”说明王廷傅三十三岁还未娶妻。

乾隆五十一年（1786）十月，江苏高邮州张奎供：“小的原籍河南鹿邑县，自幼搬到高邮州居住。四十一岁，父张伯钦故，只生小的一人，并无兄弟。母亲唐氏改嫁崔有禄为妻，小的随母到继父家过活，后母亲病故，小的仍同继父同居，也没归宗。”张奎随母到继父家，四十一岁未成婚。乾隆四十六年（1781）六月，山东沂水县邱立常供：“小的三十岁，原籍郯城县，本姓王，听说五岁上卖给邱徐氏为义子。王氏（二十一岁）为妻，成亲五年，并未生育。”① 邱立常二十五岁结婚。道光时阜阳县李随孜“向在阜阳县会陇集独自装卖水烟度日”，“年三十五岁”，仍娶不起妻子。吴凤新供：“年五十岁，阜阳县人，父母俱故，哥子吴中立，分居各度，小的并没妻子，种地度日。”② 吴凤新五十岁还没有结婚。

贫苦人家有的娶妻面临经济困难。于是，淮河流域一些富有者出资帮助婚姻无力者，成全他们的美好姻缘。阜阳出土的明代万历七年（1579）《明隐君绍滨公暨配陈氏合葬墓志铭》中记载，王绍滨曾救济本族贫苦者娶亲，“凡族之贫者，婚丧皆有所济”。明崇祯五年（1632）《明故文学钱君菁华暨配孺人孟氏王氏合葬墓志铭》记载，颍州人钱镐助人姻缘，“君于宗族老者养之，孤者育之，愚者教之，有不能举婚葬者助之”。涡阳丹城出土的明万历十三年（1585）《明故廪生比吾张君墓志铭》记载，亳州丹城镇人张播捐钱帮人娶妾，“华子冕无嗣，捐赀俾之纳庶”。乾隆《颍州府志·人物志·列女》

① 中国第一历史档案馆藏：“刑科题本·婚姻家庭类”，转引自王跃生：《十八世纪中国婚姻家庭研究》，第 8 页、180 页、114 页、214 页。

② 转引自张妍等：《19 世纪中期中国家庭的社会经济透视》，第 95 页、128 页。

载清代康熙时武进士、亳州人颜光昨“捐资设立里仁会，助婚丧之无力者”。清代颍上县庠生王昌歧“买地三十亩，为学田。族人不足者，婚丧有助”。也有官府提供婚嫁的钱物，清代亳州李殿基与王五姐婚姻时“有司分给五姐祖父所遗房产，以为嫁奁”，等到完婚后，王五姐将所给拨之产银，为其夫捐入国学。

（五）新式婚礼

清末民国时期，随着西方文明在中国的传播，婚俗受到较大的影响，淮河流域各地拜堂仪式也逐渐趋于简单，新婚夫妇的跪拜改由鞠躬代替，出现“新式婚礼”，又称“文明结婚”。徐珂《清稗类钞》第五册《婚姻类·文明结婚》记载了当时新式结婚的情况：“光、宣之交，盛行文明结婚，倡于都会商埠，内地亦渐行之。礼堂所备证书（有新郎、新妇、证婚人、介绍人、主婚人姓名），有证婚人宣读，介绍人（即媒妁）、证婚人、男女宾代表皆有颂词，亦有由主婚人宣读训词，来宾唱文明结婚歌者。”光绪、宣统时期，盛行文明结婚。“由男子陈志愿于父母，得父母允准，即延介绍人请愿于女子之父母，得其父母允准，再由介绍人约期订邀男女会晤，男女同意，婚约始定”。青年男女见面互有好感，约定终身。

民国《泗阳县志》卷七《地理·风俗》：“近来文明嫁娶之仪盛行，为家长者，苟取而参用之，则从前减饭、送房诸陋习当一扫而空矣。”民国泗阳县文明嫁娶较盛行。民国二十五年《重修莒志》记载莒县文明结婚程式：一、司仪人入席。二、奏乐。三、来宾入席。四、介绍人就位。五、证婚人就位。六、主婚人就位。七、新郎、新娘就位。八、全体肃立，向党旗、国旗、总理遗像行三鞠躬礼。九、证婚人读证书。十、证婚人分别询问新郎、新娘是否同意。新郎、新娘受问时须各进一步答复，答后退复原位。十一、新郎、新娘盖章或签字。十二、证婚人、介绍人、主婚人以次盖章或签字。十三、新郎、新娘相向立，互行三鞠躬礼，并交换戒指（奏乐）。十四、证婚人致箴词。十五、主婚人致训词。十六、来宾致贺词。十七、主婚人致谢词。十八、新郎、新娘谢证婚人三鞠躬礼，证婚人退。十九、新郎、新娘谢介绍人三鞠躬礼，介绍人退。二十、新郎、新娘谢来宾三鞠躬礼。二十一、奏乐，礼成。礼服由之前烦琐的长袍马褂、凤冠霞帔改成了简单的西装革履、西式婚纱。

文明结婚，不仅简化了结婚礼仪，而且体现了男女双方的意愿，因而日益受到社会各界的赞同。不过新式婚礼多是由思想比较开放、家境比较富裕的人家举行，而贫穷、思想保守的群体则很难接受，故这种新式婚姻一般只在都市进行，在广大农村并不多见。盱眙县“因人民知识浅陋，举行新式者尚不多见。普通婚礼仍照旧俗举行，其仪式较为繁重”①。有的地方既有旧时婚礼，又有文明结婚，如凤阳县“婚礼，分旧式、新式两种。新式，即所谓文明结婚，其仪式简单”②。文明结婚是青年男女自由交往恋爱，经父母同意就可结婚，它体现了男女平等，尊重了男女双方婚姻自主、平等的意愿，是婚姻价值观从传宗接代为目的转向以夫妇双方幸福及小家庭为主的标志，为年轻人接受和喜爱。文明结婚也体现出近代婚姻的契约意识和法制意识。

新式婚礼虽提倡节俭，但婚礼仪式中的奏乐、新郎、新娘互换戒指、留影等实际开支也非常大。于是为节省费用，在民国政府的积极倡导下，集团婚（集团结婚，又称集体结婚或集团婚礼）出现了，它是民国及以后的一种特殊的新式婚礼，具有简洁而又不失庄重的特色。它首先兴起于 20 世纪 30 年代的上海，而后逐渐推广到淮河流域。当今，常有一些单位组织集体婚礼，隆重、喜庆。

今天，婚姻形式多为自由恋爱，或者由亲戚、朋友、同事、同学等先牵一下线，之后男女双方相处、恋爱，最后结婚。

四、丧葬

历史岁月长河中，亘古不变的是民众慎终追远的文化内核。“事死如事生”，丧事成为人们表达孝心、宣扬孝道、和睦族群的重要手段之一。古代，丧葬礼仪被称为“凶礼”，是四大人生礼仪（诞生礼、成年礼、婚礼和葬礼）中的最后一件大事，因此也受到所有民族以及所有阶层的普遍重视。在办丧送

① 民国《盱眙县志略》，丁世良、赵放主编：《中国地方志民俗资料汇编·华东卷（上）》，第 534 页。

② 民国《凤阳县志略》，丁世良、赵放主编：《中国地方志民俗资料汇编·华东卷（中）》，第 1009 页。

葬的过程中要遵循一些规矩，久而久之就形成了丰富的丧葬习俗。

淮河流域丧葬有一套繁缛的礼仪规范，为体现出孝心，报丧、下葬等程序严谨，贫富人家丧葬有差异。丧葬仪礼的隆重究其原因，与民间笃信的灵魂不灭观念、佛教“转世再生说”的影响有关。传统礼仪要求人们对待父母祖宗，必须是“夫人子事亲之道，生则奉养，尽其爱敬，死则殓葬尽哀”①。生时全力赡养，死后丧事隆重，子孙为死者送葬，以尽孝心。

（一）讲究丧葬礼仪

旧时，淮河流域注重丧葬礼仪。南宋以降遵守《家礼》（即《朱子家礼》），乾隆《颍州府志》载颍州“丧礼，复殓，殡葬皆如《家礼》”。士丧礼与庶人丧礼过程有很大的区别，士丧礼“立丧主，主妇护丧”，而庶人丧礼“使子弟护丧”，也就是说士阶层是由主妇护丧，而庶人则是死者的子弟护丧；士“侍者奉汤及巾栉入”，而庶人“子弟奉汤及巾栉入”，显然庶人是少有侍者的，所以奉汤的工作就由子弟完成，而士是由侍者来做。清代阜阳县“三日成服。三日内，亲友来吊，赙仪轻重不一。三日晚，张灯设馔，用鼓乐，阴阳生赞礼送行。开吊日，本家至亲各送祭筵，亲友送牲礼。举殡，以启报闻。祭日题主致祭，与祭者各送胙肉。至亲祭筵用旗幛、猪羊、果蔬，兼有赙仪；亲友送牲礼。发引，亲友各备香酒、果蔬路祭，相送至茔所。贫家随力致吊”②。说明当时阜阳县三日内，亲友来吊唁，送牲礼。亳州“缙绅礼法家多有遵《家礼》行事者，惟行朝夕奠礼时，乃请戚友中诸生襕衫顶帽以襄事。考古丧礼，凡执事者非其有司即其朋友，皆吊服加麻，若在朝夕哭位，自五服众兄弟及外兄弟有服者，其余家臣众宾亦必吊服”③。死者亲戚要穿丧服，即要行成服礼，成服是指与死者有五服关系的亲属在吊唁和守灵期间所穿的丧服。

民间丧葬程序大致为报丧、入殓、吊唁、殡埋、圆坟、做三七、做五七、周年祭等。

① 张大翎：《时俗丧祭便览·慎终说》，转引自卞利：《明清以来徽州丧葬礼俗初探》，《社会科学》，2012年第9期，第132页。

② 乾隆《阜阳县志》，丁世良、赵放主编：《中国地方志民俗资料汇编·华东卷（中）》，第983页。

③ 乾隆《亳州志》，丁世良、赵放主编：《中国地方志民俗资料汇编·华东卷（中）》，第985页。

1. 报丧

老人弥留之际，子女守护在其身旁，听其最后的遗言，直到老人去世，这在习俗中被称为“送终”。在老人临终之际，家人会把老人从卧室中移至正庭中临时铺设的灵床上。老人绝气前，儿女必须亲自为之沐浴、穿衣。清代，皖北地区的寿衣都沿用明代服装形式，由于明朝皇帝朱元璋出自安徽，故民间有“死不降清”的说法。涡阳县的寿衣布通常用蓝、红两种颜色，忌讳用黑色，并且上下衣都要加套棉絮，认为厚的寿衣比较好。寿衣是按照习俗裁缝要先裁外衣，再裁内衣。寿鞋一般都是鞋底比较软的布鞋，寓意为穿上软底布鞋鬼魂赶路时会轻便，一般由女儿或孙女在特定的时候制作。寿衣一般要求三至五件，穿单不穿双。

亡者绝气后要设置灵堂、孝堂，用来放置灵柩殡葬冥物等，并在此处接待吊唁的人。绝气后，家人都会烧纸钱，称为“烧倒头纸”，有些地方称为“烧落气纸”。汉唐时期多用瘗钱，宋代以后改用纸钱，明清送殡以后，墓前焚烧，供死者享用，甚至随葬品也有用纸扎成。此外，还要燃放鞭炮，一是表示死者归天，二是向邻居报丧。人死以后，家人围在身边恸哭。儿子要到亲友家报丧，待亲友全部到达后，方可把遗体放入棺内。

老人绝气后，由死者的子女、儿媳、孙媳等守候在灵床边，称作守护灵床。大殓以后，遗体被移入棺材，子女守灵称作守护灵柩。

（1）丧服

丧服按亲疏关系分为五等：斩衰、齐衰、大功、小功、缌麻。传统的“五服”制度早在周朝的时候即已基本定型。清代，制定了集历代之礼仪大成的国家礼典——《大清通礼》。道光《阜阳县志·风俗志》载清代阜阳县礼仪“谨按《大清通礼》”施行：

“斩衰三年。子为父母，为继母、慈母、养母，子之妻同；庶子为嫡母所生，母庶子之妻同；为人后者，为所后父母，为人后者之妻同；女在室及已嫁被出而反在室者为父母；嫡孙承重，为祖父母，承重者之妻同；妻为夫、妾为家长。”斩衰是在五服中最重（指与死者关系最近）的一种孝服。子、未嫁女为父，承重孙（父为嫡长子，已死，嫡长孙为承重孙）为祖父，妻妾为夫，服斩衰，服期三年。斩衰以粗劣的生麻布制作，衣旁和下边不缝边，所以叫斩衰。有两条麻布带，一条束腰，一条束发冠，穿的是菅草编的粗草鞋。后世也有用麻布片披在身上代替斩衰。

“齐衰不杖期……冠绖屦，同上。齐衰五月。孙及女孙为曾祖父母，服熟桐麻布，冠、绖如其服，草屦，妇人麻屦。齐衰三月。为继父先同居后不同居者；为同居继父两有大功以上亲者。”子、未嫁女为母，承重孙为祖母服齐衰三年。已嫁女为父，孙为祖父母，夫为妻，为叔伯父母、兄弟，出嗣之子为生父母，妇为舅姑（公婆），妾为妻，服齐衰一年。重孙为曾祖父母服齐衰五个月，玄孙为高祖父母服三个月。齐衰用粗麻布制作，因为缝边整齐，所以叫作作衰。

“大功九月……服粗白布，冠、绖如其服，茧布缘屦。”大功用于为堂兄弟、未嫁的堂姐妹，已嫁的姑、姐妹，已嫁女为伯叔父、兄弟等，服期九个月。大功次于齐衰，丧服以熟麻布制作。

“小功五月。服稍细白布，冠、绖如其服，屦同上。”小功为本宗的曾祖父母，伯叔祖父母、父亲的堂兄弟及配偶、未嫁祖姑、堂姑、外祖父母、母舅、母姨、妯娌等，服期五个月。小功又次于大功，丧服以较细的熟麻布制作，比大功服精细些。

“缌麻三月……服细白布，绖带如其服，素屦无饰。”用于本宗的高祖父母、曾伯叔祖父母、族伯叔父母、中表兄弟、岳父母等，服期三个月，缌麻是五服中最轻的一种孝服，以细麻布制作，比小功服更精细一些。

儿子戴麻辫扎边白帽，穿孝袍，腰束麻带，女儿头扎拖地七尺长的白色布巾，孝袍上缀有麻绳，孝鞋上缝有麻辫，即“披麻戴孝”，孝要从头到脚一身白。按照五服制度，有的只戴孝帽子，却无孝服，有些要在孝服上加一些特殊的标志，孙辈头戴方巾叠成的四花帽，不穿孝袍，穿白布幔脸孝鞋，孝衣肩头缀一块红布，重孙缀两块。未过门的女婿孝衣上也缀一条红布。侄女、孙女戴三尺长的白土布，其他人戴一尺长的白土布。婴儿戴孝帽缀红缨。旁系侄辈孝服同于直系孙辈孝服。

民国后，五服制废除，仅有重孝（父母儿女、夫妻）、轻孝之别。

穿孝、戴孝必须遵守有关的礼制，不仅标明了亲族内部的人际关系，也约定俗成地规定了这些人之间的权利与义务关系。

（2）报丧

报丧是指丧者家属向亲友、邻居发丧的一种方式。光绪《光化县志·风俗》载“初丧，遍讣亲友”。报丧的目的是让亡者亲友知悉其辞世的消息，以便前来吊丧、帮丧。通常情况下，在死者小殓以后丧家会将死讯等报告亲戚朋友，以便他们及时赶在大殓之前前来吊丧。穷人家一般以口头报丧为主，报丧的孝子要穿孝服、戴孝帽、腰间扎孝带，到要去的人家门前，向闻讯出来接的人（无论长幼）含悲叩头，以示对亲人去世的重视和对亲友的敬意。对那些远门的亲戚一般应由家族成员登门报信。富人家常用帖子报丧，上写某老爷（某大人）恸于夏历某年某月某日某时寿终正寝（男曰正寝，女曰内寝），谨择于某日某时大殓，特此讣告，下款写明府第和禀报人，收报人的姓名则用红纸条写好，粘在报丧条的上端，“孝子按‘爷亲有叔，娘亲有舅’的伦理，叩请他们前来主持丧事”[①]，无论向长辈或者平辈，为老人报丧，报丧者必须跪地磕头。从报丧者来说，报丧分为主人亲自报丧和遣人告丧两种。因为丧者家属失去亲人内心非常痛苦，另外还要忙于安排、料理丧事，并且民间有丧家人员一段时间内不能到他人家中的习俗，所以报丧也有族中子弟或者邻居为之。

报丧也有一定的规矩，如老年女性辞世，涡阳县的规矩是孝子则必须不穿鞋子徒步去娘舅家报丧，而灵璧县的孝子则需要手拿着哀柳棍到娘舅、姑姑等亲戚家磕头报丧。更多的是委托他人报丧，报丧时不能进他人屋门，报丧后不能在外久留。

2. 入殓

入殓，简单来说就是将亡者的尸体移到棺材里面。入殓分小殓、大殓，或次日小殓，三日大殓。小殓，就是在灵床上将死者死时的衣服脱下，并换上寿衣，这一方面是因为人死时间长了，身体会僵硬不好穿戴，另一方面则是出于对死者的重视。寿衣一般是在死者生前身体不太好的时候准备好的，寿衣的衣料一律是棉的，意谓绵延世泽。民国《单县志》卷一《地理志·风俗》：“殓

① 曹瀚丞：《旧社会的婚丧庆吊》，范基明：《文史资料选编·社会卷》，中国文史出版社 2002 年版，第 356 页。

时用棉偎其首，子媳各出少许，缀于冠缨，名曰留子。”鞋必须是布底做出莲花图案，表示脚蹬莲花，成了正果。内衣不钉纽扣只缝飘带，因为纽和扭谐音，怕犯了不利于子孙的忌讳。

有的在死后当天入殓，有的则需要三天等等，这主要根据家庭的经济情况而定或者是阴阳先生的推算。“死人三日成殓，天热时则当日小殓，将尸身入棺，唯不钉棺盖”。寿州给死者穿寿衣时，“不得悲泣……如悲泣，即涕泪不得落死者之身……恐有走尸僵尸之累”①，转生时会爱哭。还要让死者每只手都握有打狗棒和打狗饼，传说到阴间的路上会有恶犬，不带打狗棒和打狗饼则不能顺利通往阴间。

大殓是指装殓入棺。民国《凤阳县志略》载凤阳县大殓是指将死者放入棺中，并将灵床撤去，用盖盖住棺材，但暂不封死，且“停柩于正堂”。“死者用过的衣服，被褥扔到房顶上晾晒”②，到烧铺的时候，将其全部烧掉。寿衣一年四季都只用棉衣，也不能用皮毛类的衣料，这主要是怕来生会成为兽类和畜类，也不能用绸缎，因为缎谐音“断”，避免对子孙不利。

大殓的时候，死者的至亲都要在旁守着，过去称“亲视含殓”。大殓入棺，也是头前足后，与棺材头尾一致。棺材天在上，棺材底在下，人在天地之间，符合天地人“三才”之道，古人认为，天为阳，地为阴，人在阴阳之间为和，只有三才相配，关系和谐，才能福泽绵延。亡人背下置十二枚铜钱，称为“垫背钱”，口中放一枚钱，称为“噙口钱”。然后，在棺木前后拉一根系着钱的线，以校正亡人面部的偏正，称为“分金”。盖棺后，棺前放一个馍、一盏“长明灯”，子孙们轮流跪于棺旁守灵。一般人家，棺木要在家停放三日。人死以后，灵堂的最初意义是为灵魂暂留之处，灵堂的设置一般是在入殓之后。《泗虹合志》载：“士庶多于正寝设奠。”③

萧县的习俗是在人寿终后，将一个瓦盆放在床前，专门用此盆来烧纸，另外死者有几个儿子，就在盆底钻几个洞。在入殓之后，则正式设置灵堂。怀远县入殓之后，在棺材头前安放供凳，上面摆一个细口瓷瓶，里面盛着饭食，是

① 胡朴安：《中国风俗》（上编），九州出版社 2007 年版，第 214 页。

② 耿建华、王汝芳：《民间习俗》，中国民间文艺出版社 1989 年版，第 167 页。

③ 光绪《泗虹合志》，丁世良、赵放：《中国地方志民俗资料汇编·华东卷（中）》，第 998 页。

为亡者准备的“倒头饭”，还需插上红色的筷子和葱梗，称为“倒头瓶”。另外，还要摆上一盏长明灯；地上放置陶盒，称之“老盒”，供焚烧纸箔。涡阳县入殓之后，要在棺材头上放一盏点燃的铁灯，人们把它称为“引魂灯”或“指路灯”，认为此灯可以引领鬼魂，再放一个小罐，罐里盛有面条，罐口上放一个蒸馍，并插一双筷子在馍上，称为“蜜蜂罐”。在棺木的前面也要放一盏灯，其寓意是“阴间地府黑暗无光，点上路灯，可给亡灵照亮道路”[①]。棺木中，要铺盖俱全，死者放入棺木中以后，还要放一些小的陪葬品。大殓一般在成服（穿好孝服）以后进行，此时主要的亲友都已经到来，生死诀别的意义十分明显。

阜阳县死者在生命垂危尚未断气的时候就先把殓装穿好，并且“男不三，女不四”，即男性不能只穿三件，女性不能只穿四件，然后将尸体放在堂屋当门的灵床上。死者断气之后就点着纸张，称为“断气纸”，并用白布做一床棉被，铺在死者身下，称为“托单”，用白布做一鸡形枕头，叫“枕头鸡”。将死者放到灵床时头须朝外、足朝内，此时又要烧纸，称之为“倒头纸”。用白色麻绳将死者两足松松扎起来，叫“绊脚锁”。在死者口中放一枚钱币，叫“噙口钱”。用一张白纸盖住死者面部，叫“蒙脸纸”。在灵床上放燃着的油灯，叫“长明灯”。再盛一碗面条，放四个圆馍和一只杀好的囫囵鸡，称为“供灵鸡”。以上这些的寓意是可使死者灵魂穿戴整齐，有钱用，有饭吃，并有长明灯照路，可以安稳地走向阴曹地府。1979 年，在蒙城县双涧发掘的明代墓葬，遗体上盖着一张纸，这是到“阴曹地府”的通行证——度牒[②]。

大殓以后，灵柩安放在堂屋正厅，棺头向外，棺材前点上长明灯，摆放好香炉，点上线香，有的地方还放上蒸馍和筷子，对死者的灵柩进行祭奠。守灵礼仪十分庄重，所有应该守灵的人都要穿上孝服参加，男在左边，女在右边（有的地方女的不参加守灵），按照辈分和年龄大小，从前到后地跪着。当有亲友前来拜祭死者时，守灵人员要燃纸钱，叩头向亲友行答谢之礼，直到出殡，守灵才算结束。

① 高丙中：《中华文化通志・民间风俗志》，上海人民出版社 1998 年版，第 369 页。
② 殷克毅：《蒙城主要出土文物简介》，《漆园古今》第 2 辑，第 97 页。

3. 吊丧

亲友上门哀悼死者，并向亲属表示慰问，即前来吊唁，哀悼死者称为“吊”，安慰死者家属称为“唁”。要先到灵柩前行叩首礼，后世多行鞠躬礼。守灵的孝子们还礼后，经礼宾人员劝慰后，即到账房交礼。有些地方，关系较远的亲友前来吊唁，也可以不带礼金，只带礼品，在灵前施礼，烧上几张纸钱，即表示哀悼。亲友们带着冥纸、设活（土语，即纸人、纸马、纸轿等冥物）等礼品前来吊唁。清末民初，涡阳“初丧，含殓棺衾，略如《家礼》。三日成服，戚友来奥（奠），俗称‘送三’。举殡，以启报闻。祭日题主致祭，与祭者各送胙肉。至亲祭筵用旗幛、猪牛、果蔬，有赙者。发引，亲友各备香酒、果蔬路祭，相远（送）至茔所。贫家随日（力）致吊”[①]。常见的礼品有挽联、挽幛、香烛、纸钱、冥器等，挽联无论质料如何，必须是蓝灰青白等素色。当然也可以带礼金。亡人子孙除叩头致谢外，还设丧宴款待。

清末，颍上县“大殓后四日始服麻衰，戚友来奠，谓行成服礼。葬虞皆如制”。颍上县死者大殓后四日亲朋好友才开始祭奠。“贫者，戚友必厚赙以葬。素有孝义会，每月具食一集，共醵资以一人蓄之。有祖父母、父母丧，则同往治丧，以所蓄赙其家，即以余息为存者寿。士民皆有之。惟商民富室惑浮图阴阳之说，丧用忏祷，葬或用镇物，不惑者惟士而已”[②]。如死者家境贫寒，亲朋好友则帮助其完成丧事。

阜阳城内有一种旧俗，殡葬之前，亡人子女每晚到十字路口焚冥纸钱和泼面汤，给死者送路费，让死者吃饱上路，阜阳城东称之“送汤”，阜阳城西称之“送浆水”。送浆水是指从死者去世那天算起，三天之内，每天中午和晚上，家人要送浆水两次，浆水是加上生面粉的清水，搅拌成浆以后，用桶抬到门前十字路口，洒在路上，同时点燃纸币，送葬的人员放声恸哭。据说，送浆水一是为了祭奠死者，二是为了打发周围的鬼魂，协调旧鬼新鬼之间的关系，使逝者的魂灵在阴间得到安宁。

淮河流域亲友来吊丧都由孝子下跪迎接。也有不同情况，如在宿州如果来吊丧的为女性，就由死者的儿媳或者女儿到孝堂下跪迎接。吊丧时，来者

---

① 民国《涡阳县志》，丁世良、赵放主编：《中国地方志民俗资料汇编·华东卷（中）》，第985页。

② 光绪《颍上县志》，丁世良、赵放主编：《中国地方志民俗资料汇编·华东卷（中）》，第987页。

往往要带奠礼。奠礼的情况也有所不同，宿州的奠礼主要为幛子、锡箔、供菜、挽联等；涡阳县的主要就是纸箔，但是交情深厚的会加送一只鸡、猪肉三斤三两等。灵璧县吊丧时，亲戚要给死者扎纸马、纸羊、纸牛、幛幡、纸人之类的祭品，俗称社号。

佛教和道教是对淮河流域丧葬习俗影响最大的两种宗教。民间在举行丧礼时，富贵人家在盖棺后，延请僧尼、道士诵经（也有诵经三天者），以此超度亡灵，祈求死者有一个好的归宿。民国《临沂县志》卷三《民风·丧祭》："惟殡时多延僧道斋诵。"若在死者死后第三天，念诵佛经以迎接亡魂，叫作"接三"。在日暮时焚化纸马纸牛和冥钱等，叫作"送三"，这套法事一直从傍晚做到深夜。

4. 出殡

民间出殡前要请阴阳先生寻找下葬的吉地，选择出殡的吉日吉时。有的民众认为墓地风水的好坏关乎子孙后代的福祉。富贵人家大都选在背山面水的地方，有的"村民依山而居，居后为墓"[①]，墓穴选在家族墓地。选定地点后，请父母双全的四人挖墓，由孝子破土。

葬殡前一日，揭开棺盖，儿女及亲属围棺瞻仰。在阜阳城东北一带有给亡人手中塞馍的习俗，让亡人过奈何桥时免得被狗咬。出殡，即"发引"。先要选定出殡日。亲友、孝子最后一次瞻仰遗容后，要放声大哭，表示最后的诀别。淮北地区在第三天出殡没有什么禁忌，三天之后就要请阴阳先生择日，以避免冲撞神灵或对生者有什么不吉利。出殡时，淮北地区要铁钉合棺。钉棺盖要请来木匠，在棺材帮和棺材天（盖）上合适的地方开榫眼，俗称"开引钉"，引钉开好以后，把棺材合槽，用钉钉上，这时孝子们要放声恸哭，边哭边喊"亲人躲钉"，以免木钉伤及死者的灵魂。

先将棺材移至门外，接着，送葬的孝男孝女在棺材的周围绕行三圈，称为"旋棺"。旋棺之后，请来的抬棺人员用绳索、抬杠捆好棺材，出殡时，长子手持"引魂幡"，引棺下地。一般是长子打幡在前，次子抱灵牌随后，准备妥当之后，抬棺人员齐声应和，即抬上肩，与此同时，由长子或长孙把灵

① 冯梦龙：《寿宁待志》，武文：《中国民俗学古典文献辑论》，民族出版社 2006 年版，第 213 页。

前祭奠烧纸用的瓦盆摔破，俗称“摔老盆”。摔盆讲究一次摔碎，而且是越碎越好。老盆一摔，杠夫起步，正式出殡，社火响手随行，送葬队伍随后，妇女至坟地即回。在皖北农村地区，穷苦人家经济能力有限，无力准备酒果类的祭品，就伴随送葬的队伍大声痛哭送一程，以表心意，阜阳县“贫家随力至吊”①。

到达墓地之后，抬棺者先抬棺围绕着墓穴转三圈，之后再将棺木放入墓穴中，把随葬的馅食罐、长明灯放在墓坑壁上龛内，还要制作一个弓箭放在棺上，寓意为阴间的桥，便于死者过河。有阴阳先生用罗盘仪矫正好方向，头三锹土由孝子掩上，再由其他人掩土堆坟，接着抬棺的人一起掩埋堆土，一般这时只堆成高出地面的圆丘，到三天圆坟时再添加坟头，坟丘堆好后，孝子将幡杆插在坟前。棺木封土后，送葬者一揖四叩、哀悼。坟茔堆好以后，抬棺人员离开，孝子们在坟前焚烧纸钱，燃放鞭炮，磕头祭拜，然后送葬人员徐徐离开，留下几个人在坟前焚烧死者生前使用的枕头和衣物，要把纸马、纸轿等物焚烧，并呼喊死者上马、上轿。

下葬结束以后，所有的戴孝人员要脱了孝才能回家。太和县“发引，亲友备酒果，焚香，送至茔”②。殡后次日，孝子到左邻右舍叩头“谢孝”。亡者安葬后的第三天，儿女们要到新坟上去包坟，谓之“圆坟”。坟上要供奉各种食物，祈祷死者在阴间安居纳福。

渔民有海葬的习俗。渔民出海没有回来，无法找到遗骸，就举行海葬仪式。连云港赣榆区抬棺材到海边，取砂石装殓称之为“招魂葬”。由于死者是野鬼，棺材不准抬进家门，祭日就是出海的那一天。海州湾（今连云港地区）渔船出海死人了，归来后要请童子“打叫”攘灾，童子用口把鸡头咬下，让鸡血洒在船上赶走亡魂，如果不举行“打叫”仪式，此船第二年不准出海。

5. 做七

淮河流域有做七的习俗，其目的是表达对死者的哀祭和怀念。殡后的第一个七天，直至第七个七天，儿女们都要去坟地焚烧纸钱祭奠。清代阎若璩

① 乾隆《阜阳县志》卷二十，丁世良，赵放主编：《中国地方志民俗资料汇编·华东卷（中）》，第983页。
② 民国《太和县志》卷十二，丁世良，赵放主编：《中国地方志民俗资料汇编·华东卷（中）》，第990页。

《潜邱札记》："今人以初丧四十九日，居于柩侧，谓之七七。"一般都是从死亡之日算起，每逢七天就是一七，即每隔七天子女便戴孝到墓地哀悼，共七个七，每到逢七那天，死者的家人就到死者的坟前祭奠，烧纸钱，放鞭炮，放声哭悼，一直到七七四十九天，就算满七了。有的地方做七诵经，子女请来僧尼或道士"做七"，唱功德歌，送死者的灵魂早日升上天堂。每七天诵经一次，自头七起，至七七止。民国《单县志》卷一《地理志·风俗》："逢七日，类多致祭，或延僧尼供佛念藏，谓可超度亡魂。"

一般民间并非逢七都祭，比较重视头七、五七。界首做七通常要提前一天，有"不烧顶七纸"的说法。做七过程中，每一个"七"都有不同的活动内容。"头七"即人死后的第一个七天。这天丧家要设灵座，供奉牌位，并举行一个隆重的仪式，受唁开吊，还要烧纸焚香，并有招魂、摆设灵前纸扎等活动。"二七"即人死后的第十四天，这天的祭祀活动从简。"三七"即人死后的第二十一天，也称为散七。"四七"的祭祀一般也从简。在做七的过程中，"'五七'最为隆重，因为人们以为这是亡魂最后一次回头看望家乡亲人，过了这天，亡魂神智迷糊，不能自主"①。

江苏盐城地区出殡时忌说棺材重，忌断气前睡在床上，忌人死在帐子里，小孩夭折，忌说"死"，人们意在将这残酷的现实表达得轻松些，而说"跑了""走了"。下葬时，忌小孩说不吉利话，要撒硬币将小孩引开。有数七避八的习俗，"八"和"杀"音近，因此在烧七逢八时，都要提前一天。孝子在给父母做七期间不能理发，俗称"留七头"。

6. 居丧

居丧是指死者家人后辈自死者去世时起服丧，节制其生活。一般在一个月或百日以内，不能理发，不能参加宴会，不参加庆贺活动，不能逛庙会，不办理婚嫁等。通过这些举措，表示对死者的哀悼和思念，居丧的基础是孝道和亲情。居丧之礼节，对孝子的要求最严，古代礼制要求居丧三年，晚辈对长辈的去世表示忧虑和思念之意。清末民初，太和县"丧礼……子披发跣足昼夜哭。三日而成服受吊，百日始剃发……乡民初丧，焚楮钱于土神，曰'报

① 顾希佳：《礼仪与中国文化》，人民出版社 2001 年版，第 253 页。

庙’；无土神则于路口以土块压纸灰，曰‘压魂’”[①]。太和县死者之子在百日后才剃发，以此表达对亲人的悲伤心情。后世民间满七以后就可以恢复正常生活。

家庭祭奠，一般是在父母、祖父母的忌日和元旦等日举行。清代，亳州“祭于五礼为吉礼。古士夫四时祭，今俗有不尽符者，惟于元旦、清明、七月望、十月朔、除夕治肴疏祀先于室中，或于墓所。其建宗祠，群昭群穆咸至者，不过一二大姓而已”[②]。亳州在元旦、清明、七月望（望日即农历每月十五）、十月朔（朔日即农历每月初一）、除夕举行家庭祭奠。清末民初，涡阳“其民间祭礼，士夫有家庙者春清明节、冬十月一日设馔，质明行事，用三献礼，族长主祭，然多为通族合祀，其四时令节、冥寿、忌日，各有常祭于寝。其祠堂图、神主尺式、墓祭焚香，尚遵守朱子《家礼》”[③]。乾隆《阜阳县志》也载：“士夫有家庙者，朔望族人毕集，拜祖完毕，长幼尊卑以次序拜。春秋二祭，择日设馔，质明行事，用三献礼，族长主祭。四时及生日、忌辰，各有常祭，士民皆同。”涡阳县、阜阳县士大夫之家于清明、十月初一、冥寿、忌日，在宗祠（家庙）由族长主持，族人共同参加，长幼尊卑依次祭祀先人。其仪式是主祭者沐浴更衣，面对先人的遗像或牌位，焚香三柱，放上酒水三杯，或者是用素色鲜花一束作为清供，或是摆放一些水果糕点，和先人生前喜好的食物作为贡品。祭品摆放好以后，点燃黄表纸，向先人叩头或鞠躬，祝愿先人在天之灵安息。一般在清明节、中元节（七月十五日）或春节前举行。传统的祭扫活动，包括设供焚香、烧纸、燃放鞭炮、行跪拜大礼和修整陵墓等内容。

父母死亡满一年称为“周年”，这一天叫“忌日”。子孙至亲设供桌祭祀，称“做周年”。父母有一人健在，桌旁放一把椅子；父母双亡，放两把椅子。行礼时奏乐，祭者在供桌前列队行“九拜礼”。礼毕，设宴款待。第一年叫“一周年”，第二年叫“二周年”，连做三年。三周年祭祀之后，子女就可以不再穿孝服，称为“脱孝”。大部分地区重视三周年，因为这是与死者的最后

① 民国《太和县志》，丁世良、赵放主编：《中国地方志民俗资料汇编·华东卷（中）》，第990页。
② 乾隆《亳州志》，丁世良、赵放主编：《中国地方志民俗资料汇编·华东卷（中）》，第985页。
③ 民国《涡阳县志》，丁世良、赵放主编：《中国地方志民俗资料汇编·华东卷（中）》，第985页。

告别，三周年之后，坟墓就变成了“老坟”，忌日祭祀不一定再到坟地了。

（二）贫富人家丧葬有差异

在棺木的选择上，贫者与富者之间是不同的。旧时，父母六十岁，儿女要为之置办棺材、寿衣。棺木以柏树、梓树为上等，松树、槐树、桑树次之，椿树、泡桐、榆、柳等又次之。民国《临沂县志》卷三《民风·丧祭》：“兢兢于棺椁，平日闻有松柏嘉木可用者，不惜重资购之。惟殡时多延僧道斋诵，鼓吹幢盖，以及彩匠为假舆马、幡旗、楼阁之属必备，故耗费甚巨。”棺底、墙、天（即盖）的厚度以寸度量，有“三、三、四”（三寸底、三寸墙、四寸盖）、“四、五、六”“一、二、三”等，棺材每边以三块整木板为好（不能拼接），制作时要树根向前（头）、树梢在后（尾），做到首尾一致，漆成黑色或紫红色。

富裕人家棺木多选择厚木板，且根据自己的经济条件多选择柏木、杉木等。富裕人家的棺木大多绘有不同的花纹，棺木前一般写“福禄寿”“音容宛在”“福如东海”等吉祥的语句，有的写一个“奠”字。清末民初，阜阳城西的土豪刘锡农花 4000 块银元从外地为其父亲购檀木打棺做椁。而贫家的棺木全系薄板组成。制作棺材要选好吉日，燃放鞭炮，亲友祝贺，吹响奏乐，设宴招待工匠和宾客以后，才能动工。旧时富裕之家，还要在棺材之外，另做套棺，俗称“内棺外椁”，至清末民初之时，尚有制作套棺的习俗。棺材做成后，亲友以礼物来贺。

富有人家重视墓地，有的不惜重金置办。在太和县出土的金代大定二十九年（1189）砖刻亳州城父县文城乡买地券就是重要证据，此砖长 35 厘米、宽 34.5 厘米，文字如下：“亳州城父县文城乡第九都长斌……李斌奉为先祖……吉日再谋安葬……谨于大定二十九年六月初八日，于□山福地之中，问一切诸神，用银钱买到营（茔）地一段……贯佰在数……于立契日一并交足并无少欠。引领人：东□□，牙保见人张坚固、李定庆，写文字人乔□。判官定已后，辄莫相侵，切恐阴司无凭，故立地契与祖□……大定二十九年六月日，立契土葬李斌。”为安葬家住亳州城父县文城乡的先祖李斌，家人请人相墓、问诸神后，选择一块东至青龙、西至白虎、南至朱雀、北至玄武的福地，用银钱买到茔地一段，“贯佰在数”，数目较大，非普通百姓所能买得起的。有引领人、牙保见人、写文字人，并得到官府认可。阜阳出土的明代万历七年（1579）《明隐君绍滨公暨配陈氏合葬墓志铭》中记载，王绍滨在父亲死后，“倾囊治棺，大小殓皆如法，昼夜号泣几绝”。王绍滨动用家中所有为父亲制作棺材。

富者的丧葬礼仪较为隆重，而贫者则较为简单，甚至需要他人资助。乾隆《颍州府志》载颍州“士夫之家有家庙设主馈奠，庶人则扫地以祭”。凤阳县“丧礼，惟士夫家能行之，余则送终之具颇苟简，居丧之节甚疏略”[①]。颍州、凤阳县庶人居丧之礼较为简单，士“三月而葬。营葬地及葬具。坟茔周三十步，封高六尺。墓门石碣，圆首方趺，勒曰‘某官某之墓’，无官则书‘庶士某之墓’”。碣指圆顶的石碑，趺指碑下的石座。士人棺木在家停放五至七天，在墓地可停放三个月，之后才举行隆重的下葬仪式，坟茔周三十步（清代五尺为一步），封高达六尺，面积较大，并在墓前树石碑，规制较高。庶人“逾月而葬。营葬地及葬具、坟茔。周十八步，封四尺。有志，无碣”[②]。庶人在大多数情况下棺木在家停放三天，在墓地可停放一个月，之后下葬，坟茔周十八步，封高达四尺，可见庶人墓地规模要比士人的小。从这里可以看出士人与庶人的葬礼在时间、坟茔上都是不同的，这与他们所用棺木的质量也是有关系的。士与庶人丧礼的差距主要是由其阶级、地位不同所产生的，不可僭越。

有些人家因贫苦或其他原因无力置办像样的棺材，就用薄匣子或芦苇、秫秸包卷死者槁葬。韩自强《阜阳·亳州出土文物文字篇》中载，明崇祯五年（1632）《明故文学钱君菁华暨配孺人孟氏王氏合葬墓志铭》记载，颍州人钱镐妻孟氏父亲“孟海以疫卒于颍之东乡，时万历癸卯仲夏。君家亦染疾不能趋视，竟槁葬焉”。有的靠亲朋资助，乾隆《颍州府志·舆地志·风俗》也载“贫者亦尽心营葬，不能举者，亲友助之”。颍上县“贫者，戚友必厚赙以葬。素有孝义会，每月具食一集，共醵资以一人蓄之。有祖父母、父母丧，则

---

① 《帝乡纪略》卷十一，丁世良、赵放主编：《中国地方志民俗资料汇编·华东卷（中）》，第995页。

② 道光《阜阳县志》，第125—136页。

同往治丧，以所蓄赙其家，即以余息为存者寿”[①]。无力营葬的穷苦人家，在亲友等帮助之下举行丧葬活动，颍上县有孝义会专门从经济上资助人们丧葬。

有富贵者尽力资助贫者丧葬。韩自强《阜阳·亳州出土文物文字篇》载涡阳丹城出土的明万历十三年（1585）《明故廪生比吾张君墓志铭》中说亳州丹城镇人张播捐棺给贫穷者，“他如丧不能举者，助棺以殡，而死者不野暴”。乾隆《颍州府志·人物志·传记》载清代康熙进士颜光昨“捐资设立里仁会，助婚丧之无力者”。清代颍州人连际遇，字时庵，由贡生捐授县令，后归里，“设义田八百余亩，每年课粮一百八十石。给族人之贫者置茔地，为族众葬埋之所”。连际遇设义田八百余亩资助贫苦的族人。

民国初期，蒙城县理教分会（1919 年成立）从事慈善事业，置义地葬孤贫，在西关外一里处，由会员集资置地两块共十二亩，一块为会员圆寂后安葬之公墓，一块为贫困户或无家可归者死后埋葬之公墓。同时，设“施棺会”救济贫困死者。施棺会是蒙城县理教分会的专门组织，由会员捐款，购买棺材，平时库存寸板简易棺材二三十口。凡孤贫户死后无钱置棺者，由该会成员介绍，经调查核实方可无偿领取棺材。每施棺一口，该会会员每人捐款 2 角（当时小麦约为 1 元钱 2 斗）添置新棺。每年施棺数为四五十口，深受贫苦人家感激[②]。

民国时期，有的地方政府提倡丧事从简，民国《重修莒志》卷四二《风俗》载莒县知事周仁寿于 1920 年倡办“崇俭行善会”，提倡改良丧葬习俗：“本会议定，开吊之日备四盘四碗素菜享客，至衣衾、棺木为饰终之典，必须量力备办。其余一切浮费，概可从俭。”除衣衾、棺木可尽力置办，其他从简。“亲族人等不准代为处分变产出殡。更有承继之子遭嗣父母之丧，亲族责以破产厚葬，视为当然，亦应严禁”，禁止变卖家产进行厚葬。这些规定体现了时代的变迁和人们思想的进步。

旧时，淮河流域的丧葬习俗，处于礼仪与习俗并存、良风与陋习同时存在的矛盾的状态之中。淮河流域的丧葬程式较为复杂，并且带有一定的迷信色彩，浪费了较多的人力、物力和财力，但是从这些烦琐的丧葬程式中可

① 光绪《颍上县志》卷一二，丁世良、赵放主编：《中国地方志民俗资料汇编·华东卷（中）》，第 987 页。
② 冯腾月：《蒙城理教会简史》，《漆园古今》第 2 辑，第 92—93 页。

以看到此地区对孝道的理解与践行[①]。淮河流域丧葬习俗的形成与当时的政治、经济等是分不开的。

近代，丧葬方面逐渐注重简朴，摈弃铺张浪费的习俗。光绪《五河县志》：“丧礼，视家之有无为隆杀。四十九日，致奠卒哭。祭以时荐，士庶家皆于（正、内）寝设奠，绝无厚葬者。”近代五河县丧葬注重节俭，没有厚葬之风，这与当地的经济、风俗有很大关系。

今天，丧葬移风易俗，汉族一律实行火化，淮河流域徐州、连云港等地出现海葬、鲜花葬、草坪葬、树葬等生态型殡葬模式。

① 刘宏、张文波编著：《阜阳民俗文化研究》，第69—87页、152—160页。

第四章
节日习俗

古代先民依四时变化，历经数千年的实践发明了二十四节气，反映了气候和物候变化，影响了民众的社会生活和家庭生活。同时，创造了与天时、物候、节令的周期性转换相适应，在民众社会生活中约定俗成的，具有特定风俗活动内容的岁时节日。近代以来，西方文明的冲击，通商口岸的开辟，加速了社会的变迁，民众求新、求变，岁时节日出现了一定的变化。

淮河流域在历史时期农业文明占主导地位，重农、尚农意识较浓厚，对岁时节日极为重视，并形成自己的特色。初一吃素饺意为素素净净过年，春节拜火神习俗祈求家庭和个人得到火神的护佑。正月十五吃元宵和和美美，表演踩高跷、花鼓灯以喜庆作为主基调。二月二女儿给父母送“老雁”以表孝心。清明节给坟“添土”延续着怀念故人的思绪。端午节吃粽子、佩带香袋、喝雄黄酒等既是对屈原的纪念，也是对饮食文化的沿袭。七夕节是我国传统节日中最具浪漫情调的本土情人节。中秋节讲究团圆，体现了亲情最重，亲人团圆是人生最向往、最快乐的事。重阳节敬老、爱老为全社会所共识，传承了自古以来中华民族尊老的美德，祭灶祈望灶神福佑全家。

岁时节日是一个动态的文化，虽有固定的时间，但它的内容据经济、政治等因子不断发展和变迁，具有时代性和进步性。岁时节日不变的是春节喜庆、儿女亲情、尊敬老人、怀念亲人，这才是中国岁时节日永恒的主题。

一、春节

春节起源于殷商时期的祭神祭祀活动，历史久远。中国农历，正月初一为元日、元旦、元辰、元正、元朔。《史记》记载，夏代元旦为正月初一；商代定在十二月初一；周代提前至十一月初一；秦始皇统一全国以后，提前至十月初一为元旦。汉武帝颁行《太初历》，才恢复夏代的以正月初一为元旦，以后历代相袭，所以这个历法又叫“夏历”（今俗称为农历）。正月初一是年、月、日三者之首，被称为“岁之朝、月之朝、日之朝”，也是“岁、时、日、月”的“四始”。

1912年，中华民国南京临时政府成立后，改用公历，农历的正月初一称为春节。1949年9月，中国人民政治协商会议决定把世界上通用的公历1月1日称为“元旦”，把农历正月初一定为“春节”。

春节是汉族最隆重的节日，宋人吴自牧在《梦粱录·正月》中说：“正月朔日，谓之元旦，俗呼为新年。一岁节序，此为之首。”“细民男女亦皆鲜衣，往来拜节。”① 新年民众穿新衣，拜长辈。少数民族也有过春节的习俗，只是过节的形式与汉族有所不同。

1. 除夕习俗

农历腊月末日即春节前一天称“除日”（俗称“年三十”），家家户户门上贴春联或门神，贴时要净手、焚香、放鞭炮，室内挂年画。此日之夜为除夕，除的本意是“去”，引申为“易”，交替之义；“夕”字本义是“日暮”，引申为“夜晚”，故除夕有“旧岁至此夕而除，明日即另换新岁”之义。

清代，蒙城县“每年‘元日’先夕，各扫室堂”，“岁除前三日，各家修果饼馈送亲友，谓之‘馈友’”，“除日，换桃符，写春联，易门神，谓之‘从新’”②。民国《涡阳县志》也载：清末民初，涡阳“岁除前一二日，各家修果饼送亲友，谓之‘馈岁’”。春节前，家家户户扫尘，屋宇洁净，无秽气，以祈新年之安。

除夕这天，要把春联贴好。习惯上先贴堂屋，再贴厨房、厢房，最后贴过道、牛栏、猪圈、水缸、粮囤，由里向外发展，符合儒家修身齐家的精神。春联从内容到形式都很讲究。门联的大小长短要和房门配合协调，不能过大过

① 吴自牧：《梦粱录》卷一《正月》，知不足斋丛书本。

② 民国《蒙城县志》，丁世良、赵放主编：《中国地方志民俗资料汇编·华东卷（中）》，第986—987页。

小、过高过低，对联的垂直中线要和门的垂直中线相一致。门联的字体要规范，大小要基本一致。选择对文要与房屋的“身份”、品味相符。大门联要选“德门集庆，仁宅迎祥”“门迎紫气，路得青云”一类的内容。厅堂联要选择“高堂日永，绮阁春生”“庭宇有喜，华堂聚和”一类的内容。贴春联的时间稍有差异，固镇、濉溪早上贴，蒙城、萧县、五河上午贴，涡阳下午贴。

门联颜色也有讲究，要贴大红对联。但当年有人去世的人家不贴门联或只贴黄表纸（火纸），纸上不写字，第二年贴绿色对联，第三年贴蓝色对联，含守孝三年之意。过了三年，才能贴大红对联。

凤台县“易门神，换桃符，书春贴，爆竹声不断，卑幼于尊长前行礼，谓之‘辞岁’。饮岁酒后，家人欢聚，有彻夜不眠者谓之‘守岁’”[①]。富裕人家在门前扎“天地棚”，棚内设果供，以期“玉皇大帝”降临享用。贫穷人家则在门前摆香案烧香（最初燃烧松枝、檀香木，后使用以柏壳子、榆树皮、香料等为原料加工成的香），敬神、驱除异味。

晚上，祭祀天地神祇，拜祖宗。吃“年饭（必有鱼，意为年年有余）”之后，围坐在一起，喝浑酒（黍米做），吃瓜子、糖等，彻夜谈话，为的是“守岁”。“守岁”在魏晋时期就有记载。颍州“除夜，易桃符，放爆竹，爇火于庭。先拜祖先，次尊长，余以序拜。夜分不寐，谓之‘守岁’”[②]。蒙城县，清代“除夕，各具牲醴祀神，谓之‘送残年’，亦曰‘辞岁’。又，明烛烧香，炽炭燔柴，围炉环坐，谓之‘守岁’。先期备品物，为新岁闭市数日之用。五更，放爆竹，燔苍术、辟瘟丹，谓之‘辟邪’”[③]。吃过晚饭之后，大人小孩都要守岁，俗名“熬年”。

除夕守岁，习俗已久，关于守岁的来历，传说是远古时期，有一种凶猛的怪兽叫“年”，生性凶残，专食飞禽走兽，甚至吃人。每到腊月三十这天就窜到民间掠食人畜，但它最怕火光、红色和声响。于是这天人们穿红衣、贴红纸、点红灯、生红火、放鞭炮。从守岁开始，做事要得体，要说吉祥话，要营造祥和的气氛，不能有恶言秽语，不能骂人咒人。一边慢慢品尝花生、瓜子、糖

① 光绪《凤台县志》，丁世良、赵放主编：《中国地方志民俗资料汇编・华东卷（中）》，第1001页。
② 康熙《颍州志》卷四《风俗》。
③ 民国《蒙城县志》，丁世良、赵放主编：《中国地方志民俗资料汇编・华东卷（中）》，第987页。

果等食物，一边听老人讲过年过节的规矩、处人处事的经验、本家族先辈名人的事迹、当地的风俗习惯等。清末民初，太和县“除夕，易门神，换桃符，爆竹声不断绝。卑幼行礼，饮酒后间有家人欢聚达旦不寤（寐），俗谓‘守岁’”[①]。家人整夜守岁。

民国《盐城县乡土地理》：“除夕……以彩纸围裹花木杂树，曰封树。是晚合家围坐饮膳，曰守岁酒。家人分给钱币，曰压岁钱。”吃完年饭，晚辈给长辈辞岁，长辈给未成年的晚辈压腰钱（又称压岁钱）。长辈给小孩一些崭新的压岁钱，意思是小孩年幼体弱，自卫能力不强，要用压岁钱压住年岁，平平安安，健康成长。蒙城在初一清晨接天地后，晚辈给长辈拜年，长辈才给压岁钱。

2. 初一习俗

民国《盐城县乡土地理》：“正月初一，曰元旦。鸡鸣悉起，燃爆竹开门，正衣冠燃香烛，敬拜天地。陈粉圆茶果，邻里交贺，曰年。”民国《涡阳县志》载，清末民初涡阳“五更放爆竹，燔苍术、辟瘟丹，谓之‘辟邪’”。正月初一，五更起床，放“开门炮”，“接天神”。正月初一早晨，家家户户都要接年。接年是过年最重要的仪式，放响三声开门炮。新年“开门”是春节第一件大事，要放“开门炮”，认为时间越长、爆竹越响就越吉利。涡阳县早晨起床后，燃放“二踢脚”，谓开炮。然后，净手、焚香、点蜡烛，男女穿新衣。开门炮放过之后，主人到厨房烧热水洗脸净手，小孩子们跟着洗脸净手。洗漱好之后，开始下汤（下扁食，扁食也称素饺，下扁食意为素素净净过年）时，燃鞭炮。“元旦，先拜天地，次‘祀灶’，次拜祖先，然后男女拜家长于中堂，尊卑共饮椒柏酒，食馄饨，请朝亲友交拜，贺节三日止”[②]。乾隆《颍州府志·舆地志·风俗》也有记载：“元旦，各设香烛，拜神祇祖先毕，男女各拜家长于中堂，尊卑聚饮椒柏酒。”淮河流域每碗放三个扁食，加半碗汤，端到饭桌上。全家先敬天地、灶神、祖宗，然后才可进食。固镇、萧县、灵璧、蒙城、涡阳、阜阳等地，有的人家在饺子里包有硬币，谁吃到意为在新的一年有福气、财气。

家人点上一对红色大蜡烛，供品上好之后，开始点香、上香。焚香的习

① 民国《太和县志》，丁世良、赵放主编：《中国地方志民俗资料汇编·华东卷（中）》，第991页。
② 康熙《颍州志》卷四《风俗》。

俗起源于道教，后来拜佛也同样焚香以表敬意。按道教的说法，燃三炷香代表“尊三清，三阳启泰”之意。三清就是玉清——元始天尊、上清——灵宝天尊、太清——道德天尊，三位天尊是道教最高之神。燃香的目的除了表达对神明的敬意之外，信徒通过袅袅的香烟，还可以通达神界与神明沟通。

初一早晨进餐前，要迎神敬神，敬过天地、灶神、祖先后，全家才可以吃。阜阳出土的明代万历七年（1579）《明隐君绍滨公暨配陈氏合葬墓志铭》中记载，王绍滨在父亲死后，“奉兄如父，每元旦生辰，称觞行回拜礼，恰如也”。男子按照尊卑长幼次序给宗族、亲友拜年，一般为三天。颍上为五天，颍上县“元旦，鸡鸣起，主人肃衣冠，率子弟焚香拜天地，次祀皂（灶），次拜神堂、祖先。点烛烧香，焚楮币、爆竹毕，男女拜于中堂，尊卑有序，饮椒柏酒。明旦，亲友交往，至则携酒馔以拜，谓之‘贺节’，五日止”①。晚上，等到祭过灶神，拜过先祖后，全家就围在一起吃团圆饭（年饭）。也有中午吃年饭的，如泗县、五河、宿州等。饭桌上有一道菜——红烧鱼，但一般不准吃，意为“年年有余（鱼）”。

民国时，正月初一早上，人们会吃素饺，也有的吃蒸馍。吃过早饭，本家族的人开始相互拜年，只要同姓没出“五服”，晚辈向长辈拜年，都要家家走到。通许县初一“鸡初鸣，举家盛服，陈祀仪于庭，焚楮币以祀神，复于忠堂，或悬祖考影像或请主以祭，然后拜于尊长，以次拜毕乃出拜亲友，交相拜”②。不管贫富，不管官民，只要辈分稍长，就要走到人家堂屋当门，鞠躬行礼，有的恭敬叩头，并询问对方老人身体情况，表示祝福，受拜的人家连忙起身让座，用香烟、果点招待，给小孩红包。相互拜年，要在上午进行完毕，过了午时，就不能再行拜年，取喜气上升之意。

3. 春节禁忌

初一这一天的规矩很多，不能动刀切菜、劈柴，因为柴、菜与财谐音，劈柴有破财的意思；不能向外倒洗碗水，怕肥水流失；不能吵架，打骂小孩；不能扫地，倒垃圾；女子不拿刀剪、针线；不能打碎茶杯、碗碟等，万一不小

① 顺治《颍上县志》，丁世良、赵放主编：《中国地方志民俗资料汇编·华东卷（中）》，第989页。

② 嘉靖《通许县志》卷上，第81页。

心打破了，要说“碎碎（岁岁）平安”。如果屋里花生、瓜子壳之类的东西太多，只能轻轻扫到门后边。不能随便泼洒洗脸刷牙水（要用专门的水桶存留）。早饭吃饺子，饭后，全家成员带火纸、鞭炮、祭品（酒、肉、果品等）到祖坟拜年。之后，晚辈给长辈叩头拜年，平辈互相问好。各家备花生、瓜子、麻糖等食品招待亲友。

春节忌喊叫，忌动刀杖，忌打骂，忌扫尘，忌泼水，忌说不吉利的话。江苏盐城，春节期间食品吃完了，忌说“没有”，要说“满了”。除夕吃饭忌泡汤，否则来年会遭雨，盐城的方言“泡汤”还有事情办不成的意思。大年初一，忌煮新饭，初二、初三，忌烧新菜，吃除夕剩下的饭和菜，意有“陈余”。忌问喝不喝酒，改问“吃不吃”，因喝与“活”同音。活鱼买回来死了，忌说“死”，改称“文鱼”。旧时，盐城锅灶前，甚至正厅门口都贴上“太公在此，百无禁忌”，“童言妇语，一概无忌”。大丰、东台一带，除夕守夜，在枕头旁放一张草纸，初一早上起来擦擦嘴，以示说错话并非有意得罪各方神灵。

民国盐城地区，初五，接财神。至暮，轰饮，曰财神酒①。正月初五俗称“破五”，为忌日，忌走亲访友，不出门远行。这天不能动刀剪，不能下地干活，处处小心谨慎，不能打破碗碟。早晨或晚上要烧香，放鞭炮，求神灵保佑平安顺利。一般做生意的不购进和卖出大批货物等等。

4. 相互拜年习俗

沈丘县“（元旦）拜尊长，以渐各长幼交拜毕，出拜乡党、宗族、邻里”②。正月初二，淮河流域民众会带上准备好的馍、烟、酒走亲戚，相互拜年。走亲戚各地风俗有所不同，萧县初一、初二拜户族，初二、初三拜岳父，初四初五拜姑姑。涡阳初二去外祖父家，初三去姑姑家，初四去岳父家，初五忌走亲访友。正月初二女儿回娘家拜年，小孩给外公、外婆、舅父拜年。正月初三，小孩给姑家、姨家拜年。初三以后直到正月十五之前，按亲疏远近，亲戚朋友之间互相探亲走动的一直不断。拜年不能空手，要带上些糕点、水果等礼物。女儿回娘家，带的礼物较多，如烟、酒、鱼、肉、蒸馍等，同时还要带些鞭炮、火

① 印水心：《盐城县乡土地理》，上海商务印书馆 1919 年版。

② 嘉靖《沈丘县志》卷一《岁时》，上海书店出版社 1990 年版，第 978 页。

纸，给先人上坟。上坟的纸钱、鞭炮不能和食品放在一起带到娘家堂屋里，只能放在大门旁的墙头或地上，以示阴阳有别。

相互拜年时，客人来了，主人家要设宴招待。清末民初，太和县“元旦，鸡鸣起，栉沐焚香，祀天地、祖堂，并祀灶，俗谓之‘接灶’。卑幼于尊前拜节毕，男女聚食，俗谓之‘填仓’。出拜戚族，往来交贺。自后，家设春酒宴会，尽月方止”[①]。每家设春酒宴请客人。民国《蒙城县志》载蒙城县“五鼓而兴，设香烛，男女礼服拜神祇、祖先，序拜尊长。男子则出拜宗族、亲邻，谓之‘贺岁’。各家具酒食以相款”。各家准备酒食款待拜年的亲友。民国《涡阳县志》：“元旦，设香烛，男女礼服拜神祇、祖先，序拜尊长，男子则出拜宗族、亲邻，谓之‘贺岁’。各家食混沌，具酒食相款。”入座前要让客人净手，净手之后让座。筵席的座次很有讲究。门朝南的堂屋，方桌（八仙桌）北面为上座，东面次之，西面再次之，南面最次。长辈或客人，坐北面，表示尊敬。面对门餐具的摆放也有要求，筷子放中间，筷头向里，两根靠在一起；酒盅放筷子左边，汤勺放筷子右边。每用过一次后还要放下，不能拿着筷子不丢。夹菜要从碗碟边上开始，不能乱搅乱翻；喝汤要慢一点，不要发出响声。客人告辞，主人家要有人送行，如果带小孩一道拜年，要给小孩子压岁钱；如果人家带有礼物，要回礼，不能全部留下。

淮河流域正月初一早晨接年，正月初二，走家串户拜年。正月初三，拆天地棚，早晨或中午还要送年，送年的仪式比较简单，主人洗脸净手之后，拿一挂鞭炮燃放。送年之后，可以打扫卫生。

5. 拜火神习俗

涡河流域，正月初七有扎“七姑娘”的习俗，据说“七姑娘”心灵手巧，能织善绣，是年轻姑娘学习的楷模。民国四年《蒙城县志》载，蒙城县“（正月）七日，各家女子鸣锣鼓邀天仙，或问时岁吉凶”。这天，未婚女青年三五成群用竹子、芦苇或秫秸扎成人形，把铁或铜勺子糊上纸，画上耳、眼、鼻、口作头、脸，并给“七姑娘”穿上新衣新鞋，放在闺房的床前祭拜，求“七姑娘”传授技艺。但男人不许观看。初八，拉“七姑娘”到各女青年家祭拜，初九，焚

① 民国《太和县志》，丁世良、赵放主编：《中国地方志民俗资料汇编·华东卷（中）》，第990页。

烧送走，蒙城民谣有“初七扎，初八拉，初九送她回娘家”之说[①]。

河南信阳、淮阳、夏邑等地春节有拜火神的习俗。民国《重修信阳县志》：“初七日，祭火神。”[②]嘉靖《夏邑县志》载：“七日，有火星庙会。”拜火神的活动，以正月初七日居多。有的是个体祭祀，有的以村、族为单位，由会首或族长带领，进香朝拜。有的地方有火神会社，如《淮阳乡村风土记》载：“火神会……此会组织，亦有会首总理会务，会员无定数……每逢废历正月初七日（因相传是日为火神之生日故也），各会员必联合至火神庙敬香。”

有的地方祭祀火神而逐渐形成火神庙会，如商丘有火神台庙会，康熙《商丘县志》记载：“正月七日，俗传阏伯火正生辰，男女群集于阏伯台及火星庙进香。”先要迎火神，即祭祀火神当天，先迎接火神。民国《夏邑县志》载“祭火神，幼女扎紫姑请之，神来即拜舞”，人们用专门的神灵（紫姑）迎请火神。接着拜火神，先由会首摆放供品，民众在会首的带领下，随“磕头”口令一起磕头跪拜，磕一次头敲一下磬，磕过三个头后，会首负责给火神爷进香、献功德礼，有还愿者则需给火神爷挂红袍。拜后，众人则到两厢的钟楼撞钟，鼓楼击鼓。随后民众组织旱船、高跷、秧歌、担经挑等民间歌舞酬火神。

拜火神的习俗是春节诸多喜庆活动之一，既包含仪式性、象征性的文化事象，又涵盖娱乐性、表演性的项目活动。商丘的火神祭祀，民众不仅腊月三十晚上可以到火神台给火神拜年，而且正月又参加隆重的“朝台”活动。民众在春节期间通过祭祀火神，祈求得到火神对家庭和个人的护佑，是民众的一种心理寄托。当然也希冀今年的农业生产获得丰收，这是民众最现实的物质追求。春节丰富多彩的活动寄托着民众摆脱旧年的种种不顺和烦恼，祝福和憧憬新年的美好愿景。

二、元宵节

农历正月十五称为“元宵节”（又称“上元节”“灯节”）。传说，汉

① 侯定国：《过年小考》，《漆园古今》第 10 辑，第 204—205 页。

② 民国《重修信阳县志点注本》，河南人民出版社 1985 年版，第 301 页。

文帝刘恒于正月十五登基，以后每年此日晚上文帝都要出宫“与民同乐”，“夜”古称“宵”，故文帝定为“元宵节”。汉明帝为表示尊佛，敕令“燃灯”，规定元宵节燃灯。后来流传于民间，最终形成正月十五放花灯的风俗。隋炀帝作《元夕于通衢建灯夜升南楼》诗赞扬元宵节：“法轮天上转，梵声天上来；灯树千光照，花焰七枝开。月影疑流水，春风含夜梅；燔动黄金地，钟发琉璃台。”正月十五日是一年中第一个月圆之夜，古代称夜为宵，故称“元宵”。

《岁时广记》引《本草》称，宋代人以为正月十五日的灯盏可以使人生子，若夫妇一同去别人家，偷来放置床下，当月可怀孕。在旧时元宵节的晚上，家家户户门前都燃一些用豆面捏成的灯。有女子婚后三年不育的，元宵节就上街去偷灯吃，一般偷刘姓和戴姓的，“刘”谐音“留”，“戴”谐音“带”，取其谐音，意为“留住孩子”“带上孩子”。虽是迷信的说法，但也喜庆。“偷青”即窃取他人蔬园里少许青菜的习俗。江苏省《沙川抚民厅志》提到妇女出门观灯时，“或私摘人家菜叶，以拍肩背，曰拍油虫”①。

1. 挂花灯，吃元宵

清代，颍州“上元张灯于庭，食米粉丸子，蒸麦米如茧，谓之‘宜蚕’。门户、碓井等处各设灯，谓之‘照耗’。丰年街市皆挂灯，儿童持灯聚乐，箫鼓通宵”②。民众吃米粉丸子。民国《涡阳县志》记载清末民初涡阳“‘元宵’，士女邀天仙或紫姑神问时岁吉凶。作灯市火树，锣鼓嬉游达旦”。明末清初，颍上县上元夜挂灯于门，称为“耗灯”或“照耗”。“上元，人家蒸面食如茧，谓之宜蚕。夜则张灯于门，谓之‘耗灯’。街衢亦设架挂灯，锣鼓通宵”③。元宵节是春节以后最重要的节日，闹花灯，放烟火，吃元宵（汤圆），赏灯猜灯谜等，天地人齐欢乐，不亦乐乎。

正月十五为正灯节。家家户户要在这天晚上放鞭炮，点烟花，烧香，吃元宵。吃过元宵之后，开始“照灯”。照灯之后，孩子们挑灯出门，聚在一起玩灯。元宵节这一天，淮河流域民间有各式各样的活动，异常热闹，闹元宵、观

① 何士祁、姚椿、周墉：《沙川抚民厅志》，道光十六年刊本。

② 康熙《颍州志》卷四《风俗》。

③ 顺治《颍上县志》，丁世良、赵放主编：《中国地方志民俗资料汇编·华东卷（中）》，第989页。

花灯，花样繁多。清代，颍上县元宵节吃的是蒸熟的似茧的面食，称作宜茧。“民国时期，颍上县元宵同过年一样隆重，群众燃香放炮，全家人早晚吃汤圆子、饺子，中午聚餐”[①]。颍上县食元宵是到民国时候才开始的。

元宵作为食品，又叫汤圆、汤团。宋朱淑真的《圆子》诗称：“轻圆绝胜鸡头肉，滑腻偏宜蟹眼汤。”由于这种食品外形圆润、里边香甜，逐渐被人们选定为元宵节的象征食品，象征家人团团圆圆、甜甜蜜蜜。做元宵称为“包元宵”，先用糯米粉加入适量的清水，捏成指头大小的小窝窝，里面放红糖、白糖、芝麻粉等馅料，然后捏合起来，并滚成圆圆的。

民国《盐城县乡土地理》：“（正月）十五，上元节。是夕，悬灯彩，烟火甚盛，曰闹元宵。乡人燃麻，奔走田间，曰炸麻串。”元宵晚上，屋内焚香、点蜡烛，晚餐吃元宵。历史时期，门外挂灯笼，花灯上还写有诗谜等。各家各户把自己准备的灯笼挂在合适的地方，庙宇等处的元宵灯会也在这天开幕，千灯竞明。花灯品种繁多，有龙灯、狮子灯、走马灯、西瓜灯、莲花灯、宫灯，有象征连年有余的金鱼灯，有象征吉祥的富贵牡丹灯，有象征夫唱妇随的鸳鸯比翼灯，有象征婚姻美满的龙凤呈祥灯，有象征金玉满堂的麒麟送子灯，有象征人丁兴旺的百子嬉戏灯，有象征财源茂盛的摇钱聚宝灯，有象征福寿如意的福禄寿喜灯，争奇斗艳。

蒙城县城灯会以龙灯为首，前面有一对牌灯（上书“龙灯盛会”）、一对九莲彩灯，后有花鼓、旱船、高跷等。涡阳县的年轻小伙在元宵夜“放花筒”，用柳炭、生铁屑放在牛笼嘴里。点燃柳炭后，旋转牛笼嘴，炭火因气流越烧越旺，熔化的铁水飞溅出来，形成无数火花。年幼的孩子用草扎成火把，点燃后，一边奔跑，一边抛向空中或不停地挥舞着，名为“抛火把”。泗洪县，农历正月十五，“是日夜晚，灯火汇集，众民赏灯同乐，年幼者玩耍火把，郊（村）外火龙飞舞，漫村遍野煞是壮观”[②]。兴化“‘元夕’，各庙张灯，自十三日至十六日。十六日夜，印灰于门，以兆秋成。是夕隍庙以火炬前导，鼓吹疾行，至八字桥视其级数以占丰歉，谓之‘送灯’”[③]。兴化城隍庙等张灯至十六日夜。

① 龚武：《颍上历史文化锦集》，黄山书社 2005 年版，第 359 页。

② 泗洪县地方志编纂委员会：《泗洪县志》，江苏人民出版社 1994 年版，第 901 页。

③ 民国《续修兴化县志》，丁世良、赵放主编：《中国地方志民俗资料汇编·华东卷（上）》，第 505 页。

淮河流域农村蒸豆面灯，多以豆面和麦面蒸制而成，濉溪县用豆粉和面粉掺和蒸成灯，根据家人属相做成“龙、狗、鸡、兔”等生肖的面灯，加上植物油，用草茎缠上棉花做成灯芯，薄暮时燃亮，放在门旁、灶旁、粮仓旁，且每人床头放一盏，油尽灯灭。宿州农村面灯一朵花者为一月，二朵为二月，依次蒸成 12 盏灯为十二月。萧县面灯一人一盏。萧县农村蒸龙形面灯，头上有放油的凹槽，点着放在粮仓上，点完后等二月二吃。

江苏沛县、东海、丰县、铜山、邳州等地，也有元宵节蒸制面灯的习俗，“12种属相或标志12个月的面灯，晚间点燃后置于大门、畜房旁边和鸡舍、石磨、粮囤、灶台上，以灯内水量和灯花预卜当年各月雨量和年景”[①]。苏北涟水等地有元宵节晚上“提灯笼照虫”的习俗。正月十五晚上，在蒸熟的面灯中“倒入食油，装上棉花捻子，拿到院内、门前、场上、田头，点灯照虫，两人一问一答，如：‘照什么？’‘照虫的。’‘什么虫？’‘照蝎子，照得蝎子两截子。’”[②]

古代由于科技落后，人们只好利用虫子在夜晚有趋光的习性，捕获虫子并放火烧死，这是对付虫害的重要的手段之一。

淮河流域元宵节舞火把、照虫子是古代农业社会祈年现象的遗存，是寄托着人们美好愿景的一项民俗活动。

2. 舞蹈表演

元宵节有各种文娱活动，《涡阳县志》就有记载：“上元之夕，比户悬灯……市民扮演高跷、龙灯、竹马。”[③] 踏跷又称高跷、高脚、踏高跷，是双脚踏（绑）于木制的高跷上做舞蹈表演。宋代已在安徽流行，明清时期，淮河流域非常兴盛。民国《阜阳县志续编·清咸同光宣时代之风俗》载：“出城隍会。出时先盘义会，续帚哥……高脚三四对。”高跷有两种表演形式：一种跷比较高，约1.7米，一般在“踩街”（在街上列队行走），大多扮成古代将士，如秦琼、马超，或扮演古代戏中人物，如《西厢记》中的张生、崔莺莺，《白蛇传》中的白娘子、许

① 沛县地方志编纂委员会：《沛县志》，中华书局 1995 年版，第 797 页。

② 江苏省地方志编纂委员会：《江苏省志·民俗志》，江苏人民出版社 2002 年版，第 51 页。

③ 安徽文化史编纂工作委员会：《安徽文化史》（中），南京大学出版社 2000 年版，第 1436 页。

仙、小青等。另一种跷较矮，约为 0.7 米，主要在较大的场地上表演，有群舞表演各种队形，有“小场”带有情节的表演，涡阳县“小场”表演节目有《老公扑鱼》《傻小扑蝶》《小黑驴》等。高跷的角色分为三类：男青年统称“跳手”，女青年（有男青年扮演）统称“条子”，特殊角色有老公、傻小等人物。

《龙舞》是模拟鸟兽类舞蹈。龙舞是源于远古图腾崇拜的代表性舞蹈，以灯彩喜庆吉祥来祈盼年丰人富的祝愿，在元宵节、中秋节、端午节及各种出会时演出，汉代已有记载。清代，主要是“布龙”，用竹篾扎成龙头、龙尾及若干段龙身，以布蒙其外，连成长串，外用彩色涂绘。每段下方都有一棍，由壮男各握一段演出。清代《涡阳县志》记载在上元节之夜，有龙舞表演。

竹马舞，宋代安徽已流传，明清时期较盛行，在元宵期间及各类出会时演出。用竹篾扎成马形，外糊纸或蒙布，演员立其中将马系于身作跨马状，马身下缀有布帏遮住演员的腿脚。演员多扮成古代武士，扬鞭策马，跑出各种阵势（队形），表现武士们驰骋疆场的勇猛气势。清代涡阳县的竹马舞气势磅礴，很有古代作战布阵的氛围，演员阵容较大，跨马而行的古代壮士十二人，每人身后有两个跟班，一个旗手，一个马童，三人为一组。十二组人组成一支浩浩荡荡的马队逶迤而行，边舞边唱。演出时，在演出广场中插上（或有人举起）九面盘龙旗，分三行排成方形布满全场，供演员在其中穿行跑阵。所跑的阵形有一般的“二龙吐须”“剪子股”“乌龙摆尾”，还有特殊的阵形“七星阵”“太极图”“八卦阵”“九莲灯”等。这些队形调动演员布满全场，骑马的武士挥鞭扬马，在清脆的马铃声中穿梭，马童手举马伞跟在其间，旗手摇旗呐喊，观者如临战场。表现了古代气势恢宏的战斗场景。

花鼓灯，既有热情奔放的舞蹈，又有欢快的锣鼓、情趣盎然的小戏。花鼓灯历史悠久，是汉族代表性的舞蹈形式之一，源于宋代，兴于明代，盛于清代。清代末年，颍上花鼓灯多在元宵或其他灯会中演出。用锣鼓伴奏，故又称“红灯”。表演时，由会武功的一人手拿岔伞在前面领舞。分为男角（称鼓架子）和女角（称兰花），男角要有武技，能翻跟斗，动作粗犷有力。女角左手执手帕，右手以扇子作舞。表演的形式分大场、小场两种，大场开始时，由“伞头”引“鼓架子”扛“兰花”出场，然后舞岔伞，最后表演大型集体舞。舞蹈时由伞头指挥队形的变化，有蛇退壳、走四门、五朵花、三引场、别篱笆、满天星等。小场大多是两三人表演的抢手帕、抢扇子等一些情节简单的舞蹈和歌舞小戏。

正月十六日出行民间称为“走百病”。清末民国初，太和县“上元，家蒸面食如茧，俗谓之宜蚕。夜则张灯，燃爆竹为乐。次日皆出行，俗谓之‘走百病’”[①]。太和县十六日民众皆出行称为“走百病”。通许县“（正月）十六日，男女出游谓之走百病，至夜亦然”[②]。睢宁“男妇出门过桥头”，沛县“亲友相约过桥”，称为走百病。

三、二月二

农历二月初二，“二月二，龙抬头”，故称为“青龙节”或称“龙抬头节”。正月里不剃头，到了二月才剃头。民间认为正月给小孩子剃头，会使舅家贫穷，影响舅家生财。有的人家小男孩从小留辫子扎上红头绳拖在脑后，到了十二岁，要举行剃辫子仪式。剃辫子仪式选在二月初二上午举行。吃过早饭，叔、舅、姑、姨等直系亲属陆续到来，小男孩肩披红巾，理发师臂套红袖，拿起亮闪闪的新剃刀，辫子剃掉后将小辫交到小男孩手里，仪式完毕。时近中午，酒宴开场，筵席丰盛，与一般喜宴酒菜相当。小孩子剃掉辫子的仪式，可使其自立自强意识得到增强。江苏盐城二月初二，各家都忌动刀剪，说是会“伤龙眼”。江苏沛县二月二日，炒豆加糖给小儿食用，俗称可免蝎螯，谓之吃“蝎子爪”。

二月初二这天，家家户户早起围仓，即用青灰在院子里、打麦场里撒成圆圈，至少要围三圈，中间放一撮五谷杂粮，用土或砖头盖住，以此祈求丰收。涡阳县“二月二日，布灰庭前，谓之‘围仓’”[③]。早晨，吃煎饼、大馍。故有民谣云：“二月二龙抬头，打着犁子赶耕牛，大囤尖，小囤流。”

老雁馍

民国《盐城县乡土地理》：“二月二，人家接女归家。”农历二月天气

① 民国《太和县志》，丁世良、赵放主编：《中国地方志民俗资料汇编·华东卷（中）》，第990页。
② 嘉靖《通许县志》卷上，第83页。
③ 民国《涡阳县志》，丁世良、赵放主编：《中国地方志民俗资料汇编·华东卷（中）》，第986页。

渐渐暖和起来，成群的大雁从南方向北方飞回老家。出嫁的女儿见雁思亲，就用麦面蒸成大雁和雁蛋送给父母亲。长大的小雁飞出了巢儿，小雁南飞了，还会再回来。大雁就是女儿的象征，女儿虽然出嫁了，但她不会忘记父母的养育之恩，牵扯不断的血浓于水的亲情是永远不会淡忘的。

老雁馍是皖北地区女儿出嫁后每年农历正月十六到二月初二期间必须送给父母的一件礼物，它用麦面粉蒸制成大雁的形状，是送给父母、长辈的礼馍。老雁馍习俗源于何时，已无法考证。有文献记载："民国二十七年（1938）后，沿涡河、颍河黄泛较重的地区，二月初二常有群雁起落。太和一带谣传'五更闻雁叫，老人遭劫数'，于是女儿为父母、侄女为姑姑送去雁馍（重斤许，内包荤、素馅）。这个风俗很快传到颍河两岸，每逢二月二，晚辈就给长辈送雁馍，以消灾避祸。"[①] 如双亲都在，送一对老雁和若干个雁蛋（圆形馒头）；如果只有一个老人在，就送一只老雁和若干个雁蛋。此举意在对老人表孝心，老人不光需要物质享受，更需要得到精神的慰藉，子女常回家陪伴父母、嘘寒问暖，这是中华民族的孝道具体表现之一。

四、清明节

农历二三月春光明媚，鸟语花香，气候清和宜人，正是"清明"之时。在清明节前两日，还有"寒食节"。春秋时期晋献公的妃子骊姬为了让自己的儿子奚齐继承王位，毒死太子申生，申生之弟重耳为了躲避迫害，流亡国外。在流亡期间，重耳历尽艰辛，忍饥挨饿，采野菜煮食。有一次，重耳饿晕了过去，介之推为了救重耳，从自己腿上割下一块肉，用火烤熟了送给重耳吃，救了重耳一命。公元前636年，重耳流亡在外十九年后，回国做了晋国国君即晋文公，于是差人去请介之推接受封赏，然而介之推婉拒，并背着他的母亲进了绵山（今山西介休市东南）。晋文公放火烧山，三面点火，留出一面，以为大火烧起时介之推就会出来。然而大火过后，仍未见介之推踪影。原来介之推抱着一棵烧焦的柳树已经死了。晋文公把介之推和他母亲分别安葬在那棵烧焦的大柳树两旁。晋文公十分悲痛，为了纪念介之推，下令将绵山改为

① 欧阳发：《中国民俗大系·安徽民俗》，甘肃人民出版社2004年版，第163页。

介山，在山上建立祠堂。晋文公为报答介子推“割股以啖”之恩，下令在介子推抱着绵山柳树烧死之日“禁火”“禁食”，称“寒食节”，每年的这一天禁止烟火。因寒食节活动可以延续到清明，至唐代，清明节就与寒食节的活动合二为一了。

1. 添土

清明节最主要的习俗是插柳和扫墓。颍州“清明插柳于门户。具牲醴拜祭先茔，扫松添土”[①]。淮河流域给坟加土，称为“添土”，又称为“包坟”。清代，蒙城“‘清明日’，各家坟茔添土插柳，化纸钱，仍设馒头、牲醴以祭之。户皆插柳，或簪于首。是日前后，士民携酒肴游郊外，谓之‘踏青’”[②]。清明插柳说法不一，一说插柳招魂，以表示纪念，如宿县；一说为纪年华，如泗县。萧县插柳于门旁，濉溪、泗县插柳于屋檐下。涡阳用柳条穿烧饼，挂在房檐下或墙上，至夏至给孩子吃，传说可以治小儿“苦夏”，即治小孩食欲不振、身体瘦弱等。

清除先人坟墓上的杂草，然后取干净新土均匀地包在坟上，整平坟上被雨水冲刷的沟坎，称为“添土”或“包坟”，即给先人的墓茔培土加高。再从地头路边刨下一方上面长有青草的圆形土块，用手捧放到坟顶上，装上坟头。明末清初，颍上县“清明，人家各插柳于门户。具牲醴祭扫坟墓，封土数篑，谓之‘添土’，仍以柳枝挂纸钱插于冢上”[③]。用白纸剪成花带状的白钱，系于柳枝顶上，插在冢上，有认祖之义。民国《太和县志》记载，清末民国初，太和县“清明，插新柳于门，祀墓封土数篑，俗谓‘添土’，以柳挂纸钱于墓上”。扫墓一般在上午进行。

民国《盐城县乡土地理》：“清明前择日扫墓。悬红黄纸钱为墓标，曰祭祖。”清明后，家家插柳门前，妇女多戴花。有的人家在墓旁种树和种花作为纪念，植树多为松柏、桂树为好，种花以栀子、菊花、玉兰、万寿菊为宜。等坟包好之后，取出鞭炮纸钱，在坟前点燃，磕头致礼。子孙们携带祭

---

① 康熙《颍州志》卷四《风俗》。

② 民国《蒙城县志》，丁世良、赵放主编：《中国地方志民俗资料汇编·华东卷（中）》，第987页。

③ 顺治《颍上县志》，丁世良、赵放主编：《中国地方志民俗资料汇编·华东卷（中）》，第989页。

品，焚烧纸钱，富有人家还摆上菜肴祭奠。烧纸时在纸周围画上大半圈，留个门向坟，是为了不让冥钱外流，好让亲人拾到钱。

2. 踏青

清明前后，万物复苏一片绿色，踏青郊游、亲近大自然，也是活动内容之一。

民国《涡阳县志》记载，清末民国初，涡阳“‘清明日’，各家赴坟茔添土，焚纸钱，具牲醴墓祭。户各插柳或簪于首。士女携酒游郊外，谓之‘踏青’”。清明时节，全家人到野外踏青，活动筋骨，其乐融融。此时天气往往多风，正是儿童们放风筝的好时候。旧时风筝样式比较单一，最常见的是八角风筝，先用细竹篾扎成两个正方形方框，再把两个方框叠放在一块，八角错开，排匀，用线扎紧，糊上牛皮纸，加上点缀物即成。收风筝时如果风筝线断了，这风筝就不能再要，取下来用火烧掉，因为风筝断线民间认为有某种不吉祥的象征。江苏盐城清明前小孩放风筝，最忌风筝落在人家的屋顶上，意为“丢屋会死人”。

清明节饮食有寒食的遗风，宿县早晨吃煮鸡蛋，喝青菜汤。萧县流传“清明不吃蛋，穷得乱打颤”之说，认为吃蛋可驱除穷困。清明时节，大人、孩子们提着篮子下地挖野菜，野菜可以蒸着吃，可以腌着吃，可以炒着吃。

五、端午节

端午节在农历五月初五。端，初也，初五本名“端午”，也称“端阳”“重五”，故端午节又称端五节、端阳节。

唐代文秀《端午》诗云：“节分端午自谁言，万古传闻为屈原。”屈原是春秋时期楚怀王的大臣，他为官清正，举贤授能，力主联齐抗秦，遭到令尹子兰等人的强烈反对，屈原遭谗去职，被流放到沅水、湘水一带。周赧王三十七年（前278）五月初五，秦军攻破楚国，屈原悲愤交加，痛不欲生，写下绝笔之作《怀沙》之后，于五月五日，投汨罗江自尽，时年六十二岁。屈原死后，楚国百姓极其悲痛，纷纷到汨罗江边凭吊屈原，渔夫们划起船只，沿江打捞这位爱国诗人。有人拿出饭团等食物丢进江里，为的是让鱼虾等吃饱而不再伤害屈原的身体；有人把雄黄酒倒入水中，让蛟龙水怪离开，以免伤害屈原。南朝梁吴均《续齐谐记》：“屈原五月五日投汨罗水，楚人哀之，至此日，以竹筒子贮米投水以祭之……今五月五日作粽，并带楝叶、五色丝，遗风也。”为纪念屈原，人们在这一天吃粽子等。于是，吃粽子、饮雄黄酒、赛龙舟的习俗一直流传下来。

1. 吃粽子

清代，宿州“端午，包角黍，相馈赠，悬艾于门，饮雄黄、菖蒲酒”[①]。每到端午节，宿州的百姓都会包粽子吃，并且亲朋好友之间把它作为节日的礼物相互馈赠。沈丘县“婚姻者多以币帛美果相赠，女未嫁，婿家赠之，以重其妇；女已嫁，女家赠之以重其女，谓之追节”[②]。联姻的家庭相互赠送币、帛、水果等。挂艾叶在门上，也有成人头上戴艾叶的习惯。康熙《颍州志・风俗》载，清代颍州“端午，包粽相遗。悬艾于门户、床帐，焚苍术于庭，饮雄黄、菖蒲酒。以彩丝系小儿项及手足间，男女皆佩符簪艾。采百草合药”。民众喝雄黄酒或者菖蒲酒。江南包粽子用箬叶，淮北包粽子用苇叶。箬叶味淡，苇叶清香。人们买回糯米、红枣、赤豆等物，到苇塘边采回青绿宽大的苇叶，用清水洗干净，放到锅里稍煮一下，以增加苇叶的柔韧性，便于卷折包裹。包粽子的人把三张苇叶排叠在一起，折成喇叭口，放进泡好的米、枣等物，压平、绕紧，用棉线缠好，然后把生粽子放到锅里煮熟。包粽子既是对屈原的纪念，也是对饮食文化的传承。

南朝时期已开展划船竞赛，此后这种风气延续不辍，并成为此节日的重要标志。龙舟一般由小木划子（小船）稍加装饰而成。先用细竹、铁丝扎成龙头，糊上彩绫，画上龙鳞，固定在船头而成。到了端午这天，几只龙船在水中划动，相互竞渡。“端午，男女皆佩符簪艾，饮雄黄菖蒲酒，以彩索系小儿项及手足。太和之俗，以是日迎女归宁。近水地亦有竞渡之习”[③]。到了民国时期，淮河流域一些地方还有龙舟竞赛。

---

① 道光《宿州志》卷一《风俗》，丁世良、赵放主编：《中国地方志民俗资料汇编・华东卷（中）》，第993页。

② 嘉靖《沈丘县志》卷一《岁时》，第978页。

③ 乾隆《颍州府志》卷一《舆地志・风俗》，第62页。

2. 佩戴香袋

旧时，五月被视为“恶月”“毒月”，五月初五是九毒之首，所以这一天人们使用许多驱邪、消毒和避疫的方式。民国《蒙城县志》载清代蒙城“‘端午日’，取菖蒲及艾插门户，或系以彩绳，用五色彩缕佩于小儿之身。亲友各以角黍相馈遗”。“清明插柳，端午插艾”。南齐人宗测世居荆州，后移居庐山，在五月初五日鸡未报晓时上山采摘似人形的艾做成艾绒，用以治病，很有疗效。这反映了当时人们已经认识到艾的药用性质。宗懔记载在这天，荆楚地区的人们采艾编织成人形悬挂在家门口，祈祷消除毒灾[①]，自此，形成人们于端午节在大门上悬挂艾人的习俗。艾成为端午“五端”之一，与宗懔分不开，此后，历代相沿。南宋时，人们用菖蒲做成张天师驭虎的形象，与艾人一同挂在门上。明朝宫中门两旁安放菖蒲、艾盆，门上悬挂吊屏，上画张天师或仙女仗剑降五毒的故事。清代，用菖蒲、艾制成蒲龙、文虎，插于门上。

南宋时，已兴起民众戴艾的风习。明代沿袭此习俗，“男子戴艾叶，妇女画蜈蚣、蛇、蝎、虎、蟾，为五毒符，插钗头”[②]。端午节这天，淮河流域人们把青艾割回家中，选取杆直叶绿的艾棵插在门窗两旁。艾叶性温气香，是一味中药，据说插于门楣，可以避浊气、驱蚊虫。当代科学研究已证明，艾蒿可以抵御、抑制多种病菌、病毒，具有较好的药用价值。民国时，蒙城在节前门旁贴“端午符”（黄表纸印张天师像），屋内悬钟馗像镇宅避邪。

南朝时期，民众过五月节，要在手臂上系着五色丝织物，叫作“辟兵”，祈祷不发生战争、瘟疫等，以免病害自己，这是南北朝混战时期人们的精神寄托。宋代，出现各种百索，有彩线的，有珠子的，让儿童系在头上。明清时期，衍化为香袋，内装香料，做成各种形状，年轻的妇女和小孩佩戴，既有药用价值，又有美观作用。顺治《颍上县志》：“端午：五月五日，包粽子，饮菖蒲、雄黄酒，悬艾于门，画天师、书符篆挂于堂上。又以五彩丝系于儿手，谓之‘百索’。”明末清初，颍上县用彩丝系于小儿手上，称之“百索”，画天师等挂于堂上。

民国《盐城县乡土地理》：“初五，天中节，食角黍。正午，陈雄黄酒果物敬日，曰赏午。小儿以雄黄抹额，妇女制绒为花，簪于髻，曰艾虎。乡

---

① 宗懔著，谭麟译注：《荆楚岁时记译注》，湖北人民出版社 1985 年版，第 89 页。

② 沈榜：《宛署杂记》卷一七《民风》，北京古籍出版社 1982 年版，第 191 页。

人迎赛跳判，曰闹端阳。”清末民初，涡阳“‘端午日’，取菖蒲及艾插门户，或系以五色彩绳佩于小儿之身。饮雄黄酒，又以涂小儿耳鼻。亲友各以角黍相馈送”[①]。人们从中药店里买来白芷、丁香、山奈、菖蒲、雄黄等碾制成“香末”，用红绿绫绢等碎布，细针密线缝成方形、圆形、葫芦形的荷包，把香末包裹在棉絮中间，轻轻塞进荷包里，缝合封口之后，加上五色系绳彩穗，即可悬挂佩戴。荷包所用香末，为纯天然制剂，清香四溢，益神醒脑。濉溪县未婚女子用红、绿、黄多色丝织品和花绸布缝制香袋，内装艾叶、樟脑等药物，挂在胸前或赠送亲朋好友，以为可辟邪。

旧时，民众认为五月蝎子、蜈蚣、蛇、虎、蟾蜍俱出为害，于是画五毒形象贴在门口，小孩涂雄黄于耳、鼻、手、脚、眼窝、肚脐处，以避五毒。手腕、脚脖缠红线、戴香袋（俗称香荷包），脚穿虎头黄鞋（用象征太阳黄经的黄布缝制，绣有虎头），以此保佑小孩健康成长。

3. 饮菖蒲酒

清末民国初，太和县“端午，贴天师符，食角黍，饮菖歜、雄黄酒。妇女簪艾虎，小儿系五色长命缕，臂腕皆系之，俗谓‘百索’”[②]。民间饮菖蒲酒，是因为菖蒲酒有治病的功能。李时珍认为它能“治三十六风，一十二痹，通血脉，治骨痿，久服耳目聪明”[③]。雄黄是一味中药，是一种含砷的结晶矿石，味辛，性温，有毒，人们到药店购买雄黄等药物，配其他药物（五灵脂、白矾等）研末，以酒调服少许，并以药末外涂，可治虫蛇咬伤和风湿疔疮疥癣等。五月节之前，人们从中药店买回一二钱雄黄，用白酒浸泡，做成雄黄酒。端午清晨，用筷子蘸取雄黄酒，抹在小孩子耳根和鼻子上，以防毒虫侵扰。成人一般含少许雄黄药酒在嘴里，或吐或咽，以避瘴疠之气。

端午节时，佩戴香袋，喝雄黄酒，说明人们已认识到夏季是疾病流行的季节，必须用药物进行预防。端午节的生活内容已是民众的一种社会公约，人人自觉遵守，它比政府颁布法令的效果还好。“从防病毒的角度看，端午节

① 民国《涡阳县志》，丁世良、赵放主编：《中国地方志民俗资料汇编·华东卷（中）》，第 986 页。
② 民国《太和县志》，丁世良、赵放主编：《中国地方志民俗资料汇编·华东卷（中）》，第 991 页。
③ 李时珍：《本草纲目》第 3 册《谷部》，人民卫生出版社 1979 年版，第 1563 页。

的产生以及历久不衰，就有它的必然性。它是适应了人们的需要而产生的、流传的”[①]。

六、七夕节

农历七月初七，称“七月七”，因有两个七，又是晚上，故称“七夕节”。

七夕与千古流传的爱情故事有关。古时候，河南南阳城西有个牛家庄，有个聪明忠厚的小伙子，父母早已去世，跟着哥哥嫂嫂度日，天天放牛，人们管他叫牛郎。牛郎常年与一头老牛为伴。有一天，织女和几位仙女下凡游戏，到河里洗澡。二人互生情意，后来织女便做了牛郎的妻子。他们男耕女织，情深意长，育了一男一女两个孩子，生活幸福美满。不久天帝知此事，派王母娘娘带回织女。千万只喜鹊用身体搭成一道跨越天河的鹊桥，让织女和牛郎在天河上相会。后来，每到农历七月七日，年轻姑娘们便来到花前月下，遥望星空，寻找银河两边的牛郎星和织女星，希望能看到他们一年一度的相会，更希望能找到称心如意的郎君。

七月七，牛郎与织女相会的日子。织女美丽聪明，心灵手巧，凡间的妇女们在这天晚上设瓜果、香案，向织女学灵巧，故这天又称“乞巧节”和“女人节”。明代通许县“七夕：妇女聚会于庭，陈时果，称织女星而祭拜之谓乞巧会”[②]。顺治《颍上县志》记载明末清初，颍上县“七夕：七月七日，设瓜果于庭，谓之‘七（乞）巧’”。清末民国初，涡阳“七夕夜，妇女陈瓜果‘乞巧’”[③]。乞巧指的是七夕之夜，姑娘们在庭院中摆好桌凳，放上瓜果，望着弯弯的新月，对空遥拜，许下自己的心愿，然后取出针包和彩线，一手捏针，一手捻线，映着淡淡的月光，将线头穿向针眼，谁能把线穿上，谁就能乞到巧慧，变得心灵手巧，实现美好的心愿。民国《太和县志》：“七夕，妇女陈瓜果拜织女星，穿针以‘乞巧’。”

民国《盐城县乡土地理》：“七月七，七夕，看巧云。小儿女以凤仙花

① 冯尔康：《去古人的庭院散步》，中华书局2005年版，第279页。

② 嘉靖《通许县志》卷上，第83页。

③ 民国《涡阳县志》，丁世良、赵放主编：《中国地方志民俗资料汇编·华东卷（中）》，第986页。

汁染指甲，向月下穿针，曰乞巧。有卧瓜田彻夜，曰看开天门。”有的地方把穿针改为“丢针”。《帝京景物略》：“七月七日之午，丢巧针，妇女曝盎水日中，顷之，水膜生面，绣针投之则浮，看水底针影，有成云物、花头、鸟兽影者，有成鞋及剪刀、水茄影者，谓乞得巧。其影粗如槌，细如丝，直如轴蜡，此拙征矣。”[①] 也有在星光下进行丢针，借烛光照映成趣，看针影变化，以此分辨出姑娘针线功夫的拙巧。

七、中元节

农历七月十五日，道教称中元节。人们在这天祭祀祖先和孤魂野鬼，民间称七月为鬼月，七月初一为开鬼门，也就是打开地藏王所管辖的地狱之门的日子。七月十五为中元节，是鬼门大开的日子，俗称鬼节。道教文献《修行记》称：“七月中元日，地官降下，定人间善恶。道士于是日夜诵经，饿鬼囚徒亦得解脱。”依道教说法，七月十五中元节，是三官大帝中的中元地官大帝诞生日。

凤台县“大小家无不祭祀其先者，间亦扫墓”[②]。乾隆《颍州府志·舆地志·风俗》记载，颍州“中元，祭扫如清明”。民众在七月十五日焚香设供、祭祖、上坟。清代，颍上县“中元、下元祭如清明，无包坟”[③]。民国《太和县志》载，清末民国初，太和县“中元，俗谓‘鬼节’。大小家皆祀其祖堂，并祀墓”。淮河流域民众此日祭祀先人。民国以前，七月十五日扫墓，富有人家除烧纸钱外，还摆上供品祭奠先人。

淮河流域在厉坛祭祀孤魂野鬼。乾隆《颍州府志·建置志·坛壝》载颍州城北门外西北隅有厉坛，“岁以清明、七月十五日、十月初一日祭鬼之无祀者，奉城隍神正位，坛中主祭”。亳州厉坛在州城西北城濠外。每至中元，州官在厉坛上公祭厉鬼，致悼词，要他们记住恩德，不要在人间作祟。当天夜里，咸平寺和白衣庵的僧人，搭台念经，超度亡灵。人们放河灯，给冤魂指

① 刘侗、于奕正：《帝京景物略》，上海古籍出版社 2001 年版，第 104 页。
② 光绪《凤台县志》，丁世良、赵放主编：《中国地方志民俗资料汇编·华东卷（中）》，第 1001 页。
③ 光绪《颍上县志》，丁世良、赵放主编：《中国地方志民俗资料汇编·华东卷（中）》，第 987 页。

路，借以驱除鬼祟。颍上县厉坛，在县城禾稔门外，北一里。太和县厉坛，在县城北门外。蒙城县厉坛，在县城北，滨河。

民国《盐城县乡土地理》：“（七月）十五，中元节，田家以新米祀先。迎城隍会，连日市人出钱为盂兰会，道家礼忏，曰大薰。三十日，值大尽，相传为地藏王开眼，家家门前列灯炬。焚纸币于野，曰斋孤。”江苏盐城各家各户这天晚上“斋孤”，禁止小孩外出，怕遇鬼魂。因为各路亡魂野鬼纷纷返回人间，俗称“冥府开禁，鬼魂过年”。

八、中秋节

农历七月为孟秋，八月为仲秋，九月为季秋，农历八月正当秋分寒露之时，天朗气清，八月十五日，时值秋分，为仲秋，后来，“仲秋”演变为“中秋”。十五的月亮显得比其他月份的满月更圆更亮，游子思乡，家人盼归，因此中秋节又称“团圆节”。中秋节起源于古代帝王祭月的礼制。中秋节有许多美丽的传说，吴刚伐桂、玉兔捣药、嫦娥奔月的故事流传甚广。

民间有中秋拜月的习俗。拜月的方式各地有所不同，一般都是在庭院中设供案，摆设供品，向月礼拜。供品以月饼为主，再配以应时瓜果，月饼必须圆整，不能切开；西瓜等鲜果要切成莲花瓣形，摆放在月饼周围，当月亮升起照到供桌时，点香开拜。宋代金盈之《新编醉翁谈录》载有宋代中秋拜月的习俗：倾城人家子女登楼或于中庭拜月，各有所期。男则愿早步蟾宫，高攀仙桂；女则愿貌似嫦娥，圆如皓月。无论男女，中秋拜月都是祈望月神保佑万事如意，心想事成。

清代，蒙城“中秋夜，各家置瓜果醴饼，祭月为宴，以玩至夜分乃止”[①]。康熙《颍州志·风俗》也载颍州“中秋夕焚香，陈果饼，老幼拜月，谓之‘团圆夜’”。淮河流域中秋老幼围坐月下拜月。坐在月光下，长辈给儿童们讲月亮的故事，月中有玉兔、嫦娥等，讲得绘声绘色，孩子们一个个听得入神。祭拜月神完毕后，分食供品，切开月饼，供全家人品尝。

顺治《颍上县志》记载明末清初，颍上县民众在月下团坐、吃瓜果，称

① 民国《蒙城县志》，丁世良、赵放主编：《中国地方志民俗资料汇编·华东卷（中）》，第987页。

之“玩月”：“中秋夜，焚香月下，拜毕，杂陈瓜果，老幼团坐食之，谓之‘玩月’。”淮河流域民众在月下欣赏月光，吃瓜果，一直到半夜。涡阳“中秋夜，各家置瓜果、醴饼，夕（祭）月酒宴，至夜分乃止”[①]。吃月饼的习俗由来已久，相传唐高祖年间，大将军李靖征讨突厥取得重大胜利，于八月十五日凯旋，当时有来唐朝经商的吐鲁番人向唐朝皇帝献饼祝捷，高祖李渊接过华丽的食盒，拿出圆饼，笑指天上的明月说：“应将胡饼邀蟾蜍。”说完把饼分给群臣一起品尝，得到大家的一致夸赞。从此，京城长安开始出现仿制胡饼的饼铺，制作糕饼甜食，后来广为流传。到北宋之时，这种小饼被称作“宫饼”，俗称“小饼”“月团”。由于制作方便和寓意团团圆圆，这种小饼以圆形最受欢迎。苏东坡有诗云：“小饼如嚼月，中有酥和饴。”中秋吃月饼的习俗在民间逐渐流传开来。民国《太和县志》载清末民初太和县“八月十五夜，妇女陈瓜果、团饼，老幼围坐月下，取一家团圆义”。民国《盐城县乡土地理》载：“十五，中秋，小儿采取果物，罗列盘碟，家人相与拜月，曰赏月。食月饼梨藕，亦以赠亲朋。”

旧时，淮河流域制作月饼的店铺遍布城乡，刻制各式花纹图案月饼模子的作坊长年制作，生意红火。一般人家买几个月饼模子，到了中秋节前，蒸面配料，用普通锅炉烘烤，香飘村舍，更增加了中秋佳节的喜庆气氛。今天制作的月饼更加精美，使月饼成为备受人们青睐的中秋佳节的必备食品。一家人晚饭后围坐在一起赏月，还会在院子里摆上水果和甜饼作为供品来祭月，祈祷美好的生活。边吃着月饼边赏月，一家人其乐融融。明代通许县“月初上时，陈瓜果酒肴于中庭，以面作一大饼，祭毕，家人分食，谓之团圆饼”[②]。民国时，蒙城各家置酒、杀鸡、烙焦馍、炒花生。晚上，院内设桌、燃烛、焚香，有月饼、水果等，合家团聚以敬月。

旧时，农村早晨吃焦馍（用芝麻、面粉和成面块，烙成烙馍，烤焦）。入夜，举家团聚，焚香祭月（多为主妇或姑娘主祭）。祭后，食月饼、瓜果等，至深夜方散。濉溪县农民把中秋视为庆丰收的日子，有“七月十五定旱涝，八月十五定年成”的说法。

① 民国《涡阳县志》，丁世良、赵放主编：《中国地方志民俗资料汇编·华东卷（中）》，第986页。

② 嘉靖《通许县志》卷上，第83页。

民间还有摸秋的习俗，目的是求得某种吉祥征兆。摸秋活动一般在吃过晚饭之后，年轻人待到夜深月高之时，结伴走到村外种有瓜果的田地菜园，边瞄边摸，选择自己喜爱的瓜果。据说摸秋会给农家带来好运，庄稼会长得更好。吃了这天送去的瓜果，媳妇就会有身孕，如愿以偿。

九、重阳节

农历九月九日为重阳节。《易经》以阳爻为九，六为阴数，九为阳数，九月九日，日月并阳，两九相重，故称为重阳，也叫重九，又名重九节。九九与“久久”同音，九又是最大数，有长久长寿的含义，同时，秋季是收获的黄金季节，寓意深远，故人们历来对这节日有着特殊感情。重阳节历来有登高的活动，故也有登高节之称。

重阳节起源很早，据梁吴均《续齐谐记》记载：东汉时，汝南县有一个叫桓景的人，拜著名道士费长房为师学道。桓景按照师傅的吩咐，于九月九日当天清晨举家登高饮菊花酒，佩戴茱萸香囊以消灾。此后，人们纷纷效仿，于重阳这天登高，饮菊花酒以祛病消灾。唐代郭元振在《子夜四时歌·秋歌二》写道：“辟恶茱萸囊，延年菊花酒。”古人知道茱萸和菊花的医疗保健作用。茱萸有山茱萸、吴茱萸、食茱萸三种，古人重阳节所佩戴的多为吴茱萸。吴茱萸，叶似椿叶，三月开红紫细花，七八月结籽似花椒，熟时深紫色，长于枝梢，颗粒甚少，可以入药。李时珍《本草纲目》认为：“（吴茱萸）温中下气，止痛，除湿，逐风邪，利五脏，祛痰冷逆气，杀恶虫毒，鬼魅疰气，开郁化滞。”“井上宜种茱萸，叶落井中，人饮其水，无瘟疫，悬其子于屋，避鬼魅。”唐代诗人王维《九月九日忆山东兄弟》诗云：“独在异乡为异客，每逢佳节倍思亲。遥知兄弟登高处，遍插茱萸少一人。”这首诗流传甚广。重阳节登高、插茱萸的习俗一直在中国大地上流传不衰。

淮河流域有重阳饮菊花酒的习俗。宋代晏殊知颍州时，国子监直讲梅尧臣于庆历六年（1046）来颍州看望他，见颍州民众准备欢度重阳，于是在九月八日作《八日就湖上会饮呈晏相公》诗：“明当是重九，黄菊还开不？先将掇其英，秋径未能有。颓龄无以制，但不负此酒。红颊谁使歌，公怜牛马走。”九月九日作《九日撷芳园会呈晏相公》云：“今日始见菊，虽见未全开。犹胜昔无酒，持望白衣来。破颣浮金英，杂蚁已盈杯。何必探丹萸，结佩上高台。自不愧佳节，安听飞鸿哀。”

重阳这天蒸枣糕食用，还可以把它作为礼品相互赠送。据《西京杂记》载，汉代已有九月九日吃蓬饵的习俗，即最初的重阳糕。蓬饵，类似于黍糕。大抵取重阳登高的谐音和九九长寿之意，重阳糕又称花糕、五色糕，各个时代配料有所不同。汉代吃的重阳糕是用蓬草和黏黍米做的花糕。至宋代，吃重阳糕之风较盛。糕与高谐音，吃糕是为了取吉祥之意义，因而受到民众的青睐。宋代开始用面粉蒸糕，用红枣、栗子、松子等作辅料。重阳糕要做成九层，象征九九重阳。

明代通许县“是日，蒸面枣糕，上插菊花并剪彩像生花枝，亲朋交遗”，“俗竞酿菊花酒，以味之美恶为胜负也”[①]。通许县民众以自酿菊花酒味道好坏比拼胜负。民国《盐城县乡土地理》：“九月九，重阳，食重阳糕。”康熙《颍州志·风俗》记载“重阳，蒸枣糕馈送，饮菊（花）酒，登高”。民国《太和县志》也载清末民初，太和县“重阳，蒸枣糕，插菊，相馈遗”。民国时，太和县蒸枣糕相互馈赠，依然不改这一习俗。由于重阳糕制作方便，配料较为随意，至今各地仍有吃重阳糕的习俗。界首一带用米粉、白糖、桂花、青红丝、松子仁等制作的花糕一年四季可食。

重阳日出游赏景登高望远，喝菊花酒。清末民初，涡阳“重阳日，宴赏篱菊，登高观望为乐”[②]。民国《蒙城县志》载清代蒙城县“重阳日，士人燕赏篱菊，登高观望为乐”。制作菊花酒用白菊花为好。春末夏初之时，割下白菊花软苗阴干，泡酒。菊花有明目、清热、祛风的功效。菊花除了有观赏价值之外，还有强身健体的药用和食用价值。《本草纲目》称菊花主治诸风头眩肿痛，久服利血气，轻身耐劳延年，安肠胃，利脉搏，调四肢，作枕明目，叶亦明目，“嫩叶及花皆可煠食”。所谓煠食，就是把菊花嫩叶放在沸水中焯一下，捞出即可加油盐调拌为食。

重阳饮菊花酒的习俗大约起源于汉代。由于菊花酒能延年益寿，重阳节

① 嘉靖《通许县志》卷上，第83页。

② 民国《涡阳县志》，丁世良、赵放主编：《中国地方志民俗资料汇编·华东卷（中）》，第986页。

饮菊花酒的习俗就流传下来。孟浩然《过故人庄》诗中写道："开轩面场圃，把酒话桑麻。待到重阳日，还来就菊花。"唐代，乡村已有重阳节饮菊花酒的习俗。李时珍在《本草纲目》中认为菊花酒能"治头风，明耳目，去痿痹，消百病"，故民间饮菊花酒保健身体是有科学道理的。

2012年12月28日，全国人大常委会修订的《中华人民共和国老年人权益保障法》规定：每年农历九月九日为老年节。如今，重阳节这天，敬老、爱老为全社会所共识，组织老人游览名胜、唱歌跳舞、参加比赛等活动，敬老院开展敬老服务活动，丰富了重阳节的内涵，传承了自古以来中华民族尊老的美德。

十、下元节

淮河流域有下元节上坟的习俗。明代通许县"是日，如清明节拜扫先垅"[①]。农历十月初一，上坟，称为焚寒衣或送寒衣。明末清初，颍上县"下元：十月初一日，祭墓如'清明'仪，'焚寒衣'"[②]。乾隆《颍州府志·舆地志·风俗》也载："十月朔，祭扫如清明，焚寒衣。"民国时，延续此传统。民国《太和县志》载，太和县"十月朔日，祀墓焚纸，俗谓'送寒衣'"。民国《涡阳县志》也记载，涡阳县"十月一日，祭扫先茔，如清明仪"。祭扫如清明节礼仪，但有不同的地方，下元节不包坟。民国《盐城县乡土地理》也载："十月初一，曰十月朝。祀先，迎城隍会。"

今天从农历十月初一至十月三十日，都是祭祖上坟的日子。阜阳民间有"清明上前，十来一上后"之说，农历十月初一，民间称作"十来一"。意思是清明节扫墓上坟应在节前，秋天十月初一的祭祖上坟，只能在初一过后，不能提前。十月初一后只烧纸，放鞭炮，不往坟上添土。上坟要选择天气晴朗的日子，在上午进行。

十一、冬至

冬至俗称"冬节""交九"，是二十四节气中最早被确定出的一个节气。冬

① 嘉靖《通许县志》卷上，第83页。
② 顺治《颍上县志》，丁世良、赵放主编：《中国地方志民俗资料汇编·华东卷（中）》，第989页。

至节源于汉代，盛于唐宋，传沿至今。汉朝以冬至为“冬节”，称为“至日”，官场举行贺节之仪，称为“贺冬”。宋朝以后，冬至成为祭祖之节日。乾隆《颍州府志·舆地志·风俗》载清代颍州，十一月，“长至，具牲酒，祀祖先”。清末民初，太和县“十一月，冬至，备筵祀宗庙，于尊长前拜节，如‘元旦’礼”[①]。祭祀宗庙，谒拜先人，礼仪如元旦（即农历春节）。

民国《盐城县乡土地理》：“十一月冬至，曰大冬。陈粉圆祀神，亲朋相贺，曰大冬大似年。冬至前一日曰小冬，祀先。”顺治《颍上县志》载：“十一月长至，各备香烛、肴酒祭祀祖先。”颍上县点香烛，祭祀先祖。

人们冬至吃饺子，据说冬至吃饺子一冬天不怕冷。民间还有“冬至进补”的习俗。冬至进补，俗称“补冬”，据说冬至这天进补对身体特别有益。冬至之前，不少人家要选择进补的食品和药材，制成药膳服食，抵御严寒的到来。

十二、腊八

农历腊月初八日民间称为“腊八”。古代农历十二月祭祀祖先、百神，故称农历十二月为腊月。腊的本义为干肉，用干肉作为祭品，进行祭祀活动，称为腊祭。

淮河流域春节从腊八就开始了，民谚云：“吃罢腊八饭，就把年来办。”据说农历十二月初八是佛祖释迦牟尼的生日，宋代以此日为浴佛日。到了这天，寺庙举行浴佛会，用谷米、胡桃、松子、粟之类做粥供佛，煮七宝五味粥招待门徒，称为“腊八粥”。后来逐渐演变成民间习俗。普通人家也以果品、花生、红枣、赤豆、莲子等煮粥，称为腊八粥，不仅自家食用，还要供佛斋僧。顺治《颍上县志》记载，明末清初，颍上县“腊八：十二月八日，以诸果实和肉煮粥，谓之‘腊八粥’”。这一天，民众会喝自家熬煮的腊八粥，即用米熬成粥，要往里面放入花生、红枣、莲子等，也有放进肉类的，因此腊八粥营养丰富。

① 民国《太和县志》，丁世良、赵放主编：《中国地方志民俗资料汇编·华东卷（中）》，第991页。

明代通许县“杂果实米豆为粥，谓之腊八粥”[①]，亲朋好友以此相馈赠。民国《盐城县乡土地理》：“十二月初八，煮豆糜，以果蔬或枣粟，曰腊八粥。”乾隆《阜阳县志》：“腊月八日，僧舍用百果及菽乳和米作粥供佛。”民国《太和县志》记载，清末民国初太和县“十二月初八日，杂诸果实肉为粥啜之，俗谓‘腊八粥’”。腊八粥原料一般为八样，做多一些能够吃几天，意为年年有余。固镇县民众认为吃腊八粥可延年益寿，萧县民众在屋前后的枣树上涂上腊八粥，期望来年枣子丰收。腊八粥不许一顿吃完，要吃上一天，以表示富足有余，并把粥抹在门上、树上，预祝来年丰收。民谚云：“腊八粥，尽你吃，来年果子挂满枝。”[②]

腊八节一过，就意味着年节将至。家家户户开始置办年货，缝制新衣、做新鞋，欢乐祥和的气氛越来越浓。

十三、祭灶

灶神又叫灶君，民间称其为灶王爷，是我国民间普遍信仰的神灵。灶神之所以被普遍地信仰，与其司灶之职密不可分。

淮河流域祭灶时间具有差异性，民间有“官祭二十三，民祭二十四”“商祭二十三，农祭二十四”等说法。有的地区农历腊月二十三日晚上祭灶，有的农历腊月二十四日晚上祭灶。清代，蒙城“腊月二十三四日，各家拂尘扫舍，其夜‘祀灶神’”[③]。蒙城县二十三、二十四日祭灶都行。民国《太和县志》载，清末民国初太和县民众置刍豆于灶下，以秣神马，称为送灶，“二十三日，洁扫屋宇，设果酒祀灶，置刍豆于灶下，以秣神马，俗谓‘送灶’”。太和县腊月二十三送灶。

清末民国初，涡阳“腊月二十四日，各家拂尘扫舍，其夜‘祀灶’，又曰官祭三，民祭四”[④]。顺治《颍上县志》记载，明末清初，颍上县“腊月二十四日，净扫屋宇，设果酒、祭文祀皂（灶），谓之送皂（灶）”。涡阳县、颍

① 嘉靖《通许县志》卷上，第 83 页。
② 侯定国：《过年小考》，《漆园古今》第 10 辑，第 201 页。
③ 民国《蒙城县志》，丁世良、赵放主编：《中国地方志民俗资料汇编·华东卷（中）》，第 987 页。
④ 民国《涡阳县志》，丁世良、赵放主编：《中国地方志民俗资料汇编·华东卷（中）》，第 986 页。

上县腊月二十四日祭灶。民国《盐城县乡土地理》：“（腊月）二十四，扫屋宇，曰撣尘。剪纸为马，附以糖饴酒糟，祀灶神，曰送灶。”江苏盐城地区腊月二十四祭灶。明代通许县“二十四日，俗于是夕，设饴糖酒肴祀灶，名曰送灶神。元旦复举，谓之迎灶神”[①]。嘉靖《沈丘县志》卷一《岁时》载：“二十四日，各具糖饼祭品以祀灶。”《泗虹合志》：“二十四日，扫除舍宇。夜设酒果、饴糖‘祀灶’。”[②]涡阳县民众以粮饼（饴糖炒米花制成）奉灶君。太和县民众晚上以浑酒（民间用黍、谷自酿的低度酒，味甜）、饴糖奉灶君。到年三十，民间还在灶君像旁张贴“上天言好事，下界保平安”的对联。

古人认为，上有天帝，下有灶神。天帝主管世界，灶神福佑全家，故人们对灶神十分尊敬。康熙《颍州志·风俗》记载，清代，颍州“腊月二十三日夜半时，设杨果茶酒祀灶”。光绪《颍上县志》载，清末颍上县“祀灶日，用白糖、果酒，为祝文焚之，遍扫屋宇”。祭灶这天，人们一大早就开始打扫厨房的卫生，清洗碗碟，擦拭锅台炉灶，尘与陈同音，清扫尘土就意味着“除旧布新”，迎接吉祥如意的明天。到了深夜，举行祭灶仪式，先在厨房炉灶前面摆好供桌，在果盘里放上糖果、糕点、茶酒等贡品。点烛、焚香，在厨房门外院子里燃放鞭炮，燃烧黄表纸，祭时叩头为灶君送行，祈求灶神好话多说，坏话甭说，给灶爷磕头，表示对神灵的敬畏之心。供桌上摆放的贡品，以麦芽糖为最好，用麦芽糖粘住灶君的嘴，不让它在天上说三道四，说对自家不利的话语。

祭灶这天，各家打扫卫生，清除房舍尘土垃圾。淮北民间歌谣《新年来到》云：“腊八祭灶，新年来到。闺女要花，小子要炮。老婆子要衣裳，老头子打饥荒。”祭灶之后，至除夕民众要准备好过年的所有用品和食物。旧时，糕点、米酵、豆腐、蒸馍、馓子、麻叶、圆子，都是自己做，一般把年后接待客人的鸡、鱼、肉等做熟，放到盆子里盛着，年后招待客人，体现了中国传统小农经济自给自足的特色。

腊月祭灶，百姓一般在腊月二十四日举行，而为官的可提前一天，故有“官三民四”之说。由于时代变迁，现在民间已不完全遵守官三民四的旧例。

---

① 嘉靖《通许县志》卷上，第83页。

② 光绪《泗虹合志》，丁世良、赵放主编：《中国地方志民俗资料汇编·华东卷（中）》，第998页。

第五章
民间信仰与民风

民间信仰的起源可追溯到原始社会，在生产技术落后、物质生活低下、自然灾害频繁的状态下，民众信仰“万物有灵”“万神有灵”，祈求超自然的神灵庇护自己。它涵盖神灵崇拜、生活禁忌的观念和行为，主要有神灵崇拜及祭祀活动、迷信禁忌等。

淮河流域的人们信仰城隍以祈城隍神保佑民众风调雨顺，安居乐业。民间祭祀关公反映了淮河流域商品经济的发展。宗族建立祠堂，逢年过节祭祀祖先，希冀先祖的护佑。淮河流域因灾害，与水患、蝗灾、民生有关的神灵信仰增加，祭龙王、刘猛将军、河（湖）神、风神等之风兴盛。祭祀名宦实际上是对正直、业绩突出官员的崇拜。民间信仰有诸多功利性、实用性。

淮河流域因战争，黄河改道侵淮引发水患、混乱，加之社会控制削弱，民风呈现尚武的态势，喜欢刀枪、拳术、棍棒等武技项目。民风受物质生产及经济条件的制约，具有时代的特征性与差异性。流域内崇武风气长期留存，至近代尤为突出，传承至今。

民众祀神大于宗教信仰，愿望与现实的差异无法弥合，大多借助神灵保佑。每逢新年，祭祀财神爷等神灵，祈求新年大吉大利。民间信仰是民众重要的精神活动，在民风民俗、道德教化、精神维系、社会生活等方面发挥着重要作用，对人们的价值观、人生观产生较大影响。民间信仰的对象多种多样，与自然环境、社会环境的变迁有着密切关联。淮河流域的民间信仰，是包容与多样性时空汇聚的区域风情。

一、城隍庙

城隍神最早为古代城池的守护神，唐宋时期，城隍神的职司变广泛，不仅守卫城池、保境安民，而且主管当地水旱灾疫及冥间事务，民众祈求丰产、征战大事、旱涝晴雨都向其请愿，使其成为无所不能的神祇。城隍神由自然神转变为社会神，成为一地的保护神。

淮河流域城隍庙大多出现在宋代以后，“安徽各地兴建城隍庙，大约在宋、元之际最为盛行”[①]。作为一地的保护神，城隍神受到上至官员下到平民百姓的崇祀，尤其是知县作为一地的父母官，对城隍神更是备极尊崇，对其居所城隍庙也不惜耗费巨资建设、修葺，以祈城隍神保佑其辖区风调雨顺，百姓衣食无虞、安居乐业。

淮河流域的府、县都有城隍庙。嘉靖沈丘县城隍庙在县城东南隅，“正厅，三间，貌城隍于中，后房三间，前门三间。弘治戊午知县李琳创建，嘉靖八年县丞吴芳重修”[②]。嘉靖《通许县志》卷上《礼乐》载通许县城隍庙在布政分司东，正堂旧四楹，县丞范世英建，正统间知县徐达重修。嘉靖《太康县志》卷三《祠庙》载，太康县城隍庙在县治南，洪武初年建，永乐十二年（1414）主簿李恭重修。景泰间知县崔寿修，弘治间邑人义官顾承祖等重建。颍上县城隍庙在县城通汴门内，洪武十八年（1385），县丞孔克耕建。永乐六年（1408）知县邓谦修葺。天顺间，正千户姚鉴重建。嘉靖间，邑人李相等募资增建。万历二十年（1592）县令黄兰芳、三十八年（1610）县令张大业均加以修葺。康熙十七年（1678），县令李赓明重修。“乾隆六年，县令蔡元成、典史王经修左右廊，广十一丈三尺，袤四十五丈六尺”[③]。亳州城隍庙，在亳州城东北隅。明洪武五年（1372），知州张文弼重建。知县徐贵、谢宥，知州王许、刘宁重修。太和县城隍庙，在县城西沙河涯。

明嘉靖时期，颍州知州李宜春云：“神有益于人，人之崇祀乎神，故往往见诸史传。况城隍尤切于民生，保障阴司人之善恶与人道幽明相为表里，岂

① 陈也农：《简述安徽的庙会》，安徽政协文史资料委员会：《旧时黑幕》，第247页。
② 嘉靖《沈丘县志》卷二《坛壝》，第1012—1013页。
③ 道光《颍上县志》卷三《建置》，黄山书社2008年版，第52页。

不可以不祀乎。颍州城隍最有灵验，保障一郡百姓之安危。”[①] 颍州城隍庙在颍州北城之西南隅，有堂，有退室，有东西廊房，有起敬坊。洪武二年（1369）建，覃怀、赵锐作记。万历年间增修，通判郭蒙吉捐资，于寝殿后买民地直三丈、广六丈。邑绅张鹤鸣兄弟复购大门旁民地，盖殿三楹，为广生祠。后楼有五间，当中三间是城隍爷、城隍奶奶的神像，有两房城隍奶奶，一座是长房，一座是偏房。东头一间是城隍爷的灶房，塑有灶爷神像。西头一间是城隍爷的库房，有库爷神像一座。

中间是大殿三间，前院有东、西廊房十二间（东岳庙为十间廊房），是城隍爷手下的人曹官。这些人曹官个个面貌狰狞，如凶神恶煞，手持生死簿，并塑造出十二种刑罚，如上刀山、下油锅等，令人触目惊心，毛骨悚然。人们相信，积德行善事，城隍爷保佑你平安无事，如果做了伤天害理的事，死后就要受到十殿阎王的严厉惩罚。十二廊坊的南端是城隍爷手下领班人的神像，个个威风凛凛，神武异常，这里有速报神、华佗像，据说这是给城隍爷送信和治病的官。庙外花戏楼底下，有一尊泥马像，据说是城隍爷所骑的神马[②]。

1. 城隍庙会期

城隍庙会会期有的地方一天，有的地方三天。嘉靖《通许县志》卷上《风俗》载：河南通许县农历三月十八日为城隍庙会，山东郯城县农历五月二十八日城隍庙有会。民国《凤阳县志略》：“正月十五、十月初一，有城隍会。”亳州城隍庙会，时间是农历六月十七日，这天在亳州神路巷北头城隍庙举行盛大的香火会，上午，人们把城隍抬到涡北瘟神庙桥，下午抬回城隍庙。善男信女有烧香还愿的，有挂盘香的，有穿棉袄棉裤给城隍打扇子的等。阜阳城隍庙会是农历四月十九日。

按《释神篇》所说，祭城隍神是周朝的遗制，周朝年底祭八种神就包括土地和城隍神，后来，祭城隍神由统治者的祭祀活动逐步演变成迎神赛会的民俗形式。城隍赛会之前，由庙中邀请各行业的会首、绅（士）董（事）筹备。首

① 嘉靖《颍州志》卷下。

② 周世中：《阜阳城隍庙》，政协阜阳市文史资料研究委员会编：《阜阳史话》第 7 辑，1987 年，第 91 页。

先是庙祝化缘募捐，以充会费。各会首又向各行业募捐，进行出会的准备。一般前十天就开始“邀会”，以便让人们准备进香。所谓“邀会”，是指敲打两人抬的名曰“筛金”的大铜锣，穿街走巷告知某日出会，庙门口也贴黄纸露布。

三天会期的活动更丰富。第一天的活动主要为朝香。朝香主要有两种：一种是善男信女的自由进香，这些香客为生儿育女或为长辈长寿或为儿孙平安来许愿或还愿的。另一种是有组织的进香，一行业祈求招财进宝，或一地方求一方人畜两旺五谷丰登。第二天是出会期。主要是城隍出巡，这是庙会活动的高潮。一般是各会首、绅董沐浴更衣后，在庙祝的主持下，向城隍及各种佛像进香，举行请城隍出城的仪式，请出城隍像安放在轿内，就准备出巡。

第三天的活动，一是会首、绅董和官吏们到庙内谢神；二是“赶会”，这是最主要的活动。赶会者有前来进香的、看戏的、做生意的。参加赶会的商品名目繁多，有生活用品、生产工具、手工艺品，还有各种小吃、迷信（测字、卜卦、看相、算命等）和赌博活动（猜宝、掷骰子等）。每年农历十月初一日，城隍爷、城隍奶奶要到“双庙寺”（城隍爷的行宫）住上三天。这一天，道士们抬着城隍爷、城隍奶奶的座像敲锣打鼓、吹笙鸣炮，地方官员、绅士跟在后面欢送。三天过后，人们又敲锣打鼓、放炮、张灯结彩，把城隍爷、城隍奶奶接回来。城隍庙香火很旺，收入很可观。

2. 城隍庙求雨

夏季多晴热天气，有时多日不下雨，田中禾苗干旱枯萎，群众自发地组织数十人、百人到城隍庙进行求雨，有时上层人士也顺应民意参加求雨的行列。宋代欧阳修知颍州时所作《祈雨祭张龙公文》云：“以一日之雨，救一方之旱，用力至少，其功至多，此非人力之所能为，而神之所甚易也。”这是在崇尚神灵。苏轼有《祈雨迎张龙公祝文》与《祈雨送张龙公祝文》，在《昭灵侯庙碑》中云：“元祐六年秋，旱甚。郡守龙图阁学士左朝奉郎苏轼，迎致其（张路斯）骨于西湖之行祠，与吏民祷焉，其应如响。”强调了张龙公的灵验。乾隆十五年（1750）夏，长期无雨，知府王敛福“奔走请命于神，又为文以祝古井”[①]。

明代颍上县令屠隆《重建敕封昭灵张龙王祠碑记》云，祷雨应验，“于是邑人为王改筑宫祠焉”[②]。万历六年（1578），屠隆任颍上县令，“五月，又大旱。为文祷于城隍，又祷于张龙王之神。祷二日不雨……隆乃暴赤日中，从朝至暮，越二日，又不雨……为文告于神者三……入祷玄帝庙……是时，日向暝矣，俄大雨竟夕，四郊沾足。自是，连日大雨”[③]。屠隆采取了许多方法，入祷多个神灵，老天终于下雨。

民国时期，蒙城县求雨者个个头戴柳条圈，上身袒胸露背，下身穿短裤，赤脚，手持燃香。最前面的是乐队和端香盘的人，接着是僧道、端公等，后跟求雨的人们，摆成长龙似的队伍，浩浩荡荡地往城隍庙求神，然后到龙王庙去求龙王。在庙里，由领队人在神像前焚香燃烛，大家在烈日下依次跪倒叩头，热得汗流浃背，并要毕恭毕敬拜求默祷。僧人敲木鱼，半闭双目念经，端公敲狗皮鼓、铜锣伴奏，唱求雨歌：“锣鼓喧天进庙堂，烧香磕头拜龙王。求您行令把雨下，救救地里的旱庄稼。风调雨顺人人喜，五谷丰登永太平。龙王爷，显神通，乌云翻滚遮天空。又是闪，又是雷，大风过后雨不停。东一阵，西一阵，下得瓢泼大雨。南一阵，北一阵，下得沟满壕平。”

蒙城县老塾师邓鉴堂曾写对联“讽祈雨”，讽刺这种迷信活动：“淫道、浪道、臭端公，三通鼓冲散风、云、雷电；贪官、污吏、暴衙役，九叩首祭出日、月、星辰。”[④]

二、关帝庙

关羽本是东汉末年刘备手下的一名战将，死后逐渐被神化，历来是民间祭祀的对象，被尊称为“关公”。手持青龙偃月刀的关羽神像、关羽的祠庙遍布各地，为中国祠庙最多的神明之一。他的职能也很复杂，他是军人、武师的行业神，也是烟业、香烛业、教育业、命相家等不相干的行业所推崇的神。

① 乾隆《颍州府志》卷九《艺文志》，第907页、1141页。

② 乾隆《颍上县志》卷一一《艺文》，《故宫珍本丛刊》第106册。

③ 乾隆《颍州府志》卷九《艺文志·文·明》，第949—950页。

④ 葛炎章：《求雨》，《漆园古今》第10辑，第211—212页。

关帝庙的设立是因为民众敬崇关羽，认为其集忠孝节义于一身。万历三十三年(1605)，神宗赐关羽“三界伏魔大帝神威远镇天尊关圣帝君”封号，顺治九年（1652），顺治敕封“忠义神武关圣大帝”。关羽由最初的侯爵逐步晋封为王、公、帝君、大帝，直到成为“武庙”的主神，其地位可以与“文庙”的至圣先师文宣王孔子相提并论。关羽不仅神通广大，还有招财进宝的本领，因此得到普通民众的敬仰，更得到商人的崇拜，这也反映了淮河流域商品经济的发展。

嘉靖《通许县志》卷上《礼乐》载：“关公庙，旧在儒学东，弘治初，知县冯刚徙建于东岳祠西。”乾隆《颍州府志》记载：“阜阳县关帝庙在旧城北隅，明嘉靖年间，兵备道朱舜民梦神助败贼，故迎像祀鼓楼。雍正十年（1732）毁于火，知州毛贡重建。乾隆十五年（1750），知县王锽大修飞檐、周廊、曾建东西亭。岁以春秋二仲月丁后及五月十三日祭。另三处在东关外、东门月城内、西湖南岸。太和县关帝庙在西门内，乾隆十五年（1750），知县成兆豫暨衿士捐资建三代祠。”

民国《颍上县志》记载的关帝庙有：通汴门内关庙巷左，旧名关帝庙，今名关岳庙，合祀关壮缪侯羽、宋岳忠武王飞。前殿三间，东西庑三间，门楼三间。宋延祐年间始建，明洪武二十四年（1391）署所事王智重建。后殿三间及左右翼室六间，清雍正十二年（1734）增建。乾隆四十七年（1782）县令王觐宸率邑人宋为勋等修。清咸丰七年（1857）御书“乾坤正气”匾额颁悬大殿，太平天国农民军围城，神灵屡著灵应。西关外有山西、陕西商人合建关帝庙，清咸丰年间规模宏大。庙门前铁旗杆一对，高三丈余，重二万余斤，系嘉庆十五年（1810）建。清光绪年间重建，仅有瓦屋两层。南照集西北有怀庆府及山西商人合建关帝庙，有万历年钟，铁质，上铸“大明国直隶凤阳府颍州颍上南照集漕口店淮润乡敕封南极协天大帝崇宁护国真君关圣行宫”。另外三处：西五十里铺；颍水北汤家沟西北；颍水南苇沟东，以夏历正月十五日为会期。

淮河流域有许多关帝庙，这是对神化人的崇拜。山东郯城五月十三日关圣庙在城南门外和马头两地有庙会。

三、华佗庙

华佗大约生于汉冲帝永憙元年(145),卒于汉献帝建安十三年(208)。《后汉书》卷八二:“华佗,字元化,沛国谯人也。”华佗即今安徽亳州市人。

华佗有着精湛的医术,发明麻沸散解决外科手术的麻醉问题,减轻了患者痛苦;重视养生之术,创五禽戏。华佗一生在淮河流域的豫州、徐州、青州、兖州等地行医,即在今安徽、河南、江苏、山东等省悬壶济世。曹操早年患头风病,要求华佗长期留在自己身边医治,华佗不愿意,曹操大怒,将华佗杀害。

华佗家乡亳州最早建华佗庙祭祀他,《华佗乡土志》载,唐开元年间,亳州建造了华佗庙,因为神小而庙微,又以尼姑主持,故名“华祖庵”。此后华佗庙(又称华祖庙、华神庙、华佹寺、华公祠)在淮河流域其他地区陆续出现,明清时期则是华佗庙建造的高峰时期。河南虞城县的华佗庙,“一在城西关外,顺治十四年,邑佥宪杨春育建,后火毁。乾隆二年,孔目杨念祖率庙旁居民重修”①。江苏宝应县,“华真君祠,在县东南隅。邑人刘中柱,官淮教谕时,获华元化真君符,焚之,神降乩书方,济人辄效。康熙二十八年,中柱父登仕郎以化,建祠祀之”②。乾隆《太和县志》卷一《舆地·坛庙》载:“华佗庙,一在玄墙集,明嘉靖间建。民间有建庙,凡疾病者多祈祷焉。”同治《金乡县志》卷二《秩祀》载,乾隆年间,山东金乡县建造了华祖庵。嘉庆《商城县志》卷三《建置志·坛庙》载,天启三年(1623),河南商城县建华佹寺。光绪《寿州志》卷五《寺观》载,乾隆六年(1741),安徽寿县建华祖庙。

从地方志记载来看,华佗庙主要集中分布于今苏、鲁、豫、皖四省交界处,即淮河流域的安徽北部、江苏北部、河南东部、山东西南部,尤以安徽省华佗庙的数量最多,其次为江苏省与河南省。

历史上,淮河流域灾害不断,瘟疫疾病随之频发,而医疗资源的不足使民众缺少必要的医疗救治,信仰作为医神的华佗则成为必然。

① 光绪《虞城县志》卷三。

② 道光《宝应县志》卷二。

四、宗族祠堂

淮河流域民间有祖先神的信仰，在族人集中居住的地方建立宗祠，逢年过节、祖先诞辰或祭辰全体族人共同祭祀。祖先神崇拜远古就存在，在历史长河中一直延续，族人祈求祖先之神保佑家族子孙兴旺，以及家族的经济生活和社会生活有较大改善。

阜阳县李家祠堂，新集镇街西北，清光绪十八年（1892）建。李氏为大财主，祠堂建筑较宏伟，井然有序。祠堂坐北朝南，前排是走马门楼，两扇黑底红心的大门书写“阀阅分山左，宗祠建颍东”。前院有东西对面厢房各三间。后院两侧是半开敞的走廊，一对月牙门通往东西两个跨院。中间筑有一个一米高七平方米大的平台，是供家族后人祭奠跪拜的地方。大殿坐落在正中央，高十米，重梁起架，设计精巧，雕梁画栋，正殿门头上有“急公好义”横匾，正殿内高台上排列着李氏祖先的牌位，外罩刻有花纹的玻璃小门，最上面的横匾上写“斋名严肃”。每层房屋的廊檐下均刻有图案，前后二十四处，为二十四孝图。

界首郭氏宗祠，位于人民路中段，有祠堂三大间、东西廊房八间，大门三间。今已毁。临泉张老家祠堂，位于临泉谭棚，由张家始祖三世孙张表始建于1488年，后经十四世孙张湘于1803年续建整修，占地面积3047平方米，建筑面积287.17平方米。前殿三间，腰殿三间，大殿三间，均为砖瓦结构，每年农历二月二十八日和九月二十八日为祭拜日。

罗文博在《阜阳城古建筑记》一文中列举了阜阳城区的祠堂：北城的张氏宗祠、鼓楼与小教场之间的程氏宗祠、西关内的罗氏宗祠、北关的连家祠堂、鼓楼附近的亓家祠堂、南关的王家祠堂和田家祠堂、西关的刘家祠堂、大隅首东的宁家祠堂等。

淮河流域无论贫富，逢年过节必祭祖先神，“凡聚族居者必立祠堂，以春秋季月合祀其祖”[①]。宗族都建祠堂，立有先祖的牌位。“凡祭先祖之日期，为上元节、清明节、中元节及冬至节与十月朔（十月初一日）等日。视各个经济状况、孝忱厚薄而定祭醴之丰啬，以祭于寝。祭时，供牲醴，焚纸箔，子

① 民国《续修盐城县志》，丁世良、赵放主编：《中国地方志民俗资料汇编·华东卷（上）》，第540页。

孙依辈次行跪拜礼”[①]。祠堂由本族的族长负责，负责祭祖礼仪。一般在清明节（农历二三月）、中元节（七月十五日）、十月初一等。祭拜活动要设供焚香，烧纸，燃放鞭炮，行跪拜礼。

五、东岳庙与火神庙

东岳大帝是主治生死的冥司之主、百鬼之帅，是阴间鬼魂之最高主宰，十殿阎王都是他的属下。东岳大帝是站在阴阳两间的神，凡是在阳世做了坏事而未被发觉的人，死后都由东岳神将其灵魂押送地狱。东岳大帝据传是太阳神羲和氏的儿子（羲仲），人死后，由他初审，然后交“十殿”赏罚。东岳大帝最初在泰山一带被人祭拜。唐玄宗开元十三年（725），正式封东岳大帝为天齐王。因受帝王推崇，东岳庙遂逐步在全国大量兴建。

淮河流域的东岳庙多在宋元以后出现。嘉靖《通许县志》卷上《礼乐》载通许县东岳行祠在东廓外，永乐元年（1403）重修。嘉靖《太康县志》卷三《祠庙》载太康县东岳行祠宋徽宗崇宁年间已建，洪武十年（1377）重建，永乐二年（1404）乡耆朱子玉等重修。山东郓城县东岳庙由邑人仝氏捐基创建，康熙十一年（1672）邑人高尚志增修，“弘敞绘丽，洵成巨观”。郯城县天齐庙三月二十八日在城北及道庄保有庙会。颍州东岳宫，在城东门外三里。颍上县东岳庙，原在城外，明洪武四年（1371）迁于十字街西。蒙城县东岳庙，在县城北。据说东岳大帝是三月二十八日出生的，民间以这一天为东岳会会期，出会、赶会与城隍会相似。

近代，民间的东岳大帝信仰与外来基督教曾发生冲突。《临沂文史资料》记载：在临沂的旧历三月二十八庙会上（天齐庙会，当时是在西关），基督教徒大讲破除迷信。因为这个庙会，凡是城乡赶会的人，十之八九，手里都捧着香、蜡、纸、金银宝锞（纸的），来到庙内大殿上向“天齐老爷”（当时所说的“天齐老爷”就是“东岳大帝”）烧纸烧香，跪拜磕头，保佑全家平安。当时教会的传道者们，抓住这个现实题材，大讲而特讲，向赶会的人们说：“世界上没有鬼和神，你们向‘天齐老爷’磕头烧香，这是迷信，‘天

① 民国《盱眙县志略》，丁世良、赵放主编：《中国地方志民俗资料汇编·华东卷（上）》，第534页。

齐老爷’他是一个泥胎，用泥塑起来的，他的本身是人把他凑成的，既不是神，也不是鬼，他有什么灵验呢？买纸买香，又花费了冤枉钱，这是最愚最傻的事情。我们教会，从不信鬼神，不烧纸不烧香，不磕头，世界上没有鬼神，只有一个上帝（实际上，上帝就是神，但传教士们在传道过程中，极力避免这个‘神’字），上帝就是真主，要信奉上帝，听真主的话，就能保佑你们免灾免难。”实际上基督教会是想用“洋迷信”代替中国的“土迷信”①。

在历史的发展进程中，火起到决定性的作用，而且在人们的现实生活中火的作用也不可小觑。民众起初是对自然物——火的崇拜，后来逐渐人格化，出现了“火帝”。火神会在淮河流域较流行，火神是专管火灾的神，因为此地区草房较多，失火的几率较大，故祈祷火神风气盛行。

颍州火神庙在西北城上，岁以农历六月二十三日祭。颍上县火神庙在北关小街，明万历二年（1574）建。亳州火神庙在北门永和关西。太和县火神庙在城东郭外。蒙城县火神庙在县城西仓基街。祭祀火神多数是与城隍会同时举行，出巡时，抬着火神像（木刻的像）游行。

六、盂兰会与娘娘会

农历七月十五日是佛教的盂兰盆会（盂兰盆节），此日举行为期一天的盂兰会。根据佛教的《盂兰盆经》记载，释迦牟尼的十大弟子之一的目连尊者被地藏王度化后，其母却肆意胡为，被阎王打入地狱受苦。目连接受佛祖意见，每年七月十五日以五味百果，置于盆中，供养十方魂灵，超度众饿鬼，其母才脱离鬼道，升入天堂。

这天，街上有条件的住户、商铺均撑白布篷。十字街口搭一座不太高的平台，台上放方桌数张，摆成长方形。桌上供有佛像，陈列香炉、烛台、木鱼、法器等，桌的一端有一个较高的座位。开经时，僧人披袈裟（道士穿法衣）在台上焚香、设供、摇铃击磬，并有节奏地诵经。然后，众僧人在较偏僻的场地烧香、化纸钱等，同时，磕头、念经、往地上倒酒、撒饭，称为“斋孤”（拯孤、济孤），意为拯救孤魂野鬼，免得他们危害阳间人。各家烧香纸、点烛、放

① 奠邑：《基督教会过去在临沂的传教布道活动情况》，《临沂文史资料》第4辑，第118页。

鞭炮、设供，祭祀祖宗。

农历二月十九日是观音娘娘的生日，这天是娘娘会的会期。是日，民众带上香纸、鞭炮到娘娘庙，在观音娘娘像前烧香、许愿，老年妇女多为儿女许愿、还愿；青年男女多为生儿育女许愿；年轻未婚女子祈求娘娘保佑遇到一个好男人。会上还有日用品等销售。

七、龙王庙

龙王是水神系的神灵，原为先民幻想出来的动物神，被视为象征吉祥的四灵（龙、凤、龟、麟）之一。汉代民间祈雨多祭土龙，唐宋以后，由于佛道二教极力强调龙王与云雨的关系，加上唐宋以降统治者不断封龙神为王，这样使得龙神信仰迅速普及，龙神由原来的动物神摇身一变为农神，这样形成了全国的龙王庙林立的局面。

淮河流域自然灾害频发，民众文化素质较落后，在信仰上，神灵较多，尤其与水患、民生有关的神灵信仰增加了，民众信仰变为多元。元明以降，与水有关的水神龙王在人们的心目中占有重要位置，龙王庙随处可见，龙王信仰得到人们的认可。同治《颍上县志》载明代颍上县有外来的水神晏公庙、萧公庙，清代时废弃，出现了白龙潭庙，在县北 7 里沙河旁。清代，阜阳有张龙公祠，在南门外。光绪《亳州志》载，明正统年间指挥朱斌修建的亳州晏公庙及其改建而成的二郎神庙已废弃，光绪年间知州张树建新建了龙神庙。民国《太和县志》载太和县大王庙是顺治二年（1645）建，龙神庙是雍正五年（1727）建。康熙《凤阳府志》提到了蒙城县的两座龙王庙、怀远县涡河北岸的九龙庙、灵璧县北的白龙王庙、宿州仁义乡的龙王天妃庙等。太和县洪武年间建的晏公庙、亳州北门的水府郡祠已废弃。

乾隆《亳州志》载亳州有白龙王庙、五龙王庙，而金龙四大王庙在北关外宁池会馆，是从江南传入，说明淮河流域对外来水神信仰较排斥。欧阳伦《化龙潭庙碑记》载，萧县鹳山麓有化龙潭。嘉靖十二年（1533），冬适不雨，县令在此求雨，命道人下潭取水，得蟾蜍二、泥鳅一，置诸盎内，“夜三更阴云四合，大雨如注”[①]。定远县龙王庙在“县东北十五里泉坞山北，庙前有泉水清泠，祷雨常有应”[②]。同治《霍邱县志》载，霍邱县龙王庙“西南六十里河口集”。明代已经建成，后于明末清初移至城外。

鲁南、苏北地区明代已崇祀金龙四大王。济宁在明朝是山东运河南端的第一大码头，早在正统以前就有金龙四大王庙，因岁久塌颓，正统年间督漕官员石汤募资重修，比旧庙宏阔壮伟“数百倍矣”，每天经过此庙的舟楫，“日不下千百”，成为南来北往民众争相谒拜之处，烟火极盛。隆庆六年（1572）六月，明穆宗派兵部侍郎万恭前往山东鱼台致祭，正式敕封河神谢绪为“金龙四大王”。顺治二年（1645）七月，借口河清二日，诏封河神为“显佑通济金龙四大王”。高晋《南巡盛典·祀典》载“宿迁县西堤大王庙本朝敕封……康熙二十三年，圣祖仁皇帝南巡遣官致祭，今河渎已经臣部奏准，于圣驾经渡处所设坛遣祭”。康熙遣官致祭宿迁金龙四大王庙。光绪《淮安府志》卷四《坛庙》：“盐城县金龙四大王庙，西门外。清河县金龙四大王庙，清江闸。”

豫东、豫南明代以降也建造了金龙四大王庙。嘉靖《太康县志》卷三《祠庙》载太康县龙王庙在西门外，洪武七年（1374）陈兴等重建。光绪《虞城县志》卷三《庙祀》记载，河南虞城县“金龙四大王庙在城西关，明万历年间司寇杨东明建，康熙年间知县程本节重修”。民国《太康县志》卷二《舆地志·坛庙》载，陈州府太康县“金龙四大王庙在东门外迤南，明御史王琁建”。光绪《南阳县志》卷三《建置志·坛庙》记载，南阳府南阳县“金龙四大王庙在东关，同知秦耀明建”。光绪《上蔡县志》卷二《建置志·祠庙》载，汝宁府上蔡县“金龙四大王庙在南关外”。

淮河流域旱涝不均，时有旱灾发生，故唐代以来有信仰昭灵侯张龙王（张路斯）的习俗，在宋、金、元战乱对峙时期，一些庙宇荒废。乾隆《颍州府志·建置志·祠庙》载颍上县“张龙公庙，县东十里焦氏台。唐景龙中立庙，明洪武二年重建”。由于战争、水灾的毁坏，明代颍上知县屠隆重建了张龙王祠。夏季多晴热天气，常常多日无雨，地方官员积极参加求雨活动。万历六

① 嘉庆《萧县志》卷一五《艺文》，《中国地方志集成·安徽府县志辑（29）》，第510页。

② 道光《定远县志》卷三《舆地·祠庙》，《中国地方志集成·安徽府县志辑（36）》，江苏古籍出版社1998年版，第32页。

年（1578）五月（农历），大旱，颍上县令屠隆“为文祷于城隍，又祷于张龙王之神”。屠隆入祷城隍、张龙王等神灵，最后终于下雨。乾隆十五年（1750）夏，无雨，知府王敛福“奔走请命于神，又为文以祝古井”①。

淮河流域的祭水祀神之风渐次遍及沿岸各地，使得淮河流域的水崇拜习俗达到了较高峰。民国《淮阳县志》卷八《艺文志》收录的《重修大王庙碑》云：“庙在蔡河之涘，西北众陂之水皆汇于此。每当淫霖暴涨，波涛澎湃，势同巨浸，非借神力呵护，则大堤有溃决之虞，室庐深漂摇之患。”对于生活无保障的下层百姓而言，祈祷于金龙四大王，期望有神灵佑助，能保舟船之安，更是内心平安富足的企盼，故凡河决洪涝、久旱不雨、渔业不丰、冰雹伤稼、生老病死等，都会以祭祀的方式向金龙四大王祈愿。在淮河、运河沿岸金龙四大王庙进香行礼的不只是朝廷百官、漕运兵丁，就连船夫、农夫、商贾、工匠乃至妇孺都对其顶礼膜拜。祭祀龙王神已成为淮河流域的民众生活的一个方面。

八、刘猛将军庙

刘猛将军是驱蝗神。淮河流域是个农业地区，属于靠天吃饭型，由于生产力水平低，人们改造自然的能力有限，受自然灾害的威胁甚为严重，除了水旱灾害肆虐外，蝗灾是此流域农史危害最重的虫灾之一。尤其黄河夺淮后，形成的湿地中生长着芦苇、杂草等，为蝗虫等生长提供了条件，随之引发蝗灾等次生灾害。徐光启在《农政全书·除蝗疏》中认为，水、旱、蝗是凶饥的三个因子，蝗灾危害重于水旱，但是，“惟蝗不然。先事修备，既事修救。人力苟尽，固可殄灭之无遗育”，提出了应对蝗灾的看法。宋代，出现了驱蝗神刘猛将军，雍正二年（1724）敕各省建刘猛将军庙。淮河流域的人们在为害甚重的蝗灾面前无能为力，只好借助于幻想中的万能神灵的庇佑，于是刘猛将军信仰随之兴盛。

乾隆《颍州府志·建置志·祠庙》载，颍州“刘猛将军庙，北门外。雍正五年奉文建，祭同八腊庙”。嘉庆《萧县志》载，萧县刘猛将军庙于雍正

① 乾隆《颍州府志》卷九《艺文志》，第 1141 页。

十二年（1734）建，后重修。同治七年《新修刘猛将军碑记》云："萧古宋邑也，环山带河，地半卑湿……埝西涸出苇地，鱼虾遗子，至今岁五月蝻孽萌生，所在多有。余闻之尤甚，随诣刘猛将军神前，虔乞御灾，为民请命……仲夏吉日庀材鸠工重修庙宇。"[①]农业遭遇虫害，民众祈求刘猛将军保佑农业生产风调雨顺，"虫鱼皆八蜡神所管，只须向刘猛将军处烧香求祷，便可无恙"[②]。

历史上有多人被授予刘猛将军的称号。道光《阜阳县志》载，时知府樊士鉴《分祀八蜡刘碑记》一文转《怡庵杂录》载，宋理宗景定四年（1263）三月八日敕曰："迩年以来，飞蝗食禾……赖尔神力扫荡无余。上感其恩，下怀其惠。尔故提举江州太平兴国官淮南江东浙西制置使刘锜。"宋代刘锜被授予刘猛将军号。光绪《亳州志·坛庙》引《降神录》亦云：神名承忠，元末指挥，适逢江淮飞蝗蔽天，遂挥剑逐蝗，片刻蝗飞境外。后因鼎革自沉河中。后有司奏请，"授刘猛将军之号"。元末的刘承忠也被授予刘猛将军之号。

从旧方志记载来看，刘猛将军庙大多建于雍正、乾隆朝，且分布广泛、均匀，明清时有行政建制的县、州，几乎都有刘猛将军庙。乾隆《颍州府志》载，亳州刘猛将军庙于雍正三年（1725）武举修清等捐资倡修，乾隆三十六年（1771）知州郑文泰重修；同治《颍上县志》记载，颍上刘猛将军庙于乾隆十七年（1752）县令许晋建。乾隆《砀山县志》载，砀山刘猛将军庙于乾隆三十二年（1767）由邑令刘王瑗重建。

在旧方志中，凡记有常规祭祀时间的，大多在每年正月十三日及冬至后第三戊日，如光绪《凤阳县志》："正月十三日、冬至后第三戊日皖北道祭。"可见，这是当时整个淮北地区内普遍采用的祭祀刘猛将军的时间。民国《太和县志》、嘉庆《怀远县志》、光绪《亳州志》等都持此说。但部分方志记载有异，光绪《凤台县志》载"每岁正月十三日十二月择日……致祭"，而乾隆《灵璧县志略》则只有"冬至后三戊日报祭"这一个日期。事实上，每遇蝗灾肆虐，可以随时致祭。如光绪《宿州志》载，陶澍（时任中丞）在其《刘

① 同治《续萧县志》卷七《营建志·坛庙》，《中国地方志集成·安徽府县志辑（29）》，江苏古籍出版社 1998 年版，第 630—631 页。

② 袁枚：《子不语全集》，河北人民出版社 1987 年版，第 62 页。

猛将军显应记》中写道“其先日，余方率同藩祷于刘猛驱蝗之神”，才有“七月十三日”无数青蛙吞食蝗虫及“鸟雀白练明□凡数万在怀远西界啄蝗，一日俱尽”的奇异现象发生。光绪《亳州志》也有类似记载，“先是巡抚率属祷于刘猛将军庙”，后才有蝗灾发生时有大量青蛙吞食蝗虫，并有知县黄光裕雇鸭四千只除灭蝗灾的“异事”。

刘猛将军庙祭祀礼仪，在嘉庆《怀远县志》中记载是“知县主祭，以羊一、豕一，行二跪六叩礼”。光绪《亳州志》“刘猛将军庙”条下载，“祭用羊一、豕一、帛一、尊一、爵三，行二跪六叩礼”。亳州祭品比前者多了帛（丝织品，白色长一丈八尺）一、尊（盛酒器）一、爵（饮酒器）三等三项。光绪《凤台县志》记载祭祀刘猛将军，“牲少牢”（古代祭祀燕享羊豕各一者，称“少牢”）。

民众在害虫可治观念影响下采取了一些应对害虫的策略，但在有限的科技条件下，铺天盖地的蝗虫使人备感无奈，刘猛将军庙祭祀的出现便是这种状况的反映。在科技落后的情形下，传统鬼神观念已渗入社会习俗中，长期影响人们的思想、行动，害虫防治也不可避免地受到影响。

九、河（湖）神庙

黄河夺淮入海，夏天雨水又集中，淮河流域的河流、湖泊常发生灾害，于是人们立河（湖）神庙祈祷神灵保护河流（湖泊）附近的民众。

宁阳县汶河神庙是明成化十一年（1475）员外郎张盛创建的，泗水县泗水神庙在城东五十里许，明嘉靖二十年（1541）知县蒋伟、万历二十四年（1596）知县尤应鲁重修。济宁州有漕河神祠、渚湖神祠、汶水神祠、洸水神祠、泗水神祠、百泉神祠、济水神祠等漕运水神庙宇。宿迁张将军庙（又称张老爷庙），建于明万历以前。万历《宿迁县志·祠庙》载，张将军居住县城附近，名张襄。康熙十二年（1673），灵璧县相邻的虹县在废弃的神祠建立了湖神庙，清代虹县令龚起翚《四山湖神祠记》载孤立于湖中的神祠云：“从棘丛见一神祠遗迹，向背失宜，因语姚生曰是不能为福于人，宜更图之。”“今秋河水泛滥，北乡皆泊没，民人无所栖止有愬余者，余皆令住此山。”[①] 在水灾的压力下，建河（湖）神庙祈祷神灵保佑民众生命和财产的安全。

清初，官员在淮河、运河沿岸建庙并祭祀河（湖）神被当成是亲民之举，也是对显灵于一方水土的河（湖）神表达诚意的一种主要方式。乾隆帝六下江南阅视河工之际，祭祀河神成为重要事项之一。《清高宗实录》卷三八二载：乾隆十六年（1751）二月首次南巡就在运河沿岸“遣官祭金龙四大王、河渎、淮渎之神”。第二次南巡之时，乾隆二十二年（1757）十一月“谕军机大臣等前因徐州孙家集河溜直趋、汕刷深浚、降旨令该地方建立河神庙以答灵贶”，扩修徐州河神庙。同治《徐州府志》中的《高宗纯皇帝御制铜山县河神庙碑记》记载：“乾隆丙子（1756）秋，徐之孙家集夺溜，亟命大臣董役筑塞，惟谨丁丑 （1757）春朕重举南巡，夏四月莅徐，亲阅令官测量河身……命守士臣相地铜山县云龙山之北，峻深允吉，创立新庙。”“神为显佑通济昭显效顺广利安民金龙四大王。”而其之所以选址建新庙，是因为徐州旧有大王庙规模较小，地势狭窄，旁俱系民房，并无余地。高晋《南巡盛典·祀典》载：“唯云龙山旁有隙地十余丈，大可以建庙，俯视黄河。”沿河各地多处建河神庙，不但“岁时升香展礼”，而且乾隆南巡之时亲祈河神或以遣官致祭的方式表明乾隆对淮河、运河的重视。

祭祀河神的功利性弥漫于整个治理淮河、运河阶段，从而将世俗性的建庙祭河与超自然的敬神行为融为一体。沿淮河、运河各级主管治河的官员对于倡修庙宇皆视为己任，多鼎力支持。1761 年夏，黄河下游洪水决溢，所过豫东南、皖北之地，被水成灾，“河臣张师载，臣常钧连牍以状闻，且惶谢守土不谨……应宜建河神祠并请领额勒碑，用申昭报”[②]。《清高宗实录》卷六四八载，乾隆帝命侍郎裘曰修驰传勘视，委派高晋、胡宝瑔等多位大臣前往督同堵筑，待决口封堵成功后“谕据刘统勋、兆惠等奏：杨桥漫工于十一月初一日巳时合龙……请建立河神专祠以昭灵贶等语……即于工所建立河神专祠岁时祭享。落成时该抚奏请御书扁额以展诚敬”，并御书匾“巩佑金堤”。由

① 光绪《泗洪合志》卷一七《艺文》，《中国地方志集成·安徽府县志辑（30）》，江苏古籍出版社 1998 年版，第 628—629 页。

② 同治《中牟县志》卷首《御制杨桥河神祠碑记》。

官方定期敬奉河神的规制，已将整个淮河、运河的祭水与祀神纳入国家祀典之中，对民间的习俗有至关重要的示范指导作用。淮河、运河地区河庙林立，膜拜河神被认为是趋吉避凶的有效途径之一。

淮河干流建有淮渎庙。《乾隆朝上谕档》（乾隆五十年八月十九日）载，乾隆五十年（1785）“传谕毕沅详晰查勘，如果淮源不旺或支有淤塞，自当设法酌办，俾泉流浚发，湖水充足得以助清敌黄，是亦正本清源之一法，至渎庙亦应虔诚致祭，以巽仰邀神佑”。与此同时，《乾隆朝上谕档》（乾隆五十年九月初四）载乾隆帝认为“贾鲁、惠济二河即系淮水之流，现在一委疏瀹，其淮渎庙已令藩司江兰虔修祀事……今淮水发源之处经毕沅勘明疏浚，将支港小河一律浚导……并于淮渎庙虔申祭告……至淮渎庙，如果岁久未修或形倾圮，即应核实勘估动项兴修，俟庙上告竣时，朕当亲书扁额，用答神贶”。

上游祈祭淮渎的示范效应，直接对淮河下游地区祭淮修庙产生重要影响。那彦成辑《阿文成公（桂）年谱》卷三〇载，钦差大学士阿桂“偕萨载、李奉翰又奏言……以桐柏山为淮水发源，谕令毕沅广为浚导又虔申祭告，并敕修淮渎庙宇……查南河亦有淮渎庙二处，一处在裹河厅，属运口，该庙每年随时修理，现在完整。臣阿桂于本月十五日亲往瞻礼默告，一在洪泽湖中盱眙县境内，龟山之上”，相传一向较灵验。

乾隆《太和县志》载所建“水神庙在城西沙河崖”。道光《颍上县志》载，颍上县“水神庙一在新河中，一在摹河口”。至于这一地域所祈水神为何方神灵，可从乾隆《颍州府志·艺文志》记载康熙年间颍上县令所撰《摹河口义渡碑记》中得知：“自康熙己酉岁（康熙八年，即1669年），洪水泛涨，颍故道淤塞，问津者病焉，适太学生郭宗琦请于大王庙，左设立义渡。”可见，所谓水神即淮河干流之大王神。同样，在涡河沿岸，乾隆年间亳州水神庙在北关，河北岸。

乾隆《颍州府志》载，在涡河沿岸还建有许多龙王庙。而大灾之年，黄河决溢下泄之洪水多经涡河在怀远汇入淮河。在怀远县，除县南淮水东岸立有淮神庙，并于每年春秋仲月接受守吏祭祀外，还在涡河南岸建有龙神庙，俗曰大王庙。据嘉庆《怀远县志》记载：“龙神之祀当以本境山川……今时俗相沿，惟祠金龙四大王，此乃商贾舟楫资其护佑者，与致雨救旱之功无与也。”

从龙王庙向金龙四大王祠庙称谓上的转换可看出，沙颍河及涡河沿岸祭祀河神的习俗，深受淮河干流祭礼的影响。

道光《宿州志·艺文志》记载，乾隆二十四年（1759），兼兵部侍郎、协办南河河务高晋与裘曰修重新勘浚河渠之际，撰写了《重建相山神祠碑记》：“相山之神有以效其灵而布其职也……侍郎裘曰修阅工经相山备览舆情，为请朝蒙御书‘惠我南黎’匾额颂挂神庙以昭崇敬之典。”尽管经过挑挖最终使宿州地区的积水沿“濉河一带顺流直下达于洪泽”，但仍无法改变“濉河虽治仍为每岁减泄黄水之路”。这表明淮河地区的河神祭祀礼仪与地理环境的改变有着很大关联。

此外，还有黑水将军庙，凤阳县黑水将军庙在“临淮门外，创于宋嘉定四年，郡守铸铁将军像以镇淮，铭其腹曰：濠州之北，淮水之边，用汝镇守，亿千万年”。洪武、正德、隆庆年间多次再建，“顺治年间倒入淮河，居民捞起建祠一间，祀之”①。黑水将军庙从宋代兴建延续到清代，反映出人们祈求此庙保佑并免遭水患的强烈愿望。

淮河干流、支流各地河（湖）神祠庙的兴建，已成为将具有浓厚官方色彩的功利性祭河（湖）礼仪与广为流布的民间祭俗相互连接的有机载体。河（湖）神庙的形成，源于官民对祈祭诸神的认同与需要。

十、风神庙与天妃庙

风神庙多布于淮河干流沿岸，据乾隆《江南通志》卷四〇记载：“风神庙在清河县清口，康熙五十四年建，雍正十年重建。”《清高宗实录》卷三八二记载，乾隆十六年（1751）二月，高宗首次南巡，回程途中，四月甲戌曾“诣禹王风神庙拈香，至黄河岸祭河渡河”。乾隆四十九年（1784）二月最后一次下江南之时，“上祭河神渡河，诣陶庄河神庙、风神庙行礼”。《清高宗实录》卷一二四七记载高宗谕：“派御前侍卫副都统阿弥达前往陶庄、清口两处河神、惠济祠、淮渎、风神庙及龟山之淮渎庙共六处虔诚致祭。”乾隆非常明确地将祈祭风神庙纳入了神灵崇拜之列。

① 光绪《凤阳县志》卷四《舆地志·寺观》，第242页。

乾隆四十四年(1779)四月,高宗在处理河南仪封封堵漫口工程过程中,祈盼风的来临。《清高宗实录》卷一〇八〇载:“仪封工次,四月初七日东北风暴以致塌动坝工,是日京师下午亦有东北风。”之所以如此关注风力与风向的变化,主要在于引河工程只有在借助风势的情况下才能顺利实施。可见,乾隆年间,淮河下游沿岸各地已将崇信风神纳入了神灵崇拜框架之中,其直接源于人们欲借风神之灵佑以实现河道安澜的意愿。

淮河流域有崇信天妃的习俗。天妃,宋代福建莆田人,宋都巡检林源的第六女,生于宋建隆元年(960)农历三月二十五日,出生后不哭不闹,父母就给她起名林默。林默七岁读书,十五岁悟道,曾渡海救助海上遇难船只,二十八岁飞升。她生而神异,被称为龙女、神女,当地人们为纪念她,就建祠庙祭祀。宋代以降,江河海洋无不敬奉。元天历中加封她为辅国护圣庇民广济福惠明著天妃,明崇祯帝封她为碧霞元君,清康熙二十三年(1684)封其为天后。这是船工、海员、渔民等共同信奉的神灵。

淮河和运河商贸繁盛,过往船只为祈求平安常在天妃庙焚香祭祀,沿河民众已将天妃视为护航的吉祥之神。渔民对龙王畏而敬之,对天后娘娘亲而近之。旧时,苏北渔家船上都有娘娘龛,供奉着用檀香木雕刻的娘娘,每年过节或娘娘生日,渔民在桅杆上挂写有“天后圣母”的白旗,渔民们集体到天后宫烧香磕头,人们把出江河(海)人的名字放在娘娘像前,把自家船模型放在娘娘庙里,希望得到娘娘护佑。

乾隆《济宁直隶州志》卷一〇记载,济宁天后宫位于“天井闸河北,乾隆三十一年(1766)总河李清时建,三十二年奏请御题‘灵昭恬顺’额”。乾隆《沛县志》卷四载,沛县“有天妃行宫十,一在县东关护城堤内”。同治《重修宿迁县志》卷一一载,宿迁天后宫由“他省仕商”的福建籍同乡所建,“即福建会馆,在新盛街”。同治《重修山阳县志》卷二载,山阳县天后宫,其在“城西南隅,宋嘉定间安抚使贾涉建,国朝康熙中,漕督施世纶重修,又一庙在察院西,一在新城大门内”。嘉庆《高邮州志》卷六载,高邮“天妃庙凡四处,皆高邮卫因海运修建,其三久废,止存东营一庙”。在众多天妃庙中,当以淮安清口的天妃庙最为著名。高晋《南巡盛典》卷九七载:“淮安府清河县,祠临大堤,中祀天后……其神福河济运,孚应若响。祠前黄淮合流,地当形胜,为全河之枢要，国朝久邀崇祀，我皇上临幸升香荐帛礼有加焉！”又据嘉庆《大清一统志》记载，乾隆皇帝每次南巡，都以御制诗、赐匾联的形式，表达对祠祭天妃的关注。

从天妃在淮河、运河地区的分布来看，天妃的女性海神特质，已与淮河流域特定的地理和人文环境相互融合，天妃进而成为淮河、运河地区民众最为崇信的河神之一。民众赋予天妃的护航、保漕的实际功能，则是天妃神作为神灵信仰之一长期存在于淮河、运河地区的主要原因。

十一、名宦祠

名宦是有功有造于淮河流域的循良官员，有的治水有功，有的廉洁奉公，有的勤政宽民，有的保一方安宁，等等。对在地方政治、经济、文化治理等方面有贡献的名臣的祭祀，实际上是对正直、业绩突出官员的崇拜。他们为地方、民众带来了实实在在的好处，民众感念至深，多设祠祭祀，官府也多予以支持。乌丙安认为：“民间崇拜大圣大贤，主要崇拜他们为国为民建立的功德，通过祭祀的制度、方式和手段，表达民众对他们的感戴，因此，圣人崇拜是民间崇拜中最贴近历史生活真实的崇拜形式。”①

（一）祭祀治水官员

1. 禹

淮河流域民众把大禹作为治水的号召神，也是祈祭的对象之一。道光《宿州志·艺文志》记载，位于符离月河北岸的禹庙，“康熙八年（1669）知州盛启方重修，春秋二仲丁祭，后官属致祭”。每年仲春（阴历二月）仲秋（阴历八月）上旬丁日祭祀。乾隆七年（1742），宿州知州王锡蕃上任之即，“以临赈过谒庙下”，只见“因久积废，梁栋摧败，像设漫缕”。因去年（1741）“湖河水势猝然骤涨，夏麦成灾之宿州、灵璧等十四州县，洼地秋禾复被水淹……

① 乌丙安：《中国民间信仰》，上海人民出版社 1996 年版，第 222 页。

宿州、灵璧、虹县等处，夏秋连遭水患，较之他属被灾颇重”①。宿州连遭水患，禹庙梁栋摧败，王锡蕃有感于满目疮痍之景，遂重修禹庙。道光《宿州志·艺文志》载“宿地连涡泗，支祁肆虐，昏垫可知……御灾捍患或在于是精神”，重修禹庙是坚定民众抗击灾害的信心和意志。

祭禹习俗，与淮河流域地理环境密不可分。据传汉高祖时期已建涂山禹庙，禹庙历史悠久，涂山作为崇禹文化的中心，历代流传的涂山祭禹碑文详尽记录了祭祀大禹的传统习俗。嘉庆《怀远县志·祠祭志》载，宋宁宗庆元初（1195），州官勒石定大禹诞辰祭祀，之后历代地方官员于农历六月六日到禹庙祭祀，锣鼓喧天，官员给大禹上贡品，点三柱高香于香炉，向大禹跪拜叩首，并宣读祭文颂扬大禹功德。明代王可举《明万历年增祭禹王庙碑记》云“涂山之巅，有神居焉，其神谁何？成地平天。是曰神禹，明德肖然”。民间在农历三月二十八、九月九祭祀大禹，方圆数十里民众前来烧香、求福、求子、还愿、求名等。嘉庆《怀远县志·祠祭志》载乾隆年间《重修禹王庙碑文》：“乾隆癸未(1763)年仲秋月落成，甲申年(乾隆二十九年，即1764年)孟冬月费约千金，既竣事，列书于石。”重修的禹庙位在涂山脚下的禹会村。还有禹帝行祠，该祠始建于宋代，“自明迄今迭有修葺”，禹帝行祠香火兴盛。

乾隆五十年（1785），淮河下游地区出现了一次罕见的特大旱灾，一直至九月，淮河干支流旱情依然严重，水量匮乏难以补充运河水量。乾隆谕令毕沅查勘桐柏山淮源的同时，兴修禹庙，《乾隆朝上谕档》（乾隆五十年十月初二）载：“至禹庙亦已谕令毕沅派员查看，如应修葺，即着遵照前旨勘估兴修，以昭妥佑。”

禹庙呈不均匀状分布于淮河、运河沿岸，官民行祭禹仪典，以纪念大禹治水有功，为民众解决民生所需。祭祀治水开渠之禹神，其号召力在于传统崇禹的民俗与官府的合力推动。

2. 孙叔敖

春秋楚国令尹孙叔敖主持治水，兴建著名水利工程芍陂，泽被万世，人们建祠祀他。孙公祠在北魏时期就已在郦道元《水经注》中有记载，时人建

① 水利电力部水管司、水利水电科学研究院:《清代淮河流域洪涝档案史料》，中华书局1988年版，第154页。

祠把孙叔敖作为护佑安丰塘之神。明清方志记载芍陂时，也多介绍孙公祠分布及祠祭情况。明代李贤《大明一统志》卷七《凤阳府》：“孙叔敖祠在寿州南芍陂上，叔敖相楚，筑芍陂功德及民，故立庙祀之。”《中都志》卷四《寿州》载：“孙叔敖祠，在安丰芍陂北，因其与陂田水利，后人思之，为立祠叔敖。”历史上兴修芍陂（今安丰塘），往往一并修葺孙公祠，且把有功于安丰塘的官员列入孙公祠设位奉祀。乾隆十五年（1750），何锡履佐寿州，留心陂务，“实惠陂民，怀之立位奉祀于孙公祠内”。乾隆二十六年（1761），徐廷琳知寿州，勤于水利，重视陂务，重修孙公祠，换大殿木料，并换崇报门楼板，其余房廊皆补葺之，“陂民思之，设主以祀公奉”，对联云：“治芍水以继孙公利泽期沾百世，修祠堂而绍颜牧生民其祝千秋。”①

祠祭孙叔敖得到官民认同，有官员积极参与而民间又乐见其祭仪的传承，这与寿州的地理方位、芍陂工程的伟大作用密切关联。

3. 靳辅等河臣

淮河流域存有功于治河的功臣祠祭的传统。如清代多在淮河、运河沿岸设祠致祭。《清高宗实录》“乾隆四年十一月”载：“查前任河臣靳辅、齐苏勒俱建有祠宇永享禋祀，而嵇曾筠劳绩实可媲美两人，着照靳辅、齐苏勒之例一体祠祀，以示优奖，以慰舆情。”三河臣在淮安府清河县北合祠。祠祭靳辅是由于其在康熙年间的治河功绩和在民间享有极高盛誉。《清高宗实录》卷五三二载，乾隆二十二年（1757）二月丁卯日，高宗第二次南巡抵达清口，“谕曰原任大学士内大臣高斌前任河道总督时颇著劳绩……在本朝河臣中即不能如靳辅而较齐苏勒、嵇曾筠朕以为有过之无不及也”，因而特谕令可与以上三河臣一同祠祀，“以昭国家旧酬功之典，且亦使后之司河务者知所激劝也”。这样高斌不仅与明臣潘季驯相比照，还获得祠祭。此后，祠祭三河臣又加入高斌而变为四河臣祠。高晋《南巡盛典·祀典》载，乾隆第四次南巡时，“遣官读文致祭本朝河臣靳辅、齐苏勒、嵇曾筠、高斌等四人合祠”。

河道总督姚立德为官在任期间热衷于祠祭，为表彰前任总河李清时勤政治河之功而倡建李公祠，“乾隆三十三年运河道，今总制姚立德率属捐银

① 夏尚忠：《芍陂纪事》卷上《名宦列传》，清光绪三年刊本。

三百两生息以备祭”。乾隆三十九年（1774），姚立德再修济宁州报功祠，“余与运河兵备使吴江陆公始捐金撤而新之，奉神禹于前殿，又征诸故籍，考本求末，增祀有元以来迄于我朝凡有功可录者”。因担心李公祠日后出现经济拮据，姚立德捐百金为本金，将所得息银用于维持祠庙的运作和缮修，实为挽救当时祠庙的颓败现状，因为清代此类地方性祠庙多为民间筹资或地方官捐建。时隔十年之后，即乾隆四十三年（1778），姚立德撰写《李公祠记》再次提及“倡率捐金建祠于龙神庙内之前，西向肖像其中，四月工竣，又捐百金存质库，收具子金以为岁时祭祀之费”[①]。仕途不顺的河臣姚立德虽未列入乾隆年间的祠祭之列，但咸丰《济宁直隶州续志》将他并入当地总河李公祠内，合称二公祠。

治水有功而被后人广为祭祀的河神，较为典型的有黄大王和朱大王。清初，民间盛传黄大王有堵塞决堤，祈晴祷雨之能事，《清高宗实录》卷六五载乾隆三年（1738）三月“礼部遵旨议准河东河道总督白钟山疏称陈留县庙祀河神，考诸志载神姓黄名守才，河南偃师人，灵显昭著，宜加封号。从之，寻锡号曰：灵佑襄济之神”。其后，于乾隆四十二年（1777）在河南开封建有黄大王庙，而且在仪封决口封堵成功之后，又据权臣“阿桂等奏：豫省河神最灵验者为灵佑襄济大王……从前已受敕封，拟为修坟种树，并请于其子孙中赏给奉祀生一人”。

乾隆四十五年（1780）二月，阿桂提及“顺治年间总河朱之锡功著南豫二省”。因其在任期间，疏浚堤渠，惠政于民，“康熙中，徐、兖、淮、扬间盛传公死为河神”。《清世祖实录》卷一一六记载，顺治十五年（1658）三月，朱之锡两度上奏为母丁忧之请均被顺治帝“命在任守制”未被允准，其治河之勤劳朝中已无人替代。康熙五年（1666），朱之锡卒于任上。乾隆帝封朱之锡“助顺永宁侯”。咸丰《济宁直隶州续志·秩祀志》中有朱大王的记载：“乾隆四十五年仪封大工告成，有默佑之功，大学士公阿桂奏请褒封助顺永宁侯，豫河两岸先后立庙，奏敕建，赐名嘉应观、惠安观、庆顺观，每年春秋上戊照龙神庙仪致祭。”[②]

① 乾隆《济宁直隶州志》卷一〇《建置四·坛庙》。

② 咸丰《济宁直隶州续志》卷五之二《秩祀志》。

祠祭河臣的祭礼规格与掌管天下水事的龙王神崇信并驾齐驱，人与自然抗衡的现实使人们产生了信念上的抚慰与心灵暗示，通过官方和民间共同建立起了河臣祠及名宦祠等多重祭祀结构。河神“大王”的存在，是以其人性化为前提的，是在淮河流域独特时空下人与神的有机组合。它展现了淮河流域的人们以焚香礼拜的方式与周边生存水环境相互融合、衍变的历程。同时，也表明了以各自轨迹致力于将祭河的神事服务于现世的人事，并通过祭仪真切地再现人与自然相互衔接的真实场景①。

（二）祭祀勤政为民官员

修身、齐家、治国、平天下来自《大学》，是儒家思想体系的重要内容，在士人、官员心中深深地扎下了根。历史上出现了不少胸怀天下、心系苍生、勤政爱民、有高尚职业道德的官员，他们努力追求北宋张载所说的“为天地立心，为生民立命，为往圣继绝学，为万世开太平”的人生崇高理想。

历代官修史书、地方志收录了大量对淮河流域有贡献并立祠奉祀的官员。以乾隆《颍州府志·名宦志》为例，本志书收录了东汉至乾隆前期的治颍名宦四百余人，“夫位不论大小，要于尽职。考官于颍者，或兼保厘之任，或著循良之称，莫不功在当时，誉流后世”。功在当时，誉流后世是这些名宦的价值核心。何春据《颍州府志》相关记载，以为颍州名宦入祠缘由分为三类：因品格魅力入祠，因武德文行入祠，因廉法廉平入祠②。

北宋欧阳修是颍州民众中传颂的人物，民众盛赞其治颍的政绩。欧阳修为颍州知府时“建书院于西湖上，俾颍人咸知向学”，今天阜阳仍存有当年群贤谈文论诗的会老堂的遗迹。乾隆《颍州府志·名宦志》说他“不求声誉，宽简而不扰，所至民便之。或问之……吾所谓宽者，不为苛急；简者，不为繁碎耳”。不为苛急避免了病民、伤民、疲民事件的产生。欧阳公祠曾一度被水冲毁，明正统年间，颍州官员集体捐俸重修欧阳公祠，并将祠宇由城北迁于城南。新祠竣工后，“郡之守佐率师生朔望谒拜”，读书人在郡守率领下

① 吴海涛等：《淮河流域环境变迁史》，黄山书社 2017 年版，第 336—337 页。

② 何春：《古代颍州名宦祠研究》，《皖北文化研究集刊》第 2 辑，黄山书社 2010 年版，第 208 页。

于朔（农历每月初一）、望（农历每月十五）集体拜谒欧阳公祠，“宜乎后之人读其文而思其人”。郡守又率颍州父老春秋谒拜，“春秋次丁祭以特牲”，以此作为欧阳修曾“福惠颍人”的恩报。明嘉靖年间，颍州西湖修建了“四贤祠”，祭祀宋代颍州的四位知州，它传递的是颍州民众对晏殊、吕公著、欧阳修、苏轼治颍功绩的赞扬和无限的思念。四贤祠于明代嘉靖时期修建后，“岁以春秋二仲月上戊日祭”，直到乾隆十三年（1748）四贤祠经由“郡守王敛福更新之”。

明朝正统九年（1444），太和县令张处仁“首捐己俸”以修葺“栋宇垣墉颓圮殊甚”的庙学。在他的感召下，官民“或以财、或以力者，咸乐助之……处仁于是乃鸠材僝工，撤而新之”，“于庙，作大成殿两庑；于学，作明伦堂两斋……屋以间计者，大小凡五十有五，俾一旦轮焉奂焉，改观而易视焉”。从正统十一年（1446）之春到十二年（1447）之秋用时一年多，张处仁把庙学（县学）的危房整修一新，这样使士子有室可居、有书可读，有利于实现风化太和，“挽回气化”，于是“处仁之绩不可不纪以示将来”。

明代颍道兵备佥事李天衢率领军民“设奇斩贼首十余级，贼遁去”，击溃贼寇的骚扰，保护了一方平安，民众得以正常生产和生活。贼寇撤退后，李天衢又做好各项安抚工作，“民之沦贼与逃匿山谷者，累累来复，君皆劳来存恤，俾获宁宇”。因不得已沦为贼或逃往山谷的民众回来后，李天衢都尽力安抚，使他们恢复以前平静的生活。“民恋恋弗克释，屡请于令为生祠之举”①，李天衢维护地方平安，民众甚是感动，立祠祭祀他。

清代王敛福两度知颍州，乾隆十年（1745），任颍州知府政绩较突出。乾隆十五年（1750），再次知颍州，“颍民戴公日益甚，公视颍政日勤”，最后逝于任上。王敛福重修水闸，疏浚河道，利于农业灌溉和减少水患。重修被冲毁的西湖闸和城隍闸，既能防洪又能保证灌溉，使大片农田有了可靠的收成。乾隆十一年（1746）王敛福召集乡绅士民商讨疏通清河，之后亲临清河，指导疏浚，当年就获得良好的效果，“是年值涝，诸陂湖水泛滥害稼，独清河两岸岁大穰”。乾隆十二年（1747），王敛福又开浚小润河、延河、箭沟河等，这样颍州各水道“脉络贯通，水至可容，水退可泄”。

① 乾隆《颍州府志》卷九《艺文志》，第921—928页。

王敛福对颍州府学也加以整修，“修葺正殿，重造两庑，移戟门进北丈许”。同时重建西湖书院，“改卜基址于城内之东北隅文昌阁下，建有重门、讲堂、经楼、学舍，逐一完好，颜之曰‘清颍书院’”[①]，并多次莅临书院亲自教诲士子。王敛福把久废的荒田充当学田，募人耕种，收入用于学租。又把城河余租（附郭余地留为保护城根，租银二两一分）收回公用，一部分留作教育经费，以此提振颍州文化教育，培养更多对国家有用之才。颍州民众追忆这位造福颍州的知府，为他建祠祭祀，称为“王公祠”。

十二、信仰功利化

民间信仰是社会生活的一个组成部分。多重的灾难和挫折使民众迫切渴望得到神灵的保佑，幻化出各种信仰对象作为生活的精神支柱，因而盛行“万物有灵”“礼多神不怪”的现象。胡适认为：“天旱了，只会求雨；河决了，只会拜金龙大王；风浪大了，只会祷告观音菩萨或天后娘娘。荒年了，只好逃荒去；瘟疫来了，只好闭门等死；病上身了，只好求神许愿。”[②]信仰与民众的生活息息相关，婚后无子就拜谒观音庙、奶奶庙，经商祈求发财就拜关帝庙、佛祖，生病祈求道教符水驱邪治病，遇到自然灾害就祈求龙王神、城隍神等保佑，这些无不体现出民间信仰有诸多功利性、实用性和现实性。

亳州人以为，正月十三，是瘟神的生日，此日农村男女老少送瘟神于荒郊。偶然得病，发高烧说呓语者，就认为见了“鬼祟”。妇女生孩子不到十二岁就死者，认为是“偷生鬼”作怪。

从事迷信活动的巫婆的家叫“神堂子”。一时精神失常，就认为妖魔缠身，就要请“武先生”捉妖拿邪。小儿惊吓，神志恍惚，就要“叫魂”。家里人丁不旺或多灾多难，就要请“看地先生”看祖坟、宅基有什么妨碍。妇女多年不生儿女，就要逢香火会时到观音庙里“拴娃娃”。

久雨不晴，妇女就扎“扫云娘”，插在房檐下扫云。久旱不雨，就拜神求雨。农村在农历每月逢七不许拿针，每月逢六不动剪子，除夕至正月十六剪子用红

---

① 乾隆《颍州府志》卷九《艺文志》，第 1001 页。

② 胡适：《胡适论学近著》第 1 册，商务印书馆 1935 年版，第 638 页。

纸密封不动。阜阳一带的民众在修建新居、安葬亲人，都要请阴阳先生勘地；订婚，需先合年命；结婚，先要择定日子，如果心有疑虑，便请星相家算命占卜；物品被偷则胡咒乱骂，还有扎草人置路口或绑树上诅咒的；当家里有病人，多请神汉、巫婆下药。此外，阜阳一带农村人还迷信精、仙显灵：老树会成神，老土井、老沟塘会出仙、出精，被称爷、称奶、称仙姑[①]。

生活在淮河岸边的蚌埠民众敬奉水大王。他们在很多地方建有大王庙，供奉"水大王"，意在镇水。洪水季节，水上漂的蛇即被认为是"水大王"，被人们"请"到庙内，置一木匣内，受人烧香叩拜。另外，民众交谈时对涉及与"水灾"相关的字与音特别忌讳。例如陈姓，则改口称"掂不动"或"耳东"，以避开沉船的"沉"音；称"帆"为"篷"，"翻舱"为"转舱"，以避开翻船的"翻"音，因为"翻船折桅"是船家最忌的咒语[②]。船民生活在水上，避讳同音字，"盛饭"改为"装饭"，避免"沉"船；船民不能在别人船上洗被、晾被，忌"背"，避免别人家背时不走运；船家卖船时不能卖跳板，意为卖了生财路子，不能卖中舱门，意为会断子绝孙。

除夕，船民在船头杀一只单冠无杂毛的红公鸡，滴血在前挡浪板上，意为"走红"开财门。贴春联时，"福"贴在船头，"禄"贴在船尾。从初一始，船民不许取河中水，至初三烧香后才能取用。污水要先放在桶内，初三后才能倒掉，否则"财气"被倒掉了。船民结婚时，新娘不许上亲邻的船，忌讳给他人带来晦气。渔民生了小孩，满月前妻子不能到别人家的船上去。船家蒸馒头不能用刀切，只能用手掐，担心刀切断"面龙"。

旧时，海州湾（今江苏连云港地区）渔民造船从开工到交付，都要烧香磕头。渔民每年第一次出海首先要祭龙王。同时，把要装船的网具、食物等放在靠船的岸上，由船老大点燃火把，在岸上和船上逐一照一下，称之"照财神路"。船老大边照边说"吉星高照，招财进宝"等吉祥话。旧时，盐城地区渔船出海要做满载会，即春汛出海前，举行敬神仪式，祈求捕捞满载而归。仪式结束后，全船渔工在船主家中吃"满载酒"，席间都得说吉祥话，如吃叫作"掏"，调羹叫作"掏海"，吃饱称"满载了"。要举行祭网仪式，由

① 阜阳市地方志编纂委员会编：《阜阳市志》，黄山书社 1993 年版，第 433 页。

② 蚌埠市地方志编纂委员会编：《蚌埠市志》，方志出版社 1995 年版，第 1194—1195 页。

船老大主持，敬香拜网，供奉猪头，渔民们敲锣鸣炮，然后抬网上船。还要开龙眼，即出海捕鱼前，择定吉日，请木工用朱砂把渔船船头雕刻的龙头的龙眼染红，谓之“开龙眼”。开龙眼时，船上悬挂大红旗与娘娘旗，敲锣鸣枪，供物三盘，一盘猪头三牲、一盘粽糕、一盘鞭炮、香、烛。木匠边说喜话边点“龙眼”。渔民们认为，渔船长眼，识鱼情多捕鱼。另有清船（又称龙王会）：春汛出海前，船主家家要选黄道吉日做龙王会，会期二三日。敬回洋：渔船返港后，要以猪头三牲等酬神。

日常生活中，渔民禁说“翻”“光”“蚀”“霉”等不吉祥字眼，行动上也有规矩：下海要戴帽子，不准光头。上船要穿鞋子，不准光脚。船上吃鱼，不许将鱼翻身。鱼碗放下就不准挪动位置，一动就意味着鱼跑了。每顿鱼不得吃光，意为鱼来不断。船上吃完饭不准把筷子搁在碗上，意为“搁浅”“触礁”，最好滑动一段，表示顺风顺水。在船上掀锅盖、揭仓盖、晒鱼筐、晾家具，都不准翻倒过来。睡觉更不能趴着睡，因为好似人落水淹死的样子。

船上备有太平锚、太平篮、太平斧，遇到危急时使用，平时禁止跨越、触动，奉之若神明。任何时候不准在船帮子上解小便，否则触犯左青龙右白虎。言语上也有不少忌讳：遇到把高处东西放到低处，要改称“小”。如帆全部放下来要称“小篷”。粮食不能称粮食，要说具体名称，如小麦、大米。所有吃的东西统称“火仓”。“眉毛”称“时毛”，因为眉与“霉”同音，怕倒霉。旧时，妇女一般不到船前面去，只能在“船棚”的后面，称为“后半只”。妇女不能在船头中间跨越，只能在船艄或船的横里上下船。

十三、民风有尚武的传统

民风是一个民族或社会群体在长期的共同生产与社会生活中形成的，并世代相传的一种相对稳定的文化现象。《礼记·礼运》：“夫礼之初，始诸饮食。”礼仪制度和风俗习惯源于饮食活动。民风又与水土、为政者有关，吕景蒙在嘉靖《颍州志·序》中写道：“古之民风系于水土之风气，而其俗又系于为政者之好尚焉。”古，即过往的；风，即风俗遗风、习俗风格；民风即民间的风尚；民间即民众中间，对应官方而言，主要组成部分为中、下层民众，包括文化落后的民族及农民、牧民、工人、士兵、学生、商人、职员等。一个时代的民风既是前一代的继承，又发生很大的更移，体现着时代的特征性与差异性。民风又与经济活动有关，物质生产及经济条件制约着民风的变化。

（一）民风尚武、文风式微

1. 南宋之前有淳朴之风

淮河流域属于华北民俗地理区，是道家文化的主要发祥地。北宋时期，颍州临近京师汴梁，交通便利，经济发展水平较高，故颍州民风朴实，勤劳能干，热情待客，具有北方风俗的明显特征，欧阳修《思颍诗后序》曰：“（颍州）民淳讼简而物产美，土厚水甘而风气和。”[①]同时，颍州“幅员辽阔，广袤几二千里。其间阴阳寒燠，淮南与淮北异；刚柔燥湿，旱田与水田殊。山则长别齐灵而余悉邱阜，水则淮涡淝颍而众皆支流”，故也有南方风俗的影响。乾隆《颍州府志·艺文志》载苏轼《颍州到任谢表》云：“土风备于南北，人物推于古今。”说明淮河流域风土兼乎南北。

嘉靖《宿州志·地理志·风俗》载：“土旷民稀，勤于耕种，牧养蚕绩，乃其常业。”民众勤于耕种。宋应奎《进士提名记》云：“地辟民聚，风淳俗美。发身于庠序者，虽未尝乏其人，而质朴少文者居多。”宿州风淳俗美质朴。光绪《宿州志》收录宋晁端中《萧县学记》云：“风俗浑厚多智虑，务农生财饶于他邑”。萧县在宋代尚有浑厚之气。嘉靖《宿州志·地理志·风俗》载灵璧县宋元时期“民直遂而易导化，士气节而薄萎靡”。民性朴素而尚节俭。光绪《亳州志·舆地志·风俗》：“亳人秉性质直，好尚稼穑……士风素称淳朴，上者负气谊、重门第；次亦束修自好，笔墨耕耘，鲜所谓武断豪夺者。”宋元时期亳州民众勤农事，恶衣服，多忠义，不尚拳勇。乾隆《颍州府志·艺文志》：“太和旧无城池，凡来令者，遭际承平，狃于无事……而好议者且曰：在德不在险。”宋元时期太和县民风较好，明正德以前，太和县尚未建城池。

南宋，由于黄河改道夺淮，导致环境变迁引发水患，加上战争频繁，不少民众背井离乡出外乞讨，民风出现变化。元代，由于经济发展受阻，灾荒

① 正德《颍州志》卷六《欧公诗文》。

频仍，民众生活艰难，逐渐形成习武的习俗。

2. 明代中期全流域尚武

淮河流域受中原风俗的影响较大。历史上淮河流域有的州县风俗趋于“剽轻”，司马迁已注意到风俗的差异，《史记·货殖列传》载：“自淮北沛、陈、汝南、南郡，此西楚也。其俗剽轻，易发怒，地薄，寡于积聚。”“陈在楚夏之交，通鱼盐之货，其民多贾。徐、僮、取虑，则清刻，矜己诺。彭城以东，东海、吴、广陵，此东楚也。其俗类徐、僮。朐、缯以北，俗则齐。”西楚民众剽轻，“剽”则为“勇悍”“劫夺”之意。

淮河流域一些州县如寿州、霍邱、颍上、砀山等一直以来有尚武的传统。寿州位于淮河南岸，战略地位显赫，历来是政治军事集团厮杀的战场，自古民风尚武。晋朝时，寿州民风勇悍，伏滔为大司马桓温的参军，随桓温讨伐袁真至寿阳，《晋书》卷九二《文苑列传·伏滔》载：“以淮南屡叛，著论二篇，名曰《正淮》。”上篇云：“彼寿阳者，南引荆汝之利，东连三吴之富；北接梁宋，平途不过七日；西援陈许，水陆不出千里；外有江湖之阻，内保淮肥之固……其俗尚气力而多勇悍，其人习战争而贵诈伪，豪右并兼之门，十室而七；藏甲挟剑之家，比屋而发。然而仁义之化不渐，刑法之令不及，所以屡多亡国也。”寿阳民风诈伪，多藏甲挟剑者，虽然地方政府施以仁义及刑法之令，也难以扭转。清代，寿州“其俗尚武，稍习文辞”①。

霍邱与寿州比邻，早在明嘉靖之前尚武风气已盛。嘉靖时，霍邱县教谕汪仲川在《李公去思碑记》中云：“霍邱，中都沃壤，地僻民醇，昔称易治……迩来东南多事，赋役繁扰，民用日匮。俗因以偷，而刚捍强梗之徒种种恣肆。”②民众强悍。颍上位于淮河北岸，与寿州隔河相望，北控河洛，南近淮河之畔，民风尚武之习已久。蹇达在嘉靖年间担任颍上知县曾对尚武民风加以整饬，在一段时间内取得了较好的效果，明代颍上县教谕陈乾为之立碑，同治《颍上县志·艺文上》载《邑令蹇公去思碑记》云：“颍上……土瘠而民贫，齿繁

① 光绪《寿州志》卷三《舆地志》，《中国地方志集成·安徽府县志辑（21）》，江苏古籍出版社1998年版，第44页。

② 同治《霍邱县志》卷一一《艺文志》，《中国地方志集成·安徽府县志辑（20）》，江苏古籍出版社1998年版，第436页。

而用广。有淮海之儆，故多武事。”积习既久，难以从根本上扭转过来。砀山在宋代已有尚武之风，北宋陈师道《砀山县学记》云：“霸者之余，以武为俗。”明代砀山“地僻民聚，躬稼食力，好勇而尚义，木强而易使，庶几古椎朴之风焉，至稽古礼文之事，多所疏阙”①。砀山民众好勇尚义。

元代以降，淮河流域自然环境发生了较大的变化，灾害频发，民众生活困苦，使尚武之风从部分州县逐渐蔓延至全淮河流域。明代中期（嘉靖、万历年间）是淮河流域尚武风气的时间节点，大部分州县已尚武。万历时期，宿州风俗发生变化，万历《宿州志·舆地志·风俗》：“妇女不事蚕织，富家大族多白丁，竞利忘义，信巫淫神，近且习于狡伪荡然。”道光五年（1825），分巡庐凤颍六泗滁和兵备道督理戴聪认为宿州“民风强劲，盗劫时有”。光绪《宿州志》中《前凤颍道戴公志序》载，光绪十三年（1887），总督漕运兼理河防军务卢士杰认为：“宿州一强悍之区……自遭兵燹十室九空。”元代以后，萧县风气趋武，嘉庆《萧县志·风俗》收录张能麟《萧邑学记》：“俗仗义轻生，喜击剑悲歌慷慨，大略似燕赵魁梧，奇杰往往辈出。”萧县有仗义轻生之俗。

颍州在万历时期崇武之风甚笃。万历学者王士性在《广志绎》中认为：“淮扬年少，武健鸷愎，椎埋作奸，往往有厄人胯下之风。凤、颍习武好乱，意气逼人，雄心易逞。”②凤阳、颍州习武好乱。万历时颍州人刘廷传“家产不逾中入，尽散之以养客，所食客日尝以百数，暇则部以兵法”③。食客多习武艺兵法。乾隆《颍州府志·舆地志·风俗》记载，清代颍州“士君子不以礼法自守，小民无所标准，其黠者习于讦告，戆者流于斗狠。下至无等，盗窃成风。追究事所由起，虽斗粟尺帛，皆足酿为祸阶”。清代颍州贫苦民众盗窃成风，常常打斗，哪怕仅仅一斗粟一尺帛也会引发争斗。

明代以后，亳州逐渐尚武。光绪《亳州志·舆地志·风俗》：“亳自明以来，尝为凤阳府属江南文薮也……亳于古为殷汤所居之国，故其俗尚鬼；又与陈国相近，故其俗尚巫。初不闻以拳勇相尚也，后乃急疾尚气，渐染北方

① 乾隆《砀山县志》卷一《舆地志·风俗》，《中国地方志集成·安徽府县志辑（29）》，江苏古籍出版社 1998 年版，第 38 页。

② 王士性：《广志绎》卷二《两都》，中华书局 1981 年版，第 28 页。

③ 金天翮：《皖志列传稿》卷一，《中国方志丛书·华中地方第 239 号》，成文出版社有限公司 1974 年版，第 34 页。

之强，动辄招群相斗。”亳州风俗的变化是受中原地区的影响。“惟少年习武，技勇相角，裘马相矜，既耗赀财，不无好胜之习”。康熙中期，亳州“智欺愚，强凌弱”，知州朱璋“择其甚者治以法，奸愚顿而屏息”。嘉庆年间，亳州知州周鹤立把赌博、斗殴、为匪列为当时亳州的三大弊端，“可恨者莫如斗殴，或借睚眦以泄忿，拔剑为豪，或缘咤叱以生风，捉刀相向，轻则伤肌断骨，重则捐命忘躯，不思发肤受之父母”。一些人不思发肤受之父母，赌博、斗殴、为匪、拔剑、捉刀等，视生命如儿戏。

嘉靖时，灵璧县已露风俗变化之端倪，嘉靖《宿州志·地理志·风俗》：“然妇女不事蚕织，富家大族多白丁，见利忘害，信巫谄神，所谓淳厚之风，礼让之俗，不无渐衰。”清代，灵璧县民众生活艰辛，民风强悍而难驯，乾隆灵璧知县贡震说：“吾闻灵璧之俗，俭岁则民气柔而易治，乐岁则民气悍而难驯，故乐岁之讼多，俭岁之讼少。”农民不事力耕，农家对沟洫园圃之业也用功较少。“农民朴愚而惰，宁忍饥寒，不勤力作，故有种田靠天之谚。前令有以南方耕织之法教之者，人皆畏难而不肯学，至沟洫园圃农家应习之业亦一切不讲，此致穷之本也”。百姓生活贫困，居茅草屋，穿粗布衣，“民居皆茅屋，衣皆疏布，仓则麦豆杂粮，虽丰年犹和以草木根叶，家有牛具什器者十不得一，故岁凶则挈家远出，毫无顾恋。亲朋往来饮食俭素，入市则相聚剧饮，往往有因醉酿祸者”①。食麦豆杂粮，灾年携家老小外出乞讨。一些人醉酒酿祸，民风刚劲，尚武之气很浓。

定远县在万历时期出现逞凶尚武之风。万历时期，定远知县诸葛升云：“频年以来，旱涝为祟，螟螣再罹，疫疠流行，道馑相继。小民萧条满目，则微乡土之思，生计无聊，则寡性命之乐。以故剽悍轻生，离乡远窜者，十之七。而迫穷为盗，偷延喘息者，十之三。”贫穷为盗，剽悍轻生，离乡乞讨者十分之七。民众剽悍轻生，打行之风盛行。诸葛升又认为：“打行之风，本县颇盛。凡愚民有报仇复怨之事，争投其党。查得此辈，皆系无家恶少，东奔西趋之徒。”“俗之弊也，讼师扛棍，互相为市。此辈多系无家穷棍。”②凡涉及土地山林、财产、水利乃至风水坟地等与人们切身利益相关的问题，人们往往相互争讼。民

① 乾隆《灵璧县志略》卷四《杂志·风俗》，第75页。

② 徐光启：《农政全书》卷八《农事·开垦》，石声汉点校，上海古籍出版社2011年版，第150页、169页。

间稍不如意即讼，出现了替人代讼、以讼为业的讼师。民间健讼之风的兴起，与当时行政、司法的缺失，以及统治者的消怠态度、民众的贫困有关。定远县打斗之风盛行，多系无家穷人，至晚清更为猖獗，以至于发生械斗之事。

太和县风气尚武始于明朝末年。乾隆《颍州府志·艺文志》载正德年间，“流寇南犯，履邑城若平地，官与民撄其祸甚惨”。之后，太和县才建城池。民国《太和县志·杂志》载，崇祯年间太和知县吴世济以为“贼变诈叵测”，农民起义的不断爆发，“地方安全首重积谷讲武”，于是下令“有身家强壮子弟，什伍为群，或习刀棒，或习箭弹”。由于农民起义不断爆发，明廷岌岌可危，明末太和尚武之风油然而兴盛。道光年间，太和知县阮文藻在《谕民诗四首》中云：“壮士虬紫须，剸刃入仇腹。誓天许头颅，斫地杂歌哭……汝何慕侠游，相率欺茕弱。斗狗自呼朋，放鹰还啸族。屠沽杂叫嚣，酒食相征逐……有田且力耕，何必佩刀犊？”[①]呼吁民众力耕田地而不要佩刀剑逞凶。

明代中期以后，蒙城县民风尚武，“明末年间，荒寇频加，民风顿异，时有善佩刀剑、不愿为良民者，时有故避征徭、远弃其乡井者，时有揭竿举旗、辄敢攻略城下者，时有飞网越控、内连外结动倾百余家者，时有甘冒刑狱、不一完纳国税者”[②]。贫苦民众佩刀剑，揭竿举旗，甘冒刑狱之险。

清咸丰年间，苏北睢宁“咸丰军兴，人爱带刀”，沛县“自兵火以来，喜佩刀剑以自卫”，有好剑争斗之习。乾隆二十三年（1758），凤阳知府项樟在《新迁凤阳府学记》中云：“国朝教泽涵濡，百有余年，而文风尚未振，寿（州）、（凤）台之俗多悍，怀（远）、定（远）之俗多诈，宿（州）、灵（璧）、虹（县）之俗积歉而疲。”[③]寿州、凤台强悍，怀远、定远之俗多诈。道光时，皖抚陶澍认为：“皖省凤、颍、泗州等属，界连徐、豫，民情好斗，动辄伤人……久沿恶习。”[④]凤阳、颍州、泗州等淮河两岸的民众好斗成风。

① 民国《太和县志》，《中国方志丛书·华中地方（96）》，成文出版社有限公司1970年版，第1099—1103页、67页。

② 《重修蒙城县志书》卷一一《艺文志》，《中国方志丛书·华中地方（244）》，成文出版社有限公司1975年版，第865页。

③ 光绪《凤阳县志》卷一四《艺文下》，《中国地方志集成·安徽府县志辑（36）》，江苏古籍出版社1998年版，第509页。

④ 陶澍：《陶文毅公全集》卷二四《筹款饬缴凶器折子》，聂崇岐：《捻军资料别集》，上海人民出版社1958年版，第18页。

3. 文风式微

与民风尚武形成鲜明对照的是文风不昌。王定安在《湘军记·绥辑淮甸篇》中说："江之南，士喜儒术，巽懦不好武……独淮滨郡邑，当南北之交，风气剽急，其俗好侠轻死，挟刀报仇，承平时也然。"江南士人崇尚儒术，淮河流域则有好侠之风。曾知颍州的左辅在《念宛斋集·官书》中记道："照得本府历任颍属州邑，风俗素所周知……气即嚣凌，尚勇争而弗知礼让。下至无赖之子，带刀而不买犊，聚博而不服田，什伯为群，披猖肆暴，遂至身遭刑戮，莫保妻孥，乃尚接踵效尤，恬不知悔。"民风崇尚争勇，反之，文化教育相对落后。道光《阜阳县志·艺文志》载乾隆五年《重建西湖书院碑记》："西湖旧有书院，建于前明嘉靖间，颓废已久。因急请于制抚各宪重建。"西湖书院建于宋代，至清代多次毁坏，多次重建，折射出书院培养人才也多次停顿。

乾隆《颍上县志·艺文·重修学记》载，明代颍上县"景泰初郑侯来令兹邑，始锐意修学，属岁荐饥，民不可重困，第求其甚敝者，时补葺之……士风为之一变"。景泰时，财政困难，县令仅对县学毁坏严重的地方稍加修葺，直到成化年间才大修。民国《阜阳县志续编·艺文二》收录了道光阜阳县《新建聚星书院碑记》："颍郡有书院，仿自欧阳文忠公，建于西湖。迨至乾隆年间，改卜于城之文昌阁下，改名曰清颍书院，盖数十年于兹矣。而阜为江北名区，独不以书院闻，匪都（郡）人士之羞，亦司土者之责也。"阜阳书院历史较悠久，但书院并不出名，缺乏学术风气，文运不昌。乾隆《亳州志·风俗》记载："亳自明以来尝为凤阳府，属江南文薮也，然凤、庐二府在前明本属中卷，不与他府比。亳旧俗无师承，穷经者既尠，决科者寥寥，近时虽尚无申榜而乡科获隽，前后相接，工诗能文章者蒸蒸日起焉。"亳州无师承和学友，文风不振，考中进士者甚少。

乾隆《灵璧县志略·杂志·艺文》载乾隆时灵璧知县贡震在《禀复本府项公（樟）咨询利弊》中说："卑县科甲寂寥……略无武断好讼之习，民性愚朴，粗粝自甘，此俗之近于古者。"灾荒不止，民众轻文，科举考试考中者寥寥。嘉庆《怀远县志·学校》载，怀远县"士之读书味道者见闻未广，多因心自用，耻于相师，以致言坊行表得轨于道者，或是之少"。怀远学道者耻于相师，缺少学友，学风不振。

从明清两代淮北地区的文武举士来看，本地区文事落后，武功极盛，特别是在捻党被镇压后，该地区“无论是武举人，还是武进士，都呈猛增势态”①。据统计，阜阳咸丰后共有文进士一人，武进士五人，文举人十二人，武举人则多达六十余人②。

王国栋曾对明清皖北与庐州府科举成绩进行比较，并制表 5.1。

表 5.1　明清皖北与庐州府科举成绩比较表

朝代	明			清		
类别	文进士	武进士	武举人	文进士	武进士	武举人
合肥	55\2	7	35	71\1	26	265
庐江	28\4	0	9	21	2	52
舒城	10	2	10	15	2	28
无为	31\5	0	8	11	6	61
巢县	15\1	0	3	10\1	7	80
（庐州府）	139\12	9	65	128\2	43	486
寿州	15	2	13	20	13	175
定远	26\13	0	6	32\6	4	48
凤阳	18\1	3	16	6	1	40
临淮	16\3	0	7	1	6	24
怀远	10	2	4	17	6	65
宿州	7\4	9	22	3\2	7	42
灵璧	12	0	3	2	4	15
（凤阳府）	104\21	16	71	81\8	41	409
颍州（阜阳）	25	3	42	27	12	167
亳州	7	3	10	1	11	92
蒙城	7	1	9	1\1	7	50
颍上	4\2	0	14	3	2	44
太和	5	0	0	3	14	104
霍邱	10\2	0	1	6	0	33
（颍州府）	58\4	7	76	41\1	46	490

① 陈业新：《明清时期皖北地区灾害环境与社会变迁——以文武举士的变化为例》，《江汉论坛》2011 年第 1 期。

② 民国《阜阳县志续编》卷九《选举志》，黄山书社 2008 年版，第 236—241 页。

续表

朝代	明			清		
泗州	16	8	9	7	4	46
虹县	2	0	3	5\2	2	26
五河	7	0	0	4	0	17
盱眙	11	1	6	15	6	34
天长	9\2	1	6	15	3	23
（直隶泗州）	45\2	10	24	46\2	15	146
皖北	207\27	33	171	168\11	102	1045
备注	1.括号内所注表示清代建制。2.斜线后的数字表示寄籍人数（含在总数内）。					

资料来源：吴海涛等：《淮河流域环境变迁史》，黄山书社2017年版，第297—298页。

从表中得出明代皖北文进士科，县均数为11人多，庐州府的县均数为27人多，高出皖北一倍以上。清朝皖北文进士科，县均数为9人多，成绩进一步下滑，庐州府县均数为25人多，高出皖北近三倍。从武进士科成绩来看，明清皖北与庐州府县均数大致相仿，但在文进士科成绩悬殊的情形下，更能说明皖北武风的兴盛。

淮河流域一些官员曾整饬风气，大兴教育，重视教化，民风在一段时期内发生些许变化，但并未从根本上扭转民风尚武之习。雍正九年（1731）六月，两江总督高其倬上奏强调“亟须加意整顿”亳州“民间积习好斗”之风。嘉庆年间，知州周鹤立为改变亳州斗殴之风撰写了《励风俗示》。民国《重修蒙城县志书·风俗》载，清代，蒙城县“民刁悍而乐讼，每以小忿饰成大事，网罗多人越告……知县田本沛力行禁止，知县竹绿漪听断明决，知县陈民怀折谳明允，越讼之风遂息”。蒙城民风刁悍，知县田本沛、竹绿漪、陈民怀加以整饬，越讼之风才有所好转。乾隆年间，太和知县丁文灿建成寿山书院，“勤勤于风俗人心之本，即欲广迪师儒以整齐而化导之”[①]。丁文灿建书院强化文教，希冀改善文风，扼制尚武之习。

① 民国《太和县志》卷五《学校》，第435—436页。

（二）尚武风气的成因

1. 黄河夺淮，民众苦难深重

南宋以前，淮河流域水道密布，通航、灌溉便利，生态基本上呈良性循环，农业生产条件较为优越，是全国重要的粮仓之一。南宋建炎二年（1128），东京留守杜充为阻止金兵南下，人为决河，使黄河“由泗入淮”，从此黄河由北流、东流时期，进入了以南流为主的时期。然而，黄河流域雨水集中，70%集中在夏秋，又多暴雨，常常暴涨暴跌，《元史·河渠志》载：“大抵黄河伏槽之时，水势似缓，观之不足为害，一遇霖潦，湍浪迅猛。”同时，黄土颗粒细、孔隙多、耐冲性差，使黄河具有水量小而变率大、含沙量大的特点，黄土遇水则变为泥流，“自孟津以东，土性疏薄，兼带沙卤，又失导泄之方，崩溃决溢，可翘足而待”。因此，黄河多次决溢，历史上一直以“善淤、善决、善徙”而著称，同时，决溢的频率逐渐加快。

北宋以后，黄河决、溢、徙平均间隔时间趋短，频率明显加快，见下表。

表 5.2　黄河决、溢、徙情况

朝代	年代（年）	决、溢、徙（次）	平均时间间隔
秦汉	前 221—220	21	26 年
三国至五代	220—960	74	10 年
北宋	960—1127	165	1 年
元代	1279—1368	265	4 个月
明代	1368—1644	456	7 个月
清初至鸦片战争	1644—1840	361	6 个半月
鸦片战争至解放战争	1840—1946	229	5 个半月

资料来源：韩昭庆：《黄淮关系及其演变过程研究》，复旦大学出版社 1999 年版，第 39 页。

从上表来看，北宋以后黄河决、溢、徙的间隔时间最短为 4 个月，是在元代，最长时间为 7 个月，是在明代。清代以后，间隔时间逐渐缩短。

（1）黄河侵淮

黄河多次决溢侵淮。《明史·河渠志二》载，万历三年八月“河决砀山及邵家口、曹家庄、韩登家口而北，淮亦决高家堰而东，徐、邳、淮南北漂没千里”。河臣万恭感叹于淮河流域水灾频发时云：“窃见今年以来，四方无不告灾，而淮、扬、庐、凤等府，滁、徐、和等州，其灾尤甚。”①《明史·河渠志二》载，黄河“大势纵横颍、亳、凤、泗间，下溢符离、睢、宿”。黄河决溢肆虐淮河流域，颍河、涡河、睢河、贾鲁河、会通河等河流长期被侵，见下表。

表 5.3 《明史》《清史稿》中的《河渠志》有关黄河夺颍、涡、睢、贾鲁河的记载

时间（年）	决口地点	流经地区	袭夺河流	堵塞情况
1391	原武黑洋山	东经开封，东南经陈州、项城、太和、颍州、颍上、寿州，东北经旧曹州、郓城、安山	颍河、贾鲁河、会通河	
1392	阳武	陈州、中牟、原武、封丘、祥符、兰阳、陈留、通许、太康、扶沟、杞县	颍河、涡河	冬寒役罢，未塞
1416	开封	经怀远由涡入淮	涡河	
1489	开封及封丘	入张秋运河、沁河	颍河、涡河	次年白昂北筑堤，南分河入汴、睢、泗
1498	归德小坝子	经宿州、睢宁由宿迁小河口入运	睢河	即塞
1510	黄陵冈	入贾鲁河，抵丰沛	贾鲁河	1512 年因河南盗起役罢
1540	野鸡冈	由涡经亳州入淮	涡河	无，浚河分流
1616	开封	由会城大堤下陈留入亳州涡河	涡河	
1621	灵璧双沟、黄铺	由永姬湖出白洋、小河口	睢河	同年塞
1623	徐州青田大龙口	徐州、邳州、灵璧	睢河	
1624	徐州魁山堤	东北灌州城，一由南门至石狗湖，一由旧支河南入白洋河	睢河	
1723	中牟	刘家寨南入贾鲁河	贾鲁河	无，六月决

① 陈子龙等：《明经世文编》卷九七《两淮水灾乞赈济疏》，中华书局 1962 年版，第 856 页。

续表

时间（年）	决口地点	流经地区	袭夺河流	堵塞情况
1761	中牟杨桥	大溜直趋贯鲁河	贯鲁河	同年十一月塞
1778	仪封	由睢州、宁陵、永城直达亳州入涡河	涡河	寻塞，八月复决；十二月再塞
1841	祥符	由归德陈州入涡，会淮入湖	涡河	次年塞
1843	中牟	历通许、扶沟、太康入涡、淮	涡河	次年十二月塞

资料来源：韩昭庆：《黄淮关系及其演变过程研究》，第 71—84 页。

灾害频发，经济逐渐衰退，而水患又得不到有效的治理，民众长期过着苦难的生活。

（2）保漕运而治水

政府治河的原则是保护漕运的安全。南宋以降，淮河流域逐渐成为全国贫困的地区之一，与水患的治理有很大的关联度。统治者为保漕运，在黄河治理上推行抑河南下的政策，在黄河北岸筑堤固守，有意把水患引向黄河南部地区、淮河流域。明孝宗直言不讳：“今日治河，不但恐其为民害，抑恐有妨运道，致误国计，所系尤非轻。”①

嘉靖二十五年（1546）以后，黄河下游尽出徐、邳，夺泗入淮。明朝治河方案，初期为“分流”，中期白昂、刘大夏的“北堤南分”，明末潘季驯“束堤治河”，都没有大的突破和创新。《明史·河渠志五》记有潘季驯的看法：“淮病而黄病，黄病而漕亦病，相因之势也。”把黄河、淮河、运河联系起来加以综合治理，思路是对的，然而，黄河携带大量泥沙随水流沉淀，导致淮河干支流河床普遍抬高，下泄逐渐不畅，最终在清口附近入海处相继淤塞，使“蓄清刷黄”之法失败。潘季驯主持修建的高家堰是洪泽湖的大堤，之后多采取加高高家堰抬升洪泽湖水位的办法，以图济运。“比年黄河横流，运道艰阻，朝臣附髀而太息……盖淮南之运道尽坏矣……非当事者故弃淮南也，智穷于闸道，力竭于黄河，其不得不弃淮南者势也”②。之所以保运河，与政治统治有很大关系，对此彭云鹤分析道：“直至鸦片战争前，明、清两代中央政府对

① 李国祥、杨昶主编：《明实录类纂·经济史料卷》，武汉出版社 1993 年版，第 861—862 页。

② 朱更翔整编：《治水筌蹄》，水利电力出版社 1985 年版，第 147 页。

全国绝大部分地区的有效统治，则主要都是通过京杭大运河为主体的水运网络之漕运而实现的。所以，漕运对明、清两代政权都显得十分重要的。”[①]

明代治河还兼顾祖陵。为防洪水危及祖陵，明政府修归仁集堤，“在（泗）州西北五十里，接宿迁东界。其北有白鹿、邸家等湖，其南有祖陵旁之陡湖及沙湖，黄河泛涨，倒灌小河诸口，并挟湖水冲射祖陵及泗州城，故筑堤以捍之”[②]。保泗州祖陵，最为要害。万历二十九年（1601），杨洵在《扬州府志序》中说：“淮南堤堰相属前代廑为漕计，今内虞陵而外忧民计，不独为漕，顾议者不务导黄以安淮，而反欲疏淮以纵黄害。”[③]治河担忧伤及祖陵。

清代治河者依然把明代潘季驯的治河方略奉为圭臬，维持漕运仍是国家的头等大事。清代治河专家靳辅在《治河方略·河道敝坏已极疏》中认为：“水势分而河流缓，流缓则沙停，沙停则底垫，以致河道日坏。”对黄河水患成因的看法相似，治河的方法亦较为一致。在保漕运的前提下，淮河流域成为牺牲地区。黄河夺淮后与淮河、运河在清口（古泗水入淮之口，又称泗口）交汇，河臣多把保运、治河等目标的实现集中在清口，《清史稿·河渠志二》云：“夫黄河南行，淮先受病，淮病而运亦病。由是治河、导淮、济运三策，群萃于淮安、清口一隅。”集中清口一隅，意在蓄清敌黄，“然淮强固可刷黄，而过盛则运隄莫保”。因此，修筑的高家堰非但未给淮扬地区带来安全保障，反而致其面临可怕的灭顶之灾，一旦运河水位超过一定限度，为减轻运河大堤的压力，往往开闸放水，使运河以东的下河地区常常成为泄洪区。丁显在《复淮故道图说》中认为：“堰盱闸坝，为淮河漫溢之堤防，即为皖水宣泄之门户。是故三河未启，则皖省滨淮州县被其患；运隄既决，则广陵濒海州县被其害。”闸坝未开，安徽沿淮州县水患严重，而开闸放水，广陵濒海州县则一片汪洋。

（3）涝灾、旱灾、蝗灾并发

除了水患以外，淮河流域常有极端天气出现。淮河流域是以农业为主的地区，而农业的最大特点是离不开自然环境和天气条件的恩赐。明清时期总体上气象条件较差，1400—1900年，称为明清宇宙期（又称明清小冰期），为

① 彭云鹤：《明清漕运史》，首都师范大学出版社1995年版，第93页。

② 顾祖禹：《读史方舆纪要》卷二一《南直三》，中华书局2005年版，第1039—1040页。

③ 嘉庆《重修扬州府志·序》，《中国地方志集成·江苏府县志辑（41）》，江苏古籍出版社1991年版。

低温多灾的时期，中国东西部都较为明显，尤其中高纬度地区变化幅度比中低纬度地区更大。淮河流域有关寒冷的记载较多。明弘治六年（1493）九月、七年（1494）二月，颍州、颍上、太和、蒙城、霍邱大雪。隆庆二年（1568年），颍州、太和、亳州冬大雪。天启元年（1621），颍州、颍上、太和、蒙城、亳州春大雪。清顺治十年（1653）、康熙九年（1670），蒙城冬大雪。嘉庆二十一年（1816），亳州冬大寒。道光二十一年（1841），颍州府冬大雪[①]。

嘉靖《宿州志·杂志·灾祥》载，宿州"弘治六年，大雨雪，自九月至次年二月乃止。民间多毁屋木、器物以供燎爨"，"嘉靖十五年十二月至次年二月，雨雪交作不止。束薪十钱，六畜损伤甚众，二麦萎死者半"，"嘉靖五年正月，霪雨，至于四月。湖地二麦淹浸萎死者过半"，"十五年六月、七月，霪雨不止"。气候寒冷，各种自然灾害频率高，大面积灾害多，数灾并发多。雨水、干旱、蝗灾等不断发生，乾隆《颍州府志·艺文志·文·明》载万历时期，颍上"雹伤麦苗"，"夏亢旱，禾苗焦槁"。乾隆四年（1739），江苏淮北十五州县被水并遭蝗灾。乾隆九年（1744），安徽庐、凤、颍三府并滁、泗二州被蝗被水[②]。

自然灾害给农业生产造成极大的影响，粮食大幅减产。道光元年（1821）至咸丰二年（1852）的32年间，安徽夏粮收获有19年是六成，有12年是七成，秋粮收获有5年五成，有15年六成，有8年七成，有1年八成。同治八年（1869）至光绪二十三年（1897）的29年间，安徽夏粮收获每年均为五成，秋粮收获有27年五成。19世纪近80年中，安徽仅有1年秋粮收获八成，其他多数年份收获仅五成[③]。农业歉收，削弱了淮河流域民众抵御自然灾害的能力。清嘉庆帝在位25年，对安徽颁布52次赈灾上谕，其中单独对皖北二府一州颁布34次赈灾上谕，占总数的66%，另外有17次上谕包括皖北在内，仅一次除外[④]。

---

① 刘兴华、安俊峰：《皖西北旱涝灾害研究》，中国农业科技出版社2001年版，第137—155页。

② 郭松义：《清代的灾害和农业》，赫治清主编：《中国古代灾害史研究》，中国社会科学出版社2007年版，第274页。

③ 李文治：《中国近代农业史资料1840—1911》（第1辑），三联书店1957年版，第755—760页。

④ 张研等：《19世纪中期中国家庭的社会经济透视》，第270页。

（4）民众生活无着

灾害不断，导致民众生活无着。乾隆《亳州志·艺文》载亳州人孙养粹在《五难诗》序言云：“壬（午）癸（未）两岁亳土不夭，先之以回禄，继之以旱蝗，终之以疠疫兵寇。嗟此亳民，饥魄残息，几无孑遗矣。”孙养粹分火、兵、饥、疫、寇赋诗五首，表达了对亳州民众苦难的同情，指出了灾荒、瘟疫、兵寇是民众生活艰难的原因。清代，反映苏北民众困苦的诗云：“伤心六月淫雨飞，农夫竭力齐筑围。筑围旋随湖堤决，膏血沥尽洪水肥。六年水来早禾熟，今岁水来瓮无粟。日高一日米价昂，饥殍余生形似鹄。洪涛直注东海滨，村墟出没水无垠。皎皎明月共千里，空复下照流离人。流民生计苦日蹙，纷纷卖船复卖屋。鬻妇鬻女更鬻儿，老幼同声尽一哭。”[①] 水灾从夏至秋，农业没有收成，米价飞涨，民众卖船、卖屋，卖儿鬻女，到处流浪，凄惨之状跃然纸上。

水患、低温等灾害叠加使民众苦难深重，武风肆虐。康熙《颍州志·风俗》载明代颍州“灾祲频仍，赋役不辍，荆棘丛茂，十室九空，向之极奢者变为极陋，势使然也。培养非数十年元气难复，人既贫困，不肖之心遂生，从此，颇事告讦，然率直之性犹未尽泯，一讯终无遁情，转而移之”。生活无着，不肖之心萌生，社会风气趋坏。乾隆《灵璧县志略·杂志·艺文》：“一值凶年，散之四方，无所顾惜，或因贫而乞食，遂因乞而为匪，鼠窃狗偷，所在多有，强梁者乃越境贩盐，公行市集，酗酒打架，习为固常，北乡与徐邳接壤，此风尤甚。”灵璧县灾年的民众贫而乞食，乞而为匪。崇祯年间，苏北洪水泛滥，《明史·河渠志二》：“军民及商灶户死者无算，少壮转徙，丐江、仪、通、泰间，盗贼千百啸聚。”苏北民众出外乞讨，客死他乡者较多。

黄河夺淮，淮河流域有的河、湖水暴涨，有的河、湖被泥沙淤塞，水系紊乱，自然环境发生了较大的变化。同时，政府为保漕运，长期解决不了水患等灾害，加之气候不佳，使灾害具有延续性、叠加性。民众有的饥饿而死，有的四处逃荒乞讨，诱发了民众对社会不满而尚武。

2. 民众乞讨他乡，渐成游惰之习

淮河流域是贯通东西南北的枢纽地带，同时，河湖众多，水路交通发达。因

① 李文海、夏明方主编：《中国荒政全书》第二辑第四卷，北京古籍出版社 2002 年版，第 598—599 页。

水旱频仍，生活困苦，民众于是利用便捷的交通频繁迁徙他乡。

（1）流徙外地

灵璧县睢河北岸的民众大多迁徙，“他如睢河北岸之三村集、陵子集、孟山集、潼郡集，元明间号称繁华，今所存者颓垣破屋，居民逃亡殆尽，即生聚亦复难言也”①。灵璧县外出逃荒不断。蒙城县外出迁徙者更多，留下的仅十分之一二。民国《重修蒙城县志书·艺文志》收录庄则敬的《邑侯田公传》说道：“邑先代为寇燹所残毁，乡民数千百家仅存数之一二，百里委荒草，人失其恒心。”颍州民众大多流离转徙，乾隆《颍州府志·艺文志·文·明》记载：“吾颍数年来水旱频仍，民之流离转徙从者无论，其饥而死者十之三，疫而死者又十之三。今之存者，皆凋敝之余也。田畴荒芜，道殣相望，民救死扶伤之不暇，而征科如故，困踣益甚。”迁出的人无数，因饥、疫而死者较多，田地渐次荒芜。

水灾、旱灾、蝗灾等频繁侵扰，赋役繁重，战争不断，经济发展缓慢，生活艰辛，民众被迫流徙他乡。“萧滨黄河，地多沙瘠，农不专勤苦，至蝗蝝、水涝相寻，富者无积贮，贫者不能谋朝夕，加以赋役繁重，竭蹶支持，中产尤为苦累，遭流寇后逃徙四方，俯仰无资，间有托足公门，委身行伍，以冀苟免沟壑者”②。萧县土地沙瘠，赋役繁重，富有者没有钱物积贮，贫苦者朝不保夕，逃徙四方。“因淮、涡交通，商贾辐凑，五方逐末者居其地。服食器用多尚奢华，故人务末忘本，相习于靡，群趋于惰。兼之水旱频仍，中人荡产，且乏兼岁之储，一遇灾荒，辄鬻子女，弃故土而适他乡者，比比皆是”③。怀远县一遇水旱之灾，民众弃故土外出乞讨者众多。《农政全书·农事·开垦》载万历时期定远知县诸葛升认为：“江淮岁罹灾祲，贫民糊口四方，逃窜境外，郊野几为一空。间有招集拊循，稍稍复业者。陇亩虽荒，故土犹在，惟是庐舍数椽，原系草土筑成，初无栋宇完固，岁月既久，风雨摧淋，遂成圮坏。”定远县有的民众逃往外地时间较长，以致茅草房长期失修而垮塌。

乾隆《颍州府志·艺文志·文》记载，万历以后，颍上县“赋役十增其九，以

① 乾隆《灵璧志略》卷一《市集》，第 23 页。

② 嘉庆《萧县志》卷二《风俗》，《中国地方志集成·安徽府县志辑（29）》，第 264 页。

③ 嘉庆《怀远县志》卷三《学校志·风俗》，《中国地方志集成·安徽府县志辑（31）》，江苏古籍出版社 1998 年版，第 65 页。

故里甲之中，有一里逃尽，而举他里以充排年，他里因之亦复萧条，而不能当本里之役。至于逋欠官粮而囚于狱底者，三十有五家，盖数年于兹矣”。颍上县因赋役较重等问题，里甲之户逃离较多，税粮转嫁到留守者，他们不堪重压只好拖欠，以至于下狱。“夫下狱之始，不过拖欠一二十金，而积五年之后，则或至百金，或至二百金，此天下未有之事也”。拖欠的税金本息叠加几年后翻了数倍。

淮河流域战略地位显赫，战争多有发生，这也是民众大量流徙的重要原因之一。清代阜阳生员时光烈认为：“自宋南徙，颍为南北战争之地，戎马蹂躏。”明代王士性说：“宛、洛、淮、汝、睢、陈、汴、卫自古为戎马之场，胜国以来，杀戮殆尽。”①

清代安徽沿淮地区人口减少的频率加快，除战争、灾荒外，民众外出逃亡也是重要因素。1904 年与 1819 年相比，凤阳府人口下降近六成，泗州、六安州下降五成左右，颍州府下降近四成，见下表。

表 5.4　1819 与 1904 年安徽淮河流域各府州人口数表（单位：人）

府、州	嘉庆二十四年（1819）	光绪三十年(1904)	指数（以 1819 年人口为 100）
凤阳府	5049170	2139897	42.38
颍州府	4265758	2742664	64.29
泗州	1744399	916012	52.51
六安州	1056173	744020	49.4

资料来源：翁飞等：《安徽近代史》，安徽人民出版社 1990 年版，第 211 页。

尽管有外地人不断迁往淮河流域，但不少人又选择离开了。河南、山东等省民众，因多种缘由不断流入颍州。明初“天下大定，故家旧人寥寥，村落十余年间遗民稍复，又为黄河荡析，至是百年河徙患息，流民归聚”。明初颍州遗民稍有恢复，之后黄河夺淮，环境发生变迁，到正统年间外地流民才逐渐迁入。洪武十四年（1381），颍州有“一千七百户，分置十四里”，宣德七年（1432），1680 户。正统七年（1442），颍州民户为 2018 户，其中

① 王士性：《广志绎》卷三《江北四省》，第 43 页。

土民1680户，流移客民338户，编为3里。成化八年（1472），6182户，土民2532户，客户为3650户，收编15里。成化十八年（1482），8900户，土民2544户，客户达6356户，增加流移客民16里，这样，成化十八年移入颍州的客民有53里，土民为22里，客民占总里数的70%左右。正德《颍州志·版图》载："（颍州）今地里不加少，以烟灶计，多至倍万，但其间偷生亡匿之徒不知其几。正统以后，收附流移，听其自相结识，编入图籍。官司因循，奸民影射，至凡新添之里，人户错综，五乡善恶死徙不相关，丁业兴败不相知，里粮催勾动愈旬日。"

李熙震等编《颍州李氏族谱》认为阜阳李氏是在明初迁移而来，始祖李天籍贯山东兖州曹县固村。蒙城县地方志编纂委员会编《蒙城县志》载民国八年修《丁氏家谱》认为始祖丁齐，原籍山东兖州阳谷县，元末迁居蒙城坛城，前三代单传，第四代六子，嗣后繁衍十三门支。颍州名医张小庵原籍山东枣林庄，明洪武二年（1369），先人移居颍州城南高庄。祖父名汉，号静庵；二祖父名潮，是正德年间贡生。父福旺，业农。潮子张实，号筠坞，嘉靖贡生，官辽阳断事。张小庵精心钻研医学，成为颍州名医[①]。颍州牛氏族谱编委会编《颍州牛氏族谱》收录清代牛瑄的《牛氏宗支源流考》认为牛氏从河南等地迁入，"我牛氏始祖圣临公讳川，籍汴之尉氏县"。清代孙雍谷在《牛氏皖北宗支考》中说："夫我牛氏之居于皖北也，今已数百年，各地散处所在多有，除盱眙而外，要以我颍涡为尤盛。颍州之牛氏，一为我杨桥派，其一为北苗集派。涡阳之牛氏为曹氏派。"明初"我四世祖六人来皖者四人。曰乾曰坎曰震曰巽……我皖之四祖乾公，居焦坡集，继徙于杨桥……坎公居正阳关……震公居王市集北牛家窑……巽公居亳州，后分蒙城"。

然而，在灾害环境下，外地人在淮河流域很难长期定居，有的又迁往外地。明初曾强迁江南地区民众至定远县，后来不少人又离开了定远。乾隆时期，灵璧县"我民十岁九不登户，无储蓄饥其恒"，"岁岁逃亡，十不存五"[②]。离开灵璧县的移民也较多。历史时期淮河流域民众迁往外地的时间和地区大致有：一是晋怀帝永嘉年间到南朝刘宋元嘉年间（307—453），主要迁至江淮

① 王襄天：《张小庵和药渣子庙》，政协阜阳市文史资料研究委员会：《阜阳史话》第7辑，1987年，第68页。
② 乾隆《灵璧县志略》卷四《杂志·风俗》，第93—94页。

之间，包括今安徽淮南、芜湖等地，以及今江苏扬州、淮阴和南京、镇江、常州一带。二是安史之乱后，随中原汉族迁淮南、江南，经皖南、浙西进入江西，然后一支下岭南，一支翻越武夷山进入福建。三是靖康之乱后，随中原汉族南下，主要是苏南、江浙一带，以及东南各省[①]。

（2）*游惰之习*

淮河流域民众因饥荒难忍或避战火或逃瘟疫而四处乞讨求生，渐次形成游惰之习。凤阳"土性耕植所宜，与江以南相近。惟壤地平衍，水无蓄泄，岁苦旱潦，民亦呰窳偷生，轻去乡里"[②]。凤阳县民众多懒惰游食他乡。光绪《凤阳县志·杂志》载正德七年（1512），凤阳县旱灾，"民尽逃散"。嘉靖年间，凤阳等地灾害不断，外出逃荒趁食，"慓悍轻生，离乡远窜者，十之七；而迫穷为盗，偷延喘息者，十之三"。万历五年（1577），屠隆为颍上县知县时，全县19里民众，"民贫而赋敛急，逃且十之二三矣"。逃荒是淮河流域民众面临生存危机的不二选择，也是其苦难生活的写照。

游惰之习的形成大致在明嘉靖以降。嘉靖、万历时期的张瀚认为："庐、凤以北，接三楚之旧，苞举淮扬。其民皆呰窳轻訬，多游手游食。"[③]淮扬民众多游手游食。同治《霍邱县志·艺文志》载明万历年间，霍邱县"俗好游冶，五方之人杂处浮食"，知县武之望"以甲伍约束之时，摘发其大猾置于理，靡不回乡以耕"。明隆庆时，"民瘠且偷，称难治焉"，"邑多逋亡"，知县咸怀良"厚给牛种"以招抚流民，"招徕之民告饥，为措处赈恤"。虽然奖掖条件较为优渥，但难以从根本上解决游食问题。嘉靖以后，定远县由于水利废弛，民众多离开家乡。道光《定远县志·舆地·四民》："水无潴滀，灌溉不继，一遇旱干辄负担弃土而逃。"嘉靖后期，宿州"雉堞乡井"，"仅存规模"，不少人背井离乡。光绪《宿州志·艺文志》载，宿州知州周玑"辟荒土以集逋亡之众，储赎粟以备荒丧之乱，作肤言以醒逋逃之俗"。周玑所为带有明确的指向性，力图使游食风气有所改变。

由于游惰之习的形成，凤阳府等地民众即使在丰收之年也外出游食。清

① 葛剑雄、曹树基、吴松弟：《简明中国移民史》，福建人民出版社1993年版，第499—514页。

② 光绪《凤阳府志》卷一七《宦绩传》，《中国地方志集成·安徽府县志辑（33）》，江苏古籍出版社1998年版，第83页。

③ 张瀚：《松窗梦语》卷四《商贾纪》，中华书局1985年版，第83页。

代陈登泰的《逃荒民》诗云："有田胡不耕，有宅胡弗居。甘心弃颜面，踉跄走尘途。如何齐鲁风，仿佛凤与庐。其始由凶岁，其渐逮丰年。岂不乐故土，习惯成自然。""高秋八九月，禾黍既登场，麦田亦已种。""辇我只轮车，约略挈家具。"携家眷外出乞讨，"沿门唱莲花，莲花落可怜"，直到"四月归尔田"，民众"轻去其乡里，劳瘁于旅途"①。这首诗描绘了凤阳等府民众农历八九月（秋天），秋收麦子种好后，携带家眷外出至明年农历四月返乡，不乐故土习惯成自然的情形。清人陈康祺在《郎潜纪闻四笔》卷九中说："凤阳民俗，每秋获既毕，相与挈家渡江，男女不分，鬻歌乞食，名曰'逃荒'；丰年亦复如是。风俗颓废，覥不知羞。"灾年逃荒，丰年也逃荒，民众在趁荒的过程中，演唱着《凤阳歌》，作为乞讨的手段。

民众的普遍流徙和游食者大量存在，导致淮河流域土地荒芜，民众生活更为艰苦。明代张瀚云："曾往来淮、凤，一望皆红蓼白茅，大抵多不耕之地。间有耕者，又苦天泽不时，非旱即涝。盖雨多则横潦弥漫，无处归束；无雨则任其焦萎，救济无资。饥馑频仍，窘迫流徙，地广人稀，坐此故也。"②张瀚曾出守庐阳，往来淮河流域较多，亲眼见到淮河流域大片不耕之地。

3. 地方官员缺少遏制尚武风气的良策

淮河横亘豫、皖、苏、鲁、鄂数省。历史时期，淮河流域经济较为落后，统治相对薄弱，是"政教所阻，鞭长莫及"③的地区。嘉庆时，颍州知府左辅云："查红胡、捻匪多在两省边界者，此地称'两不管''三不管'之间，离州县治较远，易起玩心，及既犯法，此拿彼窜，随处窝藏，往往漏网，遂至肆无忌惮。"处于"两不管""三不管"地区，政府无能为力。在"以聚众劫杀张威风，寻求报复为义气"④的风气的影响下，淮河流域民众的行为取向、个性特征与这种社会情境相适应，逐步社会化了。曾经四次出任攻捻统帅、镇压捻军的袁甲三在《袁端敏公集·奏议》中认为，淮北人"总以能聚众为强，不

① 张应昌：《清诗铎》下册，中华书局1983年版，第563页。

② 张瀚：《松窗梦语》卷四《三农纪》，第72页。

③ 民国《涡阳县志》卷一五《兵事》，《中国方志丛书·华中地方第91号》，成文出版社有限公司1970年版，第584页。

④ 左辅：《念宛斋集·官书》卷三，聂崇岐：《捻军资料别集》，第23页。

怕死为荣，每遇行刑，谈笑歌舞，既不畏朝廷之法，亦不恋骨肉之情”。这种顽犷跋扈之性，多为民众“接踵效尤”，自然形成淮河流域独特的风气。

李应珏在《皖中捻匪兵事纪略》中认为，捻军兴起地“居天下之中”，“刑政不及”，故能猖狂一时。“捻匪一股，尤称悍劲。其众始自皖之颍、亳、凤、寿，而毗连处如江南之淮、徐、海，河南之南、汝、光，山东之兖、沂、曹、济，湖北之襄、枣、钟、随，诸奸民皆附之，随处裹胁，益以灾黎无虑数十万。盖其地居天下之中，风气刚劲，而各省视之又皆为边鄙，平时刑政不及，不轨之徒因之聚而为匪，习惯自然，由来渐矣”[①]。淮河流域居皖（北）、豫（南）、苏（北）、鲁（南），几省交汇，刑政不及，政治统治薄弱，故捻军兴盛一时。光绪初年，安徽凤颍六泗兵备道王定安比较淮河流域、江南民风时说：“安徽襟江带淮。江以南，士喜儒术，巽懦不好武，民则懋迁服贾于外，无雄桀枭猛之姿，故畏祸乱，少奸宄。独滨淮郡邑，当南北之交，风气慓急，其俗好侠轻死，挟刀报仇，承平时已然。”[②]淮河流域处在南北之交，民众好侠轻死。

淮河流域地方官员治理社会缺少良策，亦是武风兴盛的缘由之一。乾隆《灵璧县志略·杂志·艺文》记乾隆十八年（1753），灵璧知县贡震认为民风尚武与地方政府治理不力有关，灵璧县北乡武风甚烈，“盖缘远去县治，长吏积年办灾，无暇教督故也。衙门书役大率粗愚，城中居民百余家，茅屋稀疏，不啻村落。书役城居者少，县署又无吏舍、班房为朝夕供事休息之所。一有文书差遣传唤累日，以故案件率多迟误，疲玩成风，亦有作奸犯科者”。官员疲玩成风，作奸犯科。同治《霍邱县志·艺文志三》载同治王则侪认为：“大淮南北，风土刚健之区也。其俗质直而好义，其人慷慨而尚气。善抚之，则贤才辈出，足备国家干城之选；不善抚之，则乘机啸聚，每遗中原无穷之患。”官府缺少行之有效的方法抚慰百姓，引导民众遵守礼法。涡阳张乐行捻军起义与地方官员统治方法有关，民国《涡阳风土记·序》：“有司者懵于抚驭之术，激使走险。”官员往往采取严刑峻法解决尚武的问题，手段较为单一。

嘉庆时颍州知府左辅针对颍州风气“嚣凌，尚勇争而弗知礼让”，“下

① 李应珏：光绪《皖志便览》卷六《皖中捻匪兵事纪略》，《中国方志丛书·华中地方第 224 号》，成文出版社有限公司 1974 年版，第 283—284 页。

② 王定安：《湘军记》卷七《绥辑淮甸篇》，岳麓书社 1983 年版，第 87 页。

至无赖之子，带刀而不买犊，聚博而不服田，什伯为群，披猖肆暴，遂至身遭刑戮，莫保妻孥，乃尚接踵效尤，恬不知悔”，决心整饬，而特颁《颍州府条示》，在《禁私藏抬枪炮位》条云：“居民私置鸟枪，文武官尚干失察之罪……若此器一用，伤人必多，获罪尤重，反致破家，欲利适害。所有抬枪炮位，除自行销毁易设农器外，余即缴官，随时给予价值，限一月内尽缴；如敢私藏，照律治罪。”[①]官府严禁民众私藏抬枪炮位，限一月内尽缴，否则，依律治罪。收缴抬枪炮位销毁是对的，但武斗的成因是什么要弄清楚，尤其怎么安抚百姓、解决生活之忧才是问题的关键。

曾在皖北任知县多年的查揆在《论安徽吏治》中尤为感慨道：“其俗之悍戾狠斗，凤阳、颍州、泗州为尤甚……不得已，严刑峻法以求震慑其心性，每年秋谳入情实者，骈首蒙诛以百十案计。而渠枭大恶、酒酣歌呼以就刑所，市人啧啧叹为豪悍者屡矣……凤、颍、泗之民独不爱其生，岂人情哉？彼盖自知所犯之不宥，而终不悔也……一旦官府之所不能治，则大可忧矣。”[②]仅以严刑峻法震慑不爱其生的顽犷跋扈者，这种单一的手段，难以遏制狠斗的风气。雍正十二年（1734）四月，江南总督赵弘恩上奏道：“上江之颍州、亳州、寿州、宿州及灵璧、凤台二县，素称‘盗薮’，而为商民之大害者……除已添塘汛并前抚臣徐本饬设保正族长外，臣现又极力谆饬文武弁员不时稽查，并令将不事生业之辈教以耕织，免其游惰。”[③]清代地方官曾在淮河流域洪水高发地区设立塘汛兵、保正、族长，以图遏制武风、匪患的盛行，但清中后期国力日益式微，内外交困，对基层的控制已力不从心，效果不尽如人意。

近代以来，政治昏聩，吏治败坏，更无力解决包括捻党在内的淮河流域匪患问题。曾国藩的幕僚薛福成深刻地分析了吏治与捻党兴起之间的关系：“制寇之术在任将，而治捻之道在任吏……山东、河南数省，吏治疲玩已久。民贫俗悍，习于为非。善抚之则皆民也，不善抚之，则皆捻也。故绝捻之源，首在吏治。”[④]地方官吏、地主恶霸平日里对民众敲骨吸髓，灾荒发生时，更不顾百姓死活，乘机侵吞赈灾粮款，敲诈勒索灾民，迫使民众干起土匪的行当。

① 左辅：《念宛斋集·官书》卷三，聂崇岐：《捻军资料别集》，第23—24页。

② 查揆：《篔谷诗文钞》，聂崇岐：《捻军资料别集》，第29—30页。

③ 《世宗宪皇帝朱批谕旨》卷二一六之三，四库全书本。

④ 丁凤麟、王欣之编：《薛福成选集》，上海人民出版社1987年版，第15页。

有的地方官提倡文举而抑制武举，借以扭转尚武之风，但效果不甚理想。“霍邑李生，名鳌者，以武庠而入文学，食饩时，肄业钟山书院，旋登庚午贤书……在李子,原不足多,然得之颍地,可谓豪杰之士,不囿于方者也。古书之以为颍人劝”[①]。地方官员试图抑制武举以扭转风气，但收效甚微，惟霍邱李鳌成功地“以武庠而入文学”，故被大书特书，用文字记录下来。

时至今日，淮河流域武术文化仍然兴盛，有许多武术名校，如山东郓城宋江武术学校。其他地区的武校也较多，光皖北地区就有涡阳县文武职业学校、亳州华佗文武学校、凤阳县皖北文武学校、淮北市少林文武学校、定远县皖东文武学校等近五十所，招生人数较多，有多人获得全国性武术比赛奖状、奖杯等。淮河流域民间也有许多习武之人，以武会友，爱武的风貌长期延续，尚武文化得以弘扬光大。

① 乾隆《颍州府志》卷一〇《杂志·摭史·纪闻》，第1215—1216页。

参考文献

一、历史文献

《礼记》，《四书五经》上册，长沙：岳麓书社，1991 年。

《周易》，《四书五经》上册，长沙：岳麓书社，1991 年。

[汉] 司马迁：《史记》，北京：中华书局，2005 年。

[汉] 班固：《汉书》，北京：中华书局，2005 年。

[汉] 许慎：《说文解字》，北京：中华书局，1963 年。

[南朝] 范晔：《后汉书》，北京：中华书局，2010 年。

[南朝] 宗懔著，谭麟译注：《荆楚岁时记译注》，武汉：湖北人民出版社，1985 年。

[唐] 杜佑：《通典》，北京：中华书局，1984 年。

[唐] 房玄龄等：《晋书》，北京：中华书局，1974 年。

[宋] 陆游：《老学庵笔记》，北京：中华书局，1979 年。

[元] 脱脱等：《宋史》，北京：中华书局，1977 年。

[清] 张廷玉：《明史》，北京：中华书局，1974 年。

[明] 田艺衡：《留青日札》，上海：上海古籍出版社，1992 年。

[明] 王士性：《广志绎》，北京：中华书局，1981 年。

[明] 刘侗、于奕正：《帝京景物略》，上海：上海古籍出版社，2001 年。

[明] 沈榜：《宛署杂记》，北京：北京古籍出版社，1982 年。

[明] 宋应星：《天工开物》，沈阳：万卷出版公司，2008 年。

[明] 李时珍：《本草纲目》，北京：人民卫生出版社，1979 年。

[明] 谢肇淛：《五杂组》，北京：中华书局，1959 年。

[明] 李贽：《初潭集》，北京：中华书局，1974 年。

[明] 徐光启：《农政全书》，石声汉点校，上海：上海古籍出版社，2011

年。

［清］梁章钜：《退庵随笔》，清同治十一年梁恭辰补刻本。

［清］谈迁：《枣林杂俎》，北京：中华书局，2006 年。

［清］钱泳：《履园丛话》，北京：中华书局，1979 年。

［清］左辅：《念宛斋集》，嘉庆二十三年裕德堂刊本。

［清］王定安：《湘军记》，长沙：岳麓书社，1983 年。

［清］徐珂：《清稗类钞》，北京：中华书局，1984 年。

［清］阮元校刻：《十三经注疏》，北京：中华书局，1980 年。

［清］贺长龄、魏源等编：《清经世文编》，北京：中华书局，1992 年。

［清］方苞：《方望溪全集·集外集》，民国二十五年刊印。

［清］顾祖禹：《读史方舆纪要》，北京：中华书局，2005 年。

［清］永瑢、纪昀等编纂:《文渊阁四库全书》,上海: 上海古籍出版社,2003 年。

《续修四库全书》编纂委员会：《续修四库全书》，上海：上海古籍出版社，2002 年。

［清］靳辅：《治河方略》，南京：中国水利工程学会，1937 年。

［清］丁显：《复淮故道图说》，南京：中国水利工程学会，1936 年。

赵尔巽：《清史稿》，北京：中华书局，1977 年。

《明实录》，台北：台湾“中央研究院”史语所校印本，1962 年。

《清实录》，北京：中华书局影印，1986 年。

《郑板桥全集》，北京：中国书店，1985 年。

《钦定大清会典事例》，清光绪三十四年刊本，上海商务印书馆印。

刘锦藻：《清朝续文献通考》，上海：商务印书馆，1937 年。

何士祁、姚椿、周墉：江苏省《沙川抚民厅志》，清道光十六刊本。

王培棠编著：《江苏省乡土志》，民国二十七年商务印书馆铅印本。

丁世良、赵放主编：《中国地方志民俗资料汇编·华东卷》，北京：书目文献出版社，1995 年。

《中国地方志集成·安徽府县志辑》，南京：江苏古籍出版社，1998 年。

《中国地方志集成·江苏府县志辑》，南京：江苏古籍出版社，1991 年。

《中国方志丛书·华中地方》，台北：成文出版社有限公司，1974年。

王秋生：《欧阳修苏轼颍州诗词详注辑评》，合肥：黄山书社，2004年。

刘体仁撰，王秋生校点：《七颂堂集》，合肥：黄山书社，2008年。

胡朴安：《中国风俗》（《中华全国风俗志》），北京：九州出版社，2007年。

中国史学会：《捻军资料丛刊（一）》，上海：上海人民出版社，1957年。

聂崇岐：《捻军资料别集》，上海：上海人民出版社，1958年。

李国祥、杨昶主编：《明实录类纂·经济史料卷》，武汉：武汉出版社，1993年。

方兆本：《安徽文史资料全书·阜阳卷》，合肥：安徽人民出版社，2007年。

水利电力部水管司、水利水电科学研究院：《清代淮河流域洪涝档案史料》，北京：中华书局，1988年。

［明］韩玉纂：嘉靖《通许县志》，《天一阁藏明代方志选刊续编》，上海：上海书店出版社，1990年。

［明］安都纂：嘉靖《太康县志》，《天一阁藏明代方志选刊续编》，上海：上海书店出版社，1990年。

［明］李宗元编：嘉靖《沈丘县志》，《天一阁藏明代方志选刊续编》，上海：上海书店出版社，1990年。

［明］余鍧编：嘉靖《宿州志》，合肥：黄山书社，2008年

［明］汪文奎纂：万历《宿州志》，明万历二十四年（1596）刊本。

［明］刘节纂修：正德《颍州志》，上海：上海古籍书店影印，1963年。

［明］吕景蒙主修，胡衮编纂：嘉靖《颍州志》，明嘉靖十五年（1536）刊本。

［明］李宜春主修：嘉靖《颍州志》，明嘉靖二十年（1541）刊本。

［明］吴一鸾纂修：《蒙城县志》，明万历十年（1582）刊本。

［明］栗永禄纂修：《寿州志》，嘉靖二十九年（1550）刊本。

［清］李炳涛修，石廷枢等纂：《蒙城县志》，清同治十年（1871）刊本。

［清］张钫主修，王锡编纂：康熙《颍州志》，清康熙五十五年（1716）刊

本。

［清］王敛福纂辑：乾隆《颍州府志》，合肥：黄山书社，2006 年。

［清］潘世仁纂修：乾隆《阜阳县志》，乾隆二十年（1755）刊本。

［清］李复庆纂辑：道光《阜阳县志》，合肥：黄山书社，2009 年。

［清］刘泽溥、高搏九纂修：顺治《亳州志》，清顺治十三年（1656）刊本。

［清］郑交泰等纂修：乾隆《亳州志》，《故宫珍本丛刊》第 103 册，海口：海南出版社，2001 年。

［清］任寿世修，刘开等纂：道光《亳州志》，清道光五年古谯官舍刊本。

［清］刘耀椿主修：道光《颍上县志》，合肥：黄山书社，2008 年。

吕荫南总纂：民国《阜阳县志续编》，合肥：黄山书社，2008 年。

黄佩兰修，王佩箴等纂：民国《涡阳县志》，民国十四年排印本。

聂宪藩等修，黄佩兰等纂：民国《涡阳风土记》，民国十三年刊本。

丁炳烺修，吴承志等纂：民国《太和县志》，民国十四年上海中华书局铅印本。

汪篪修、黄与绶等纂：民国《重修蒙城县志》，民国四年排印本。

刘焕东纂修：民国《临泉县志略》，民国二十五年石印本。

刘治堂撰：民国《亳县志略》，民国二十五年排印本。

颍州牛氏族谱编委会：《颍州牛氏族谱》，2006 年修。

李熙震等编纂：《颍州李氏族谱》第五卷，2005 年续修。

韩自强主编：《阜阳 · 亳州出土文物文字篇》，2004 年印。

印水心：《盐城县乡土地理》，上海：上海商务印书馆，1919 年。

二、今人著作

张宁等：《阜阳通史》，合肥：黄山书社，1998 年。

李良玉主编：《阜阳历史文化概观》，合肥：黄山书社，1998 年。

亳州市地方志编纂委员会：《亳州市志》，合肥：黄山书社，1996 年。

阜阳县地方志编纂委员会：《阜阳县志》，合肥：黄山书社，1994 年。

蒙城县地方志编纂委员会：《蒙城县志》，合肥：黄山书社，1994 年。

阜阳市地方志编纂委员会：《阜阳市志》，合肥：黄山书社，1993 年。

涡阳县地方志编纂委员会：《涡阳县志》，合肥：黄山书社，1989 年。

阜阳市地方志编纂委员会：《阜阳地区志》，北京：方志出版社，1996 年。

太和县地方志编纂委员会：《太和县志》，合肥：黄山书社，1993 年。

临泉县地方志编纂委员会：《临泉县志》，合肥：黄山书社，1994 年。

颍上县地方志编纂委员会：《颍上县志》，合肥：黄山书社，1995 年。

蚌埠市地方志编纂委员会：《蚌埠市志》，北京：方志出版社，1995 年。

沛县地方志编纂委员会：《沛县志》，北京：中华书局，1995 年。

泗洪县地方志编纂委员会：《泗洪县志》，南京：江苏人民出版社，1994 年。

江苏省地方志编纂委员会：《江苏省志·民俗志》，南京：江苏人民出版社，2002 年。

阜阳地区地方志编纂委员会办公室：颍州志讯，1984 年。

阜阳地区地方志编纂委员会办公室：颍州志讯，1985 年。

安徽省地方志编纂委员会：《志苑》，1988 年第 2、4 期。

政协阜阳县文史资料研究委员会编：《颍州古今》第 3 辑，1989 年。

政协阜阳市文史资料研究委员会编：《阜阳史话》第 7 辑，1987 年。

政协蒙城县文史资料研究委员会编：《漆园古今》第 2 辑，1984 年。

政协蒙城县文史资料研究委员会编：《漆园古今》第 10 辑，1992 年。

政协亳州市文史资料研究委员会编：《亳州文史资料》第 5 辑，1992 年。

政协安徽省文史资料研究委员会：《工商史迹》，合肥：安徽人民出版社，1987 年。

政协安徽省文史资料研究委员会：《文教史踪》，合肥：安徽人民出版社，1987 年。

冯尔康：《去古人的庭院散步》，北京：中华书局，2005 年。

《马克思恩格斯选集》，北京：人民出版社，1995 年。

李华瑞：《宋代酒的生产和征榷》，保定：河北大学出版社，2001 年。

毛立平：《清代嫁妆研究》，北京：中国人民大学出版社，2007 年。

郭松义：《伦理与生活——清代的婚姻关系》，北京：商务印书馆，2000 年。

程必定、魏捷:《淮河文化新探——“第三届淮河文化研讨会”论文选编》,合肥：合肥工业大学出版社，2006 年。

王跃生：《十八世纪中国婚姻家庭研究》，北京：法律出版社，2000 年。

翁飞等：《安徽近代史》，合肥：安徽人民出版社，1990 年。

韩昭庆：《黄淮关系及其演变过程研究》，上海：复旦大学出版社，1999 年。

陈业新：《明至民国时期皖北地区灾害环境与社会应对研究》，上海：上海人民出版社，2008 年。

张研等：《19 世纪中期中国家庭的社会经济透视》，北京：中国人民大学出版社，2003 年。

刘兴华、安俊峰:《皖西北旱涝灾害研究》,北京: 中国农业科技出版社,2001 年。

赫治清主编:《中国古代灾害史研究》,北京: 中国社会科学出版社,2007 年。

李文海、夏明方主编：《中国荒政全书》第二辑第四卷，北京：北京古籍出版社，2002 年。

安徽文化史编纂工作委员会:《安徽文化史》,南京: 南京大学出版社,2000 年。

曹天生、朱光耀主编:《淮河文化导论》,合肥: 合肥工业大学出版社,2011 年。

思良：《阜阳风情・太和卷》，北京：中国文史出版社，2005 年。

龚武：《颍上历史文化集锦》，合肥：黄山书社，2005 年。

吴海涛等：《淮河流域环境变迁史》，合肥：黄山书社，2017 年。

刘宏、张文波:《阜阳民俗文化研究》,合肥: 合肥工业大学出版社,2019 年。

高梁:《旧时江苏渔民的习俗和宗教信仰》,《古今农业》,1991 年第 2 期。

王小块:《关于商丘火神台庙会的田野调查》,《商丘师范学院学报》,2005 年第 3 期。

周大可：《多姿多彩的盐城民俗风情》，《盐城工学院学报（社会科学版）》，2007 年第 2 期。

张乃格：《元宵张灯风俗探源——以苏北地方史志资料为例》，《中国地方志》，2007 年第 12 期。

张雷:《乡土医神: 明清时期淮河流域的华佗信仰研究》,《史学月刊》,2008 年第 4 期。

张红娟:《苏北里下河地区阜宁南部婚礼风俗志》,《黑龙江史志》, 2009 年第 12 期。

陈业新：《明清时期皖北地区灾害环境与社会变迁——以文武举士的变化为例》，《江汉论坛》，2011 年第 1 期。

沈成宏:《盐城民俗文化中的禁忌》,《盐城工学院学报(社会科学版)》,2012 年第 3 期。

王改凌：《皖北“老雁馍”民俗的文化意蕴》，《浙江师范大学学报（社会科学版）》，2015 年第 4 期。

龚光明、刘杏梅：《刘猛将军庙与阜阳“刘公祠”比较研究》，《阜阳师范学院学报（社会科学版）》，2015 年第 4 期。

刘霞：《明清时期山东庙会研究》，硕士学位论文，山东师范大学历史与社会发展学院，2006 年。

李春雷：《民国山东丧葬习俗研究（1912—1937）》，硕士学位论文，山东师范大学历史与社会发展学院，2011 年。

陈泽华：《民国山东民间信仰研究（1912—1937）》，硕士学位论文，山东师范大学历史与社会发展学院，2012 年。